DOCÊNCIA em FORMAÇÃO
Ensino Fundamental

Coordenação:
Selma Garrido Pimenta

© 2016 by Anna Regina L. de Moura
Luciano Castro Lima
Manoel Oriosvaldo de Moura
Roberto Perides Moisés

© Direitos de publicação
CORTEZ EDITORA
Rua Monte Alegre, 1074 – Perdizes
05014-001 – São Paulo – SP
Tel.: (11) 3864-0111 Fax: (11) 3864-4290
cortez@cortezeditora.com.br
www.cortezeditora.com.br

Direção
José Xavier Cortez

Editor
Amir Piedade

Preparação
Alexandre Soares Santana

Revisão
Alessandra Biral
Alexandre Ricardo da Cunha
Gabriel Maretti

Edição de Arte
Mauricio Rindeika Seolin

Ilustrações
Rubem Filho

Dados Internacionais de Catalogação na Publicação (CIP)
(Câmara Brasileira do Livro, SP, Brasil)

Educar com a Matemática: Fundamentos / Anna Regina L. de Moura... [et al.]. – 1. ed. – São Paulo: Cortez, 2016. (Coleção Docência em Formação. Série Ensino Fundamental / coordenação Selma Garrido Pimenta)

Outros autores: Luciano Castro Lima, Manoel Oriosvaldo de Moura, Roberto Perides Moisés.

ISBN 978-85-249-2452-1

1. Educação – Finalidades e objetivos 2. Matemática – Estudo e ensino 3. Professores – Formação profissional I. Moura, Anna Regina L. de. II. Lima, Luciano Castro. III. Moura, Manoel Oriosvaldo de. IV. Moisés, Roberto Perides. V. Pimenta, Selma Garrido. VI. Título. VII. Série.

16-04543   CDD-510.7

Índices para catálogo sistemático:
1. Matemática: Educação   510.7

Impresso no Brasil – maio de 2021

Anna Regina L. de Moura
Luciano Castro Lima
Manoel Oriosvaldo de Moura
Roberto Perides Moisés

Educar com a Matemática
Fundamentos

1ª edição
1ª reimpressão

Sumário

Aos professores 11

Apresentação da coleção 13

Nós, a educação e a matemática 21

Introdução 23

Capítulo I   Eu e a totalidade 26
       1. O todo e as partes 26
       2. O simples e o complexo 27
       3. Eu 28
       4. Eu sou a totalidade 29
       5. Eu e a totalidade 30
       6. Eu na totalidade 32
       7. Conexão e relação 34

Capítulo II   O eu 39
       1. Eu, o mundo 39
       2. Eu no mundo 40
       3. Autopercepção 41
       4. Autorreconhecimento 44

Capítulo III   A comunidade 49
       1. Eu com o mundo 49
       2. A conversa 50
       3. A comunidade 55

Capítulo IV   A mente 63
       1. O triplo eu 63
       2. A mente 65

Capítulo V	A produção	71
	1. A seleção natural das espécies	71
	2. Do inorgânico ao consciente	73
	3. Os ciclos	74
	4. As regularidades	76
	5. Abstração	78
	6. Matéria e massa	79
	7. Matéria sem massa	80
	8. A emancipação da seleção natural	81
Capítulo VI	A contradição	85
	1. Os contrários	85
	2. O antagonismo	86
	3. Tudo é contradição	86
Capítulo VII	A relação	93
	1. Quantidade e ordem	93
	2. As relações na contradição	93
	3. A corda	97
Capítulo VIII	O Movimento	103
	1. Tempo e espaço	103
Capítulo IX	O isolado	109
	1. Os eus solitários	109
	2. O isolado	110
	3. A totalidade e a parte	113
Capítulo X	A consciência	124
	1. Intuição	124
	2. Reconhecimento e distância	125
	3. Consciência	125
	4. Conhecimento	126
	5. Subjetividade e objetividade	128

CAPÍTULO XI	AS TRÊS NATUREZAS	139
	1. Abstração e separação	139
	2. As três naturezas	140
	3. Unicidade subjetiva	143
CAPÍTULO XII	QUALIDADE E QUANTIDADE	147
	1. Qualidade	147
	2. Quantidade	148
	3. Do objeto ao sujeito	149
CAPÍTULO XIII	O CONCRETO PENSADO	157
	1. Sujeito e objeto	157
	2. Concreto pensado	158
	3. A regularidade	159
	4. Razão e consciência	161
	5. Mente e consciência	161
	6. A mente e o humano	162
CAPÍTULO XIV	ANÁLISE E SÍNTESE	166
	1. Síntese e análise	166
	2. A decomposição analítica	168
	3. De Zenão a Zen	170
	4. A prática é o critério da verdade	170
	5. Abstrair a abstração	171
	6. De volta à intuição	172
	7. A segunda síntese	174
CAPÍTULO XV	O FAZER	178
	1. O uso	178
	2. A agilidade primordial	179
	3. O fazer mecânico	181
CAPÍTULO XVI	O SABER	188
	1. O saber fazer	188

Capítulo XVII O erro 198

    1. A solidão primordial 198

    2. A imutabilidade do eu 199

    3. O mito da infalibilidade 200

    4. O trabalho "sumiu" 200

    5. A relação liberal 203

    6. Na companhia da espécie 204

    7. Tentativa e erro 206

Capítulo XVIII A coletividade 209

    1. Coletividade e educação 209

    2. O modo asiático de produção de classes ... 211

    3. O modo europeu de produção de classes .. 214

    4. O liberalismo 216

Capítulo XIX Produção e reprodução 219

    1. O resultado 219

    2. Dado e informação 220

    3. Produção e reprodução 221

    4. A ruptura entre trabalho manual
       e trabalho intelectual 223

    5. Causa e efeito 224

Capítulo XX O pressuposto 231

    1. A incerteza 231

    2. A incerteza universal 232

    3. Dado e informação 236

    4. O pressuposto 237

Capítulo XXI A mecânica 242

    1. O humano e a mecânica 242

    2. A inércia mental 244

    3. Princípio da força 246

    4. Ação e reação 248

CAPÍTULO **XXII** A AGILIDADE PRIMORDIAL.....................................256
    1. O movimento do conhecimento 256
    2. A escavação..................................257
    3. Agilidade e pressuposto primordiais 259
    4. A escolástica e a velhice precoce 260
    5. As linguagens infantis 261
    6. A infantilização necessária....................262
    7. Arqueologia e infância 264
    8. As liberdades liberal e educacional 264

CAPÍTULO **XXIII** O COMANDO...............................273
    1. A técnica 273
    2. O comando operacional 275
    3. A bitola da classe dominante...................276

CAPÍTULO **XXIV** O ALGORITMO 280
    1. O cálculo manual 280
    2. Da técnica à matemática 281
    3. O cálculo como técnica 283
    4. O cálculo escrito 285
    5. O algoritmo 286
    6. A bitola numeral 290

CAPÍTULO **XXV** O CÁLCULO NUMÉRICO 294
    1. A produção do espaço humano 294
    2. A linguagem 296
    3. Técnica, escrita e número 298
    4. Número, a linguagem da ciência 299
    5. O cálculo numérico ou matemático..........301
    6. O número 304
    7. A composição 306

CAPÍTULO **XXVI** A ÁLGEBRA 314
    1. A construção 314
    2. A decomposição 318

3. A medição 318
4. A inversão 321

Capítulo XXVII A operação matemática 325
1. A negação matemática da técnica 325
2. A operação matemática 328
3. A operação totalizadora por adição 329
4. A operação totalizadora por multiplicação ... 330

Capítulo XXVIII A operação inversa 337
1. A inversão subtrativa 337
2. O conjunto Z dos números inteiros 339
3. A inversão divisora 341
4. O conjunto Q dos números racionais 342

Capítulo XXIX A continuidade 345
1. A invenção da potência 345
2. A inversão da potência 346
3. O número irracional 349
4. O número real 353

Capítulo XXX O pensar 357
1. O humano e o desumano 357
2. O instante intuitivo 359
3. A universalidade da intuição sintetizadora ... 360
4. Saber, fazer e pensar 362

Capítulo XXXI O disparo 366
1. Desejo e intuição 366
2. Da intuição à consciência 367
3. O primordial e o primitivo 369
4. O disparo 372
5. Enfim, um fim sem final 377

Referências 379

Parafraseando Brecht

*Há professores que treinam matemática, e são bons;
há outros que ensinam matemática, e são melhores;
há aqueles que formam matemáticos, e são muito bons;
porém há os que educam seres humanos;
estes são os imprescindíveis.*

*Celebramos, com este livro,
a memória do nosso querido Rocha,
imprescindível na nossa formação humana
de matemático educadores
(Alberto Luiz da Rocha Barros –
São Paulo, 1930-1999)*

Foto: acervo dos autores

Aos professores

A **Cortez Editora** tem a satisfação de trazer ao público brasileiro, particularmente aos estudantes e profissionais da área educacional, a **Coleção Docência em Formação**, destinada a subsidiar a formação inicial de professores e a formação contínua daqueles que estão em exercício da docência.

Resultado de reflexões, pesquisas e experiências de vários professores especialistas de todo o Brasil, a Coleção propõe uma integração entre a produção acadêmica e o trabalho nas escolas. Configura um projeto inédito no mercado editorial brasileiro por abarcar a formação de professores para todos os níveis de escolaridade: **Educação Básica** (incluindo a **Educação Infantil**, o **Ensino Fundamental** e o **Ensino Médio**), a **Educação Superior**, a **Educação de Jovens e Adultos** e a **Educação Profissional**. Completa essa formação com os **Saberes Pedagógicos**.

Com mais de 35 anos de experiência e reconhecimento, a Cortez Editora é uma referência no Brasil, nos demais países latino-americanos e em Portugal por causa da coerência de sua linha editorial e da atualidade dos temas que publica, especialmente na área da Educação, entre outras. É com orgulho e satisfação que lança a **Coleção Docência em Formação**, pois estamos convencidos de que se constitui em novo e valioso impulso e colaboração ao pensamento pedagógico e à valorização do trabalho dos professores na direção de uma escola melhor e mais comprometida com a mudança social.

José Xavier Cortez
Editor

Apresentação da Coleção

A Coleção **Docência em Formação** tem por objetivo oferecer aos professores em processo de formação e aos que já atuam como profissionais da Educação subsídios formativos que levem em conta as novas diretrizes curriculares, buscando atender, de modo criativo e crítico, às transformações introduzidas no sistema nacional de ensino pela Lei de Diretrizes e Bases da Educação Nacional, de 1996. Sem desconhecer a importância desse documento como referência legal, a proposta desta Coleção identifica seus avanços e seus recuos e assume como compromisso maior buscar uma efetiva interferência na realidade educacional por meio do processo de ensino e de aprendizagem, núcleo básico do trabalho docente. Seu propósito é, pois, fornecer aos docentes e alunos das diversas modalidades dos cursos de formação de professores (licenciaturas) e aos docentes em exercício, livros de referência para sua preparação científica, técnica e pedagógica. Os livros contêm subsídios formativos relacionados ao campo dos saberes pedagógicos, bem como ao campo dos saberes relacionados aos conhecimentos especializados das áreas de formação profissional.

A proposta da Coleção parte de uma concepção orgânica e intencional de educação e de formação de seus profissionais, e com clareza do que se pretende formar para atuar no contexto da sociedade brasileira contemporânea, marcada por determinações históricas específicas.

Como bem mostram estudos e pesquisas recentes na área, os professores são profissionais essenciais nos processos de mudanças das sociedades. Se forem deixados à margem, as decisões pedagógicas e curriculares alheias, por mais interessantes que possam parecer, não se efetivam, não gerando efeitos sobre o social. Por isso, é preciso investir na formação e no desenvolvimento profissional dos professores.

Na sociedade contemporânea, as rápidas transformações no mundo do trabalho, o avanço tecnológico configurando a sociedade virtual e os meios de informação e comunicação incidem com bastante força na escola, aumentando os desafios para torná-la uma conquista democrática efetiva. Transformar as escolas em suas práticas e culturas tradicionais e burocráticas que, por intermédio da retenção e da evasão, acentuam a exclusão social, não é tarefa simples nem para poucos. O desafio é educar as crianças e os jovens propiciando-lhes um desenvolvimento humano, cultural, científico e tecnológico, de modo que adquiram condições para fazer frente às exigências do mundo contemporâneo. Tal objetivo exige esforço constante do coletivo da escola – diretores, professores, funcionários e pais de alunos – dos sindicatos, dos governantes e de outros grupos sociais organizados.

Não se ignora que esse desafio precisa ser prioritariamente enfrentado no campo das políticas públicas. Todavia, não é menos certo que os professores são profissionais essenciais na construção dessa nova escola. Nas últimas décadas, diferentes países realizaram grandes investimentos na área da formação e desenvolvimento profissional de professores visando essa finalidade. Os professores contribuem com seus saberes, seus valores, suas experiências nessa complexa tarefa de melhorar a qualidade social da escolarização.

Entendendo que a democratização do ensino passa pelos professores, por sua formação, por sua valorização profissional e por suas condições de trabalho, pesquisadores têm apontado para a importância do investimento no seu desenvolvimento profissional, que envolve formação inicial e continuada, articulada a um processo de valorização identitária e profissional dos professores. Identidade que é *epistemológica*, ou seja, que reconhece a docência como um *campo de conhecimentos específicos* configurados em quatro grandes conjuntos, a saber:

1. conteúdos das diversas áreas do saber e do ensino, ou seja, das ciências humanas e naturais, da cultura e das artes;
2. conteúdos didático-pedagógicos, diretamente relacionados ao campo da prática profissional;
3. conteúdos relacionados a saberes pedagógicos mais amplos do campo teórico da educação;
4. conteúdos ligados à explicitação do sentido da existência humana individual, com sensibilidade pessoal e social.

Vale ressaltar que identidade que é *profissional,* ou seja, a docência, constitui um campo específico de intervenção profissional na prática social. E, como tal, ele deve ser valorizado em seus salários e demais condições de exercício nas escolas.

O desenvolvimento profissional dos professores tem se constituído em objetivo de propostas educacionais que valorizam a sua formação não mais fundamentada na racionalidade técnica, que os considera como meros executores de decisões alheias, mas em uma perspectiva que reconhece sua capacidade de decidir. Ao confrontar suas ações cotidianas com as produções teóricas, impõe-se rever suas práticas e as teorias que as informam, pesquisando a prática e produzindo novos conhecimentos para a teoria e a prática de ensinar. Assim, as transformações das práticas docentes só se efetivam à medida que o professor *amplia sua consciência sobre a própria prática,* a de sala de aula e a da escola como um todo, o que pressupõe os conhecimentos teóricos e críticos sobre a realidade. Tais propostas enfatizam que os professores colaboram para transformar as escolas em termos de gestão, currículos, organização, projetos educacionais, formas de trabalho pedagógico. Reformas gestadas

APRESENTAÇÃO DA COLEÇÃO

nas instituições, sem tomar os professores como parceiros/autores, não transformam a escola na direção da qualidade social. Em consequência, *valorizar o trabalho docente significa dotar os professores de perspectivas de análise que os ajudem a compreender os contextos histórico, sociais, culturais, organizacionais nos quais se dá sua atividade docente.*

Na sociedade brasileira contemporânea, novas exigências estão postas ao trabalho dos professores. No colapso das antigas certezas morais, cobra-se deles que cumpram funções da família e de outras instâncias sociais; que respondam à necessidade de afeto dos alunos; que resolvam os problemas da violência, das drogas e da indisciplina; que preparem melhor os alunos nos conteúdos das matemáticas, das ciências e da tecnologia tendo em vista colocá-los em melhores condições para enfrentarem a competitividade; que restaurem a importância dos conhecimentos na perda de credibilidade das certezas científicas; que sejam os regeneradores das culturas/identidades perdidas com as desigualdades/diferenças culturais; que gestionem as escolas com economia cada vez mais frugal; que trabalhem coletivamente em escolas com horários cada vez mais fragmentados. Em que pese a importância dessas demandas, não se pode exigir que os professores individualmente considerados façam frente a elas. Espera-se, sim, que coletivamente apontem caminhos institucionais ao seu enfrentamento.

É nesse contexto complexo, contraditório, carregado de conflitos de valor e de interpretações, que se faz necessário ressignificar a identidade do professor. O ensino, atividade característica do professor, é uma prática social complexa, carregada de conflitos de valor e que exige opções éticas e políticas. Ser professor requer saberes e conhecimentos científicos, pedagógicos, educacionais, sensibilidade da experiência, indagação teórica e criatividade para fazer frente às situações únicas, ambíguas, incertas, conflitivas e, por vezes, violentas, das situações de ensino, nos contextos escolares e não escolares. É da natureza da atividade docente proceder à mediação reflexiva e crítica entre as transformações sociais concretas e a formação humana dos alunos, questionando os modos de pensar, sentir, agir e de produzir e distribuir conhecimentos na sociedade.

Problematizando e analisando as situações da prática social de ensinar, o professor incorpora o conhecimento elaborado, das ciências, das artes, da filosofia, da pedagogia e das ciências da educação, como ferramentas para a compreensão e proposição do real.

A Coleção investe, pois, na perspectiva que valoriza a capacidade de decidir dos professores. Assim, discutir os temas que perpassam seu cotidiano nas escolas – projeto pedagógico, autonomia, identidade e profissionalidade dos professores, violência, cultura, religiosidade, a importância do conhecimento e da informação na sociedade contemporânea, a ação coletiva e interdisciplinar, as questões de gênero, o papel do sindicato na formação, entre outros –, articulados aos contextos institucionais, às políticas públicas e confrontados com experiências de outros contextos escolares e com as teorias, é o caminho a que a Coleção **Docência em Formação** se propõe.

Os livros que a compõem apresentam um tratamento teórico-metodológico pautado em três premissas: há uma estreita vinculação entre os conteúdos científicos e os pedagógicos; o conhecimento se produz de forma construtiva e existe uma íntima articulação entre teoria e prática.

Assim, de um lado, impõe-se considerar que a atividade profissional de todo professor possui uma natureza pedagógica, isto é, vincula-se a objetivos educativos de formação humana e a processos metodológicos e organizacionais de transmissão e apropriação de saberes e modos de ação. O trabalho docente está impregnado de intencionalidade, pois visa a formação humana por meio de conteúdos e habilidades de pensamento e ação, implicando escolhas, valores, compromissos éticos. O que significa introduzir objetivos explícitos de natureza conceitual, procedimental e valorativa em relação aos conteúdos da matéria que se ensina; transformar o saber

APRESENTAÇÃO DA COLEÇÃO

científico ou tecnológico em conteúdos formativos; selecionar e organizar conteúdos de acordo com critérios lógicos e psicológicos em função das características dos alunos e das finalidades do ensino; utilizar métodos e procedimentos de ensino específicos inserindo-se em uma estrutura organizacional em que participa das decisões e das ações coletivas. Por isso, para ensinar, o professor necessita de conhecimentos e práticas que ultrapassem o campo de sua especialidade.

De outro ponto de vista, é preciso levar em conta que todo conteúdo de saber é resultado de um processo de construção de conhecimento. Por isso, dominar conhecimentos não se refere apenas à apropriação de dados objetivos pré-elaborados, produtos prontos do saber acumulado. Mais do que dominar os produtos, interessa que os alunos compreendam que estes são resultantes de um processo de investigação humana. Assim, trabalhar o conhecimento no processo formativo dos alunos significa proceder à mediação entre os significados do saber no mundo atual e aqueles dos contextos nos quais foram produzidos. Significa explicitar os nexos entre a atividade de pesquisa e seus resultados, portanto, instrumentalizar os alunos no próprio processo de pesquisar.

Na formação de professores, os currículos devem configurar a pesquisa como *princípio cognitivo*, investigando com os alunos a realidade escolar, desenvolvendo neles essa atitude investigativa em suas atividades profissionais e assim configurando a pesquisa também como *princípio formativo* na docência.

Além disso, é no âmbito do processo educativo que mais íntima se afirma a relação entre a teoria e a prática. Em sua essência, a educação é uma prática, mas uma prática intrinsecamente intencionalizada pela teoria. Decorre dessa condição a atribuição de um lugar central ao estágio, no processo da formação do professor. Entendendo que o estágio é constituinte de todas as disciplinas percorrendo o processo formativo desde seu início, os livros da Coleção sugerem várias modalidades de articulação direta com as escolas e demais instâncias nas quais os professores atuarão, apresentando formas de estudo, análise e problematização dos saberes nelas praticados. O estágio também pode ser realizado como espaço de projetos interdisciplinares, ampliando a compreensão e o conhecimento da realidade profissional de ensinar. As experiências docentes dos alunos que já atuam no magistério, como também daqueles que participam da formação continuada, devem ser valorizadas como referências importantes para serem discutidas e refletidas nas aulas.

Considerando que a relação entre as instituições formadoras e as escolas pode se constituir em espaço de formação contínua para os professores das escolas assim como para os formadores, os livros sugerem a realização de projetos conjuntos entre ambas. Essa relação com o campo profissional poderá propiciar ao aluno em formação oportunidade para rever e aprimorar sua escolha pelo magistério.

Para subsidiar a formação inicial e continuada dos professores onde quer que se realizem: nos cursos de licenciatura, de pedagogia e de pós-graduação, em universidades, faculdades isoladas, centros universitários e Ensino Médio, a Coleção está estruturada nas seguintes séries:

Educação Infantil: profissionais de creche e pré-escola.

Ensino Fundamental: professores do 1º ao 5º ano e do 6º ao 9º ano.

Ensino Médio: professores do Ensino Médio.

Ensino Superior: professores do Ensino Superior.

Educação Profissional: professores do Ensino Médio e Superior Profissional.

Educação de Jovens e Adultos: professores de jovens e adultos em cursos especiais.

Saberes pedagógicos e formação de professores.

Em síntese, a elaboração dos livros da Coleção pauta-se nas seguintes perspectivas: investir no conceito de *desenvolvimento profissional*, superando a visão dicotômica de formação inicial e de formação continuada; investir em sólida formação teórica nos campos que constituem os saberes da docência; considerar a formação voltada para a profissionalidade docente e para a construção da identidade de professor; tomar a pesquisa como componente essencial da/na formação; considerar a prática social concreta da educação como objeto de reflexão/formação ao longo do processo formativo; assumir a visão de totalidade do processo escolar/educacional em sua inserção no contexto sociocultural; valorizar a docência como atividade intelectual, crítica e reflexiva; considerar a ética como fator fundamental na formação e na atuação docente.

Selma Garrido Pimenta
Coordenadora

Nós, a educação e a matemática

Ao lado estamos nós – Ori, Regina, Roberto e Luciano – os autores deste livro: quatro pessoas compondo um conjunto harmônico e combinado na sentença matemática 1+1+1+1=1. É comum autores se juntarem para escrever um livro sobre determinado tema de acordo com a sentença 1+1+1+1=4. Não foi este o nosso caso. Não nos juntamos para escrever *Educar com a Matemática: fundamentos*. Estamos juntos há quarenta anos fazendo educação e buscando criar nela um caminho para a matemática. Este livro não fez o nosso grupo: fomos nós, os 4 em 1 (4→1), que o fizemos. O seu conteúdo não é produto de um encontro fortuito e extemporâneo. Foi uma longa e contínua prática coletiva na educação que pensou a matemática necessária para humanizar a espécie e que agora o escreveu.

O conjunto universo da nossa formação foi a coletividade educativa do movimento de escolas operárias e populares que se desenvolveu em São Paulo nas décadas de 1970 a 1990 criada por estudantes universitários, professores e operários. A concepção conceitual que nos orienta nos foi legada pelo professor de História dos Conceitos do Ifusp (Instituto de Física da USP), Alberto Luiz da Rocha Barros, que se fez pensador da ciência nos caminhos da liberdade do trabalho, por um lado como discípulo de Mário Schemberg e, por outro, integrando a plêiade combinada de intelectuais orgânicos paulistanos com Rui Mauro Marini, Muniz Bandeira, Herminio Sacchetta, Michael Löwy, que se desenvolveu nas décadas de 1940 a 1960. Mestre e amigo, Rocha nos ensinou a ler

<http://www.iea.usp.br/pessoas/pasta-pessoaa/alberto-luiz-da-rocha-barros>

<https://pt.wikipedia.org/wiki/M%C3%A1rio_Schenberg><https://pt.wikipedia.org/wiki/Herminio_Sacchetta>, <Löwy<https://pt.wikipedia.org/wiki/Michael_L%C3%B6wy>

a matemática sintetizada nos magníficos *Conceitos fundamentais de matemática* (Bento de Jesus Caraça) e *Número: a linguagem da ciência* (Tobias Dantzig). Nosso querido e inesquecível Rocha e seus livros maravilhosos nos abriram uma vasta alameda até a condição humana em que penetramos na ciência como produto do trabalho e, nela, encontramos o significado humano e educativo da matemática oculto aos olhos apenas orgânicos.

Com essa inspiração, criamos vários grupos de estudo da história da ciência e da matemática. Com o engajamento dos estudantes universitários nas escolas secundárias públicas na condição de professores, esses grupos evoluíram para a condição de grupos de trabalho em educação, em que se debatiam com abrangência e profundidade todos os temas correlatos ao ensino e aprendizagem de física e matemática: a montagem de currículos, a produção de didáticas, de material, de atividades de sala de aula etc.

O pessoal concluía o curso oficial da faculdade, mas isto não significou o fim da sua participação. A nossa corrente de matemática humana e educativa, longe de terminar ou enfraquecer, intensificava a sua fluência, agora para além das salas de aula da universidade: alguns iniciaram a sua docência nas universidades públicas; outros passaram a se dedicar ao ensino secundário público; outros ainda se dedicaram à militância operária e democrática, levando consigo a ciência e o seu conteúdo emancipador para semeá-la como esperança de vida para aqueles que tinham suas vidas roubadas pelo mais vil e cruel sistema de opressão e exploração criado pelo homem contra o próprio homem. Formou-se assim uma rica e ampla diversidade que se combinou e se articulou sob o nome do seu inspirador maior: Grupo Caraça.

Foram assim quarenta anos de prática em matemática conceitual e educacional com um grande número de alunos, do Ensino Fundamental ao Superior, formando professores e orientando mestrandos e doutorandos. É esta produção teórica e prática que esse quarteto de veteranos está se propondo a sistematizar em livros e dá, graças aos educadores da Cortez, o seu primeiro passo intitulado *Educar com a Matemática: fundamentos*.

Os autores
São Paulo, inverno de 2016.

Introdução

Como a matemática foi produzida?
Como deve ser estudada? Como ela foi sistematizada?
Como deve ser ensinada? Quatro questões, muitas respostas.
Entre elas, a nossa.

A primeira questão indaga acerca da primeira produção do conhecimento matemático, quando ele ainda não era matemático, mas apenas conhecimento, um *saber em si*. Incide sobre a realidade da produção de um determinado saber, de uma determinada razão, pelo trabalho humano com base em sua prática produtiva. Essa pergunta requer uma resposta *ontológica*. *Ontologia* é termo de origem grega que designa o estudo do ser.

A segunda questão, que indaga acerca da reprodução do conhecimento matemático, requer uma resposta *epistemológica*. Nela o trabalho humano investiga a transição da condição viva e aplicada do saber, integrada na totalidade complexa do real, para a condição de conhecimento sistematizado, na forma de ciência em geral e de matemática em particular. *Epistemologia* é palavra de origem grega que nomeia o estudo do conhecimento. O *Dicionário Houaiss da Língua Portuguesa* explica que *epistêmé, és* significa "familiaridade com uma matéria, entendimento, habilidade; conhecimento científico, ciência". Enquanto a ontologia foca a essência da produção do saber, a epistemologia distancia-se até o alcance da observação para poder descrever o movimento de produção de um conhecimento com base em seu resultado, isto é, no próprio conhecimento final.

A epistemologia converte o *saber em si* em *saber para alguém, para determinada finalidade, para determinado desenvolvimento e processo.*

A terceira questão indaga acerca da apresentação do conhecimento matemático como um produto final. Ela requer uma resposta *lógica*. O saber vivo, depois de dissecado pela epistemologia, passa pela catalogação e classificação da lógica. *Lógica* é palavra de origem grega que designa o processo interno do conhecimento, o chamado "raciocínio". Trata da precisão do pensamento e da coerência dele consigo mesmo. Na ontologia temos o ser em ação, sendo; na epistemologia temos a descrição da ação com base em seu produto final; na lógica temos a apresentação sintética dessa ação, em seus elementos determinantes, simplificada e abstraída ao máximo, com base no resultado final – concebido, depois de sua produção, como necessário. A lógica converte o *saber para alguém* em *saber para ninguém,* porque se pretende um *saber para todos.*

A quarta questão indaga sobre a reprodução do conhecimento na sucessão das gerações e requer uma resposta *pedagógica*. Este aspecto do trabalho humano chama-se *ensino*. O *Dicionário Houaiss* de elementos mórficos mostra-nos que essa palavra deriva do latim *insigne,is,* que significa "insígnia, distintivo; ornamento, adorno; sinal; marca", donde *insignìo,is,ívi* ou *ìi,ítum,íre* (tornar insigne, notável; ornar, enfeitar), tornado *insignáre,* "ensinar", nas línguas românicas (italiano, francês, português etc.). Em sua prática, o trabalho humano, essencialmente *ontológico,* produz um saber. Este saber é abstraído da prática e torna-se teoria pela via *epistemológica.* Os pontos centrais desse saber – suas definições, estruturas, propriedades, corolários, axiomas – são *logicizados,* ou seja, encadeados num desenvolvimento coerente e conciso. Por fim, este processo *ontologia→epistemologia→lógica* deve ser *ensinado* aos que não o sabem, para que o *apreendam aprendendo,* sob a orientação pedagógica de quem o sabe.

Na ontologia, o trabalho humano faz o saber. Nela o saber matemático é apanhado "vivo" em suas conexões com a totalidade, em sua complexidade primária. Não é um saber algébrico, aritmético nem geométrico; na verdade, não é ainda nem um saber matemático. Sabe-se que é matemático porque se conhece o seu desenvolvimento posterior como ciência das quantidades e das formas. Mas na dimensão primária do complexo movimento das quantidades e das formas, o saber é um todo sem endereço. Na epistemologia, o trabalho humano pensa no *saber feito*; para isso, retira-o do seu *habitat,* a totalidade viva em sua fluência contínua, leva-o para o laboratório ou para o escritório, analisa-o, identifica suas partes constituintes e como elas se combinam na arquitetura do todo, dimensionando-o na sua particularidade científica. Na lógica, esse saber é abstraído de toda e qualquer contingência teórica e científica para que dele resulte um algoritmo, um fluxo simplificado e coerente. Por fim, na pedagogia, o trabalho humano toma esses três aspectos do *saber abstraído* para combiná-los na forma que propicie o melhor *ensinamento possível.*

Completa-se, assim, o ciclo do saber: *ontologia→epistemologia→ lógica→pedagogia.* É ele que informa o *método* da *matemática educacional* desenvolvida neste livro. A palavra grega *méthodos,ou,* segundo o *Dicionário Houaiss,* é formada pelos termos *metá* (no meio de, entre; com, segundo; durante) e *hodós* (caminho). O método aqui desenvolvido é o caminho que traçamos no meio do encadeamento *ontologia→epistemologia→lógica→pedagogia* dos conceitos matemáticos.

Neste livro os autores buscam responder às três primeiras questões:

1. Como a matemática foi produzida?

2. Como deve ser estudada?

3. Como foi sitematizada?

A última questão – Como deve ser ensinada? – ficará para uma próxima produção.

As três abordagens – ontológica, epistemológica e lógica – estão encadeadas num desenvolvimento que julgamos o melhor do ponto de vista didático.

Para localizar o leitor oferecemos o seguinte mapa:

1. A ontologia matemática encontra-se principalmente nos capítulos: I, II, III, V, VIII, X, XI, XIII, XV, XVII, XVIII, XXI, XXII, XXX, XXXI.

2. A epistemologia, nos capítulos: IV, VI, VII, IX, XII, XIV, XVI, XIX, XX, XXIII, XXIV.

3. A lógica, nos capítulos: XXV, XXVI, XXVII, XXVIII, XXIX.

I

Eu e a totalidade

1. O todo e as partes

O universo é um ser único. É a totalidade determinante. O seu caráter absoluto tem recebido vários nomes: Fatalidade, Destino, Sina, Deus, Alá, Jeová, *Big Bang*. Todos revelam o conteúdo comum que ele apresenta para a nossa mente: é o *único verso* (*unus versus*) que temos. *Um, apenas um,* e nele está tudo escrito.

Vivemos num todo e dele somos parte integrante. Partes do todo, somos por ele constituídos: feitos e refeitos a todo instante por ele. Este "único verso" faz-nos e refaz-nos continuamente, como parte que se relaciona com todas as múltiplas partes que se combinam na totalidade. Somos a combinação dessa totalidade. Estamos permanentemente na totalidade, e, reciprocamente, ela está em nós em toda parte e a todo instante. Tudo que é real se relaciona com tudo que é real. Nada está isolado, separado, rompido, desconectado, solitário. A conexão não é invenção da internet; é dado do real. Cada parte e todas as partes são sínteses de múltiplas determinações que, por sua vez, são determinadas pela síntese primordial chamada *universo*. Cada um de nós e todos nós, seres humanos, somos sínteses de múltiplas determinações que conversam entre si, determinando umas às outras. O que é feito conosco e o que fazemos,

O concreto é concreto porque é a síntese de muitas determinações, isto é, unidade do diverso. Por isso o concreto aparece no pensamento como o processo da síntese, como resultado, não como ponto de partida, ainda que seja o ponto de partida efetivo e, portanto, o ponto de partida também da intuição e da representação (MARX, 2011, p. 54).

unidos ou individualmente, são sínteses de múltiplas determinações. A bola que entra no gol adversário chutada pelo atacante, a bala que sai do fuzil automático do *marine* e mata o iraquiano, cada letra digitada neste texto – tudo o que realmente acontece é fato porque é síntese de múltiplas determinações determinadas por uma síntese que é única, ainda que se refaça continuamente.

2. O simples e o complexo

Nada no universo é simples. Ou, dizendo de forma inversa, tudo no universo é simplesmente complexo.

Palavras-chave
Simples: palavra formada pelos termos *sim* (singular, sincero) e *plex* (que se dobra), em latim *simplex, ìcis*, com o sentido de "singelo, não composto, só, único"; "que não se dobra senão uma vez, não complicado"
Complexo: do latim *complexus, a, um;* particípio passado de *complecti*, "cercar, abarcar, compreender" (HOUAISS, 2001).

Tudo é complexo porque em tudo está o todo, também na parte. O detalhe é uma totalidade, a nuança é uma mudança total, a fluência eterna está num instante, o momento está na continuidade e um milênio está num segundo. São igualmente complexos o cosmo e o átomo, a humanidade e um homem, um ponto e a reta, uma cidade e um tijolo, um organismo e uma célula, o planeta Terra e uma porção de terra, uma estrela e um pequenino grão de areia.

Uma explicação clara deve partir do simples para o complexo. Mas não há simples que não seja complexo. O detalhe a ser notado, a nuança enfatizada, o ponto e o instante capturados, o momento pretensamente fixado:

nenhum deles é absolutamente simples. São todos complexos. A complexidade pode variar conforme a orientação que se quer tomar e o objetivo que se quer atingir. Assim podemos dizer que, na construção da casa, o tijolo é o complexo *mais simples;* na composição da matéria, o átomo é mais simples que a molécula, e o elétron é mais simples que o átomo.

Um complexo pode ser mais simples que o outro, dependendo da posição em que o observador se coloca no universo para acompanhar um ou mais movimentos. Ocupando determinado espaço no universo e atendendo ao instante em que ativa a sua atenção, o observador que busca algo no "único verso" tem um ponto de partida e, intencionado, um ponto aonde pretende chegar. Nesta simplicidade complexa, ele se encontra num movimento que visa alcançar algo mais complexo que o seu simples ponto de partida. Aí ele está em conformidade com o instante da fluência no ponto no espaço que ele ocupa, numa intenção que o move até um novo tempo e espaço. Na travessia, estará vivendo e produzindo o *mais complexo*. Mas, em si e no universo, tanto o tijolo quanto a casa ou até mesmo o Edifício Martinelli de São Paulo são, igualmente, *sínteses de múltiplas determinações,* ou seja, *complexos*.

3. Eu

Marcos é o mais comum dos seres humanos. Todo e cada ser humano é uma síntese particular de múltiplas determinações. O principal aspecto comum a todos os seres humanos, incluindo Marcos, é que cada um é incomum. Marcos sabe, como todo ser humano, que é original e inédito. Jamais existiu, existe e existirá outro Marcos como ele. Impossível de ser copiado por todos os tempos, ele reconhece cada parte do corpo como sua. Quando está em frente ao espelho, Marcos sabe que a imagem refletida é dele. E se aproveita disso para pentear-se, fazer a barba, apreciar a combinação da camisa com a calça, lustrar o sapato e partir para o seu complexo desejado: encontrar a sua garota.

4. Eu sou a totalidade

Ali está Marcos, na sala de aula. Mas o que parece não é: ali não está Marcos, ainda que permaneça sentado em sua carteira fingindo escutar a explicação do professor. Nesse instante, o nosso amigo está alheio ao mestre e ao aluno que, naquele instante, ele deveria ser. Não lhe importa se aquele umbigo é dele, se é um umbigo comum ou original, se o cabelo fica melhor para o lado ou para trás, se o complexo é simples ou é o simples que é complexo, se o universo é a parte ou é a parte que é o universo. Junto com o *unus versus*, Marcos flui. Ensimesmado, não se vê como algo separado, como parte.

Como ela é bonita! Olho nos seus olhos e voo. Imagino-a ao meu lado, apaixonada por mim. Estou em todos os seus pensamentos, e meus amigos se roem de inveja por não terem a namorada mais bela da escola. Nos passeios as pessoas nos olham admiradas: 'Eles formam um lindo par.'

– Meu caro Marcos, sonhando de novo?

É o professor Roberto entrando nos devaneios de Marcos, *acordando*-o para a relação chamada aula.

Olhando em um espelho invisível, Salvador Dalí (1960). Ilust. Rubem Filho.

Dois momentos, dois contrários:

Persistência da memória, Salvador Dalí (1931). Ilust. Rubem Filho.

No primeiro, Marcos vive a liberdade total de ser apenas universo, de fluir sem relacionar-se, de permitir-se sonhar com a realização de todos os desejos e anseios. É de onde todos nós, crianças, homens, mulheres, jovens, velhos, partimos para a vida. É a *associação livre*. Nela não existe tempo, espaço, obrigação, juízo, repressão, causa, efeito, moral, ética e deveres.

5. Eu e a totalidade

O segundo momento começou quando a voz calma e amiga do professor chamou Marcos à "realidade", tirando-o da fluência universal a fim de que ele voltasse para o posto de observador e ator no cenário da totalidade. Nesta segunda condição, Marcos vive a necessidade de relacionar-se com os outros seres humanos. É onde todos nós, crianças, homens, mulheres, jovens, idosos, vivemos, onde nos encontramos com os outros a fim de juntos combinar as nossas ações para a satisfação das nossas necessidades vitais. É o mundo das relações humanas. Aí existe tempo, espaço, obrigação, juízo, repressão, causa, efeito, deveres e tudo o mais.

A surpresa, Norman Rockwell (1956). Ilust. Rubem Filho.

Eu e a totalidade

Atividade de debate (I)

Identifique quais gravuras apresentam situações de *associação livre* e quais ilustram *relações*, justificando as respostas.[NR1]

Distração.

O pensador, Auguste Rodin (1902). Ilust. Rubem Filho.

O lavrador de café,
Cândido Portinari (1939).
Ilust. Rubem Filho.

O basquete, Norman Rockwell (1949). Ilust. Rubem Filho.

31

6. Eu na totalidade

Que maravilha
(Jorge Ben Jor /
Toquinho)

*Lá fora está chovendo,
Mas assim mesmo eu vou correndo
Só pra ver o meu amor.*

Marcos caminha pela calçada. A chuva não lhe diz respeito. Vai, como diz seu pai, com a "cabeça nas nuvens" ou, como diz sua avó, "pensando na morte da bezerra". Mas a cidade também segue, alheia ao distraído. O tráfego zoa ao seu redor com toneladas de latas passando bem perto do seu corpo. A mulher nua na capa da revista não se aborrece com a sua indiferença e continua, de forma democrática, lançando o seu olhar sedutor sobre todos os passantes.

*Por entre bancários, automóveis, ruas e avenidas,
Milhões de buzinas tocando sem cessar.*

Marcos segue sem deter-se em nenhuma das múltiplas relações que se fazem e se desfazem à sua volta e à sua passagem. Qual um barco singrando os mares, vai navegando pela fluência universal, sendo ele mesmo uma composição de várias relações. Vivendo a realidade como ela é, intuindo e movimentando-se de acordo com a intuição, ele resolve a questão da complexidade do ser tomando-a como um dado primário. Ele não sabe, mas está agindo *ontologicamente*:

> *Quando alguém caminha pela rua – mesmo que seja, no plano da teoria do conhecimento, um obstinado neopositivista, capaz de negar toda a realidade –, ao chegar a um cruzamento, deverá por força convencer-se de que, se não parar, um automóvel real o atropelará realmente; não lhe será possível pensar que uma fórmula matemática qualquer de sua existência estará subvertida pela função matemática do carro ou pela sua representação da representação do automóvel. Na nossa vida as diversas formas de ser estão sempre unidas entre elas e o inter-relacionamento constitui o dado primário. Quando um automóvel vem ao meu encontro*

numa encruzilhada, posso vê-lo como um fenômeno tecnológico, como um fenômeno sociológico, como um fenômeno relativo à filosofia da cultura etc.; no entanto, o automóvel real é uma realidade, que poderá me atropelar ou não. O objeto sociológico ou cultural "automóvel" é produzido, antes de mais nada, em um ângulo visual que depende dos movimentos reais do automóvel e é a sua reprodução no pensamento. Mas o automóvel existente é, por assim dizer, sempre primário em relação ao ponto de vista sociológico a seu respeito, já que o automóvel andaria mesmo que não se fizesse sociologia alguma sobre ele, ao passo que nenhum automóvel será posto em movimento a partir de uma sociologia do automóvel. Há, pois, uma prioridade da realidade do real, se assim se pode dizer; e, segundo penso, devemos tentar voltar a estes fatos primitivos da vida e compreender os fenômenos complexos partindo dos fenômenos originários (LUKÁCS, 1969, p. 14).

> Georg Lukács (Hungria, 1885-1971), revolucionário, dedicou-se a desenvolver a teoria ontológica e foi o seu principal sistematizador na segunda metade do século XX. Esta produção de Lukács é uma das seis fontes principais desta nossa obra. Para uma introdução à obra de Lukács, indicamos o *link*: <http://www.revistaoutubro.com.br/edicoes/05/out5_06.pdf>. Acesso em: 30 abr. 2013.

7. Conexão e relação

Tudo está ligado com tudo. E Marcos está ligado, principalmente, nela. É com ela que ele vai encontrar-se, é com ela que ele quer relacionar-se:

Ideias erradas
(Dolores Duran)

ela vem toda de branco,
Toda molhada e despenteada, que maravilha,
Que coisa linda que é o meu amor.

Ele gosta dela, mas não esquece que o automóvel passa na rua e que, se atropelá-lo, vai machucá-lo.

Não faça ideias erradas de mim
Só porque eu quero você tanto assim.
Eu gosto de você, mas não me esqueço
De tudo quanto valho e mereço.

Prestando atenção nas conexões que fluem no mundo e estão presentes no seu ambiente, ele se movimenta visando à relação que tem com o ser querido com quem vai encontrar-se.

*Ela vem chegando de branco, meiga e muito tímida,
Com a chuva molhando o seu corpo que eu vou abraçar.
E a gente no meio da rua, do mundo, no meio da chuva
a girar, que maravilha, a girar, que maravilha, a girar.*

Tudo existe por conexões: a pedra imóvel, o Sol, o Monte Everest. Os minerais encontram-se e conectam-se para fazer a vida. "Até as pedras se encontram", diz o ditado popular. E as vidas encontram-se e conectam-se para fazer o humano. "Do pó vieste, ao pó voltarás", diz a Bíblia. "O universo é uma teia de conexões", diz Fritjof Capra:

Tendemos a ver as partículas como pequenas bolas de bilhar ou grãos de areia. Mas elas não têm existência independente. O universo é feito de possibilidades de conexões. Essas possibilidades não são de coisas e, sim, de conexões. Uma partícula é, essencialmente, um conjunto de relações que se estendem para se conectarem a outras coisas. Estas "outras coisas" são outras conexões, que também se conectam com outras conexões e assim por diante. Não existem objetos. A natureza essencial da matéria não está nos objetos, mas nas conexões. Uma partícula é, essencialmente, um conjunto de relações que se estendem para se conectarem a outras conexões e assim por diante. Na física atômica, nunca se têm objetos. Um acorde musical chamado de terceira é a mais básica das harmonias de uma melodia. Carrega consigo um clima próprio; mas suas notas isoladas não carregam nada. A essência do acorde está nas relações. É a relação entre a duração e a frequência que compõe a melodia. As relações formam a música, formam a matéria. Esta visão do universo feito de harmonia de relações não é uma descoberta nova. Kepler e Pitágoras já a defendiam.

Fritjof Capra (Áustria, 1939-)
Ilust. Rubem filho.

O que chamamos de objeto, átomo, molécula ou partícula é só uma aproximação, uma metáfora, um modelo, uma simplificação. No nível subatômico a partícula se dissolve numa série de conexões. Quanto mais procurarmos a menor porção de matéria, com maior clareza veremos que ela é uma troca contínua de matéria e energia. As pessoas, por exemplo, parecem corpos separados. Mas isto é aparência. Há uma conexão física entre "eu e o meio" e cada parte dele: o muro, o ar, a cadeira. No nível subatômico há uma troca contínua de matéria e energia entre "minha mão" e o meio, entre os meus olhos e a cadeira que vejo, entre esta cadeira e o ar e até entre "eu e você". Uma troca real de fótons e elétrons. No fim das contas, gostemos ou não, somos todos parte de uma teia inseparável de relações (CAPRA, 1982, p. 91).

Esquematizando essa formulação de Capra, temos o seguinte:

a matéria é feita de moléculas;

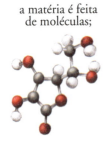

as moléculas, de átomos;

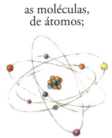

os átomos, de *quarks*;

Quark é o nome que o físico Murray Gell-Mann (EUA, 1929-) deu a um dos dois elementos básicos que constituem a matéria.

os *quarks*, de conexões.

A compreensão do universo como uma totalidade de conexões gerou, na física moderna, a chamada *teoria das cordas* (ou *supercordas*). Segundo esta teoria, a matéria, em sua configuração primordial, apresenta-se como energia genérica vibratória cujas diferentes qualidades implicariam a formação de diferentes partículas. O nome *corda* ou *supercorda* que a teoria dá a esse processo primordial de formação da matéria inorgânica deriva da analogia feita entre essa energia vibrante e uma corda. Assim, todas as partículas consideradas elementares (*quarks*, pósitrons, elétrons etc.) são "cordas" (filamentos unidimensionais) que, vibrando, originam as partículas subatômicas juntamente com as suas propriedades. Às diferentes vibrações energéticas de uma mesma "corda" correspondem diferentes partículas. As conexões às quais Capra se refere como determinantes na formação do universo são processos resultantes desta formação primordial da matéria chamada *corda*. *Corda* ou *supercorda* é o nome que a física quântica dá a um campo unidimensional cuja vibração gera partículas de matéria. Para maior conhecimento dessa teoria, o *link*: <http://pt.wikipedia.org/wiki/Teoria_das_cordas> (acesso em: 21 jun. 2013) oferece excelente síntese.

A *conexão* é um dado do real. A *relação* faz-se quando os homens identificam uma conexão que lhes é útil e passam a movimentar-se sistematicamente para buscá-la e utilizá-la a fim de satisfazer as suas necessidades. O ser humano movimenta-se por conexões, produzindo relações: o encontro dos namorados, o carro que passa buzinando.

Palavras-chave

Nexo: de uma raiz indo-europeia **negh-*, "ligar"; latim *necto, is, nexùi, nexum, nectère*, "enlaçar, entrelaçar; atar, ligar, unir, prender", sinônimo do verbo *ligáre*, "ligar, atar, prender; ligar".

Conexão: do latim *connexìo, ónis*, "ligação, ajuntamento, associação, conexão".

Relação: do latim *relatìo, ónis*, "ação de dar em retorno; proposta; ação de relatar, exposição etc."; do verbo latino *refèrre*, "restituir, trazer de novo, referir etc." (HOUAISS, 2001).

Atividade de debate (II)

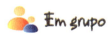

1) Leia novamente o texto de Capra, refletindo com maior cuidado sobre os seguintes trechos para depois debatê-los com o seu grupo:

- A natureza essencial da matéria não está nos objetos, mas nas conexões.
- Uma partícula é, essencialmente, um conjunto de relações que se estendem para se conectar a outras conexões e assim por diante.
- Quanto mais procurarmos a menor porção de matéria, com maior clareza veremos que ela é uma troca contínua de matéria e energia.

2) Explique com suas palavras o que é:

a) o universo; b) a conexão; c) a relação.

3) *Tudo no universo é conexão; tudo no trabalho humano é relação; o universo é uma totalidade de conexões.* Debata essa ideia de universo e escreva as suas conclusões sobre ela.

4) Verifique se as afirmações seguintes são verdadeiras, justificando a sua resposta:

a) A conexão é dada pela fluência universal.

b) A relação só acontece a partir da conexão.

c) Há relação sem conexão; mas só há conexão com relação.

d) A relação é um atributo da mente humana.

5) Identifique nos versos seguintes o que é conexão e o que é relação.

> *Não pense que são pirilampos*
> *essas estrelas lá fora.*
> *É a lua clara dos campos*
> *refletida nas esporas."*

Pilchas (Luiz Coronel / Airton Pimentel) *Link* para ouvir a canção: <http://www.youtube.com/watch?v=P4I40bWLA7s>. Acesso em: 30 abr. 2013.

Nossas Respostas (NR)

Nesta seção, os autores explicitam as suas respostas menos como um decreto (como ironicamente sugere a imagem ao lado) e mais como um recurso de promoção do debate.

(NR1) 1) Associação livre; 2) Associação livre; 3) Relação; 4) Relação; 5) Associação livre.

II

O eu

1. Eu, o mundo

Ao nascer, o homem é apenas matéria orgânica. Flui na totalidade e pela totalidade, misturado com ela, compondo a unidade universal. O universo é o número *Um* do qual faz parte o organismo do homem, seja como indivíduo, seja como espécie. Os pitagóricos chamavam esse *um* de fonte universal de todas as coisas, imutável, a razão pura. O homem, como bom animal que é, sente esse *um* universal como se fosse ele: a Lua, o rio, o mar, o Sol, os outros homens, tudo é sentido pelo indivíduo como se fosse prolongamento corpóreo desse *homem um*. A sensação inverte o real: é o corpo humano que é um prolongamento do universo, um componente deste, um detalhe da totalidade. O *eu* emerge misturado com a totalidade. Os homens nascem com o *eu* do tamanho do universo. Enquanto for só matéria orgânica, enquanto for apenas um *homem um,* esse animal disporá somente do *eu universo* para relacionar-se com a

Pitagóricos são os adeptos de uma seita que se constituiu no século VI a.C. na cidade grega de Samos. *Pitágoras* significa, em grego, "de Samos". Esse nome foi dado a um pretenso e mítico personagem a quem era atribuída toda a produção teórica dos sectários. Para que a lenda não fosse desmascarada e para manter a credibilidade e mobilidade dos seus conspiradores, a seita mantinha os eleitos e os seus pensamentos sob severa clandestinidade. Um dos seus pontos centrais era a proibição de produzir registros escritos. O perigo de algum deles cair em mãos não sectárias determinava essa regra de ouro, cuja desobediência implicava a morte do infrator. Os *pitagóricos* eram pessoas que se apropriavam privadamente do conhecimento existente e, conspirativamente, sistematizavam os saberes em propostas de poder e instrumentos de força para alimentar o Estado em sua função intrínseca de romper e oprimir a comunidade. A sua função de suporte da classe dominante fez que a seita passasse a ser o principal alvo das revoltas populares contra a opressão na Antiguidade escravista.

totalidade. Sem intermediação, será o universo relacionando-se com o universo, não se diferenciando em nada de todas as coisas que constituem a totalidade. Nessa onipotência, não terá nenhuma potência própria para fazer-se no mundo, permanecendo totalmente à mercê dos processos inorgânicos e orgânicos em sua fluência contínua. O onipotente é impotente e vice-versa. Para ele abrem-se as alternativas de, do alto da sua onipotência, destruir os outros ou então ser conduzido à força até a impotência submissa, quando é destruído e reduzido a zero.

> É comum confundir totalidade com totalitarismo. Importa desfazer esse mito: a *totalidade* é um dado do real, é a condição existencial primordial de todo ser no universo; o *totalitarismo* é fruto de uma personalidade não humanizada ou desumanizada, que permanece com o seu eu completamente misturado com o universo.

2. Eu no mundo

O *eu* desenvolve-se no sentido humano na razão inversa ao seu tamanho. O *eu* é inato, é dado orgânico. A percepção da existência do mundo não. Quando um ser vivo percebe que existe um mundo, uma totalidade, independente do seu *eu,* realiza um salto tremendo em seu processo evolutivo. Essa percepção ocorre quando a espécie, dotada de um sistema nervoso altamente desenvolvido, consegue controlar o seu *eu* até a ponto de produzir um espaço sensorial (e, portanto, neurológico) que presume a existência de um universo independente do *eu* orgânico. A admissão do real objetivo, fora do sujeito, que não é prolongamento do seu corpo orgânico, implica a gênese do número *dois.* O homem continua *um,* mas deixa de ser *único.* Agora passa a existir o *dois:* o universo fora do *homem um,* o externo com o qual o *um* tem de relacionar-se para viver. O *homem um* criou, assim, o seu par, o *real dois.*

A percepção da existência do real gera um espaço neurológico (ou sensorial) que, tendo origem na dinâmica orgânica, ultrapassa o *eu universal* por meio do *eu parcial.* Na evolução da nossa espécie, esse *eu parcial* é o primeiro passo para a produção do *humano,* um ser animado que se percebe como *eu* no interior de uma totalidade diversa desse *eu.* O humano desenvolve-se à medida que o *eu* se reduz na psique para que a imagem do mundo ocupe um espaço espiritual cada vez maior.

3. Autopercepção

Eis o homem, ser vivo, às vezes "mais morto que vivo", animado, às vezes "nem tanto", racional, de vez em quando, "uma carne inteligente, embora às vezes doente":

> *O AMOR é que é essencial.*
> *O sexo é só um acidente.*
> *Pode ser igual ou diferente.*
> *O homem não é um animal:*
> *É uma carne inteligente,*
> *Embora às vezes doente.*
> (Fernando Pessoa, Portugal, 1888-1935)

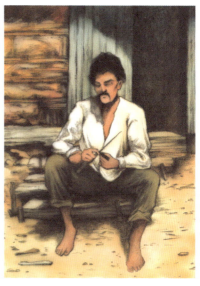

O caipira picando fumo, Almeida Júnior (1893). Ilust. Rubem filho.

José Ferraz de Almeida Júnior (Itu/SP, 1850-1899). Pintor de formação acadêmica, foi, possivelmente, o primeiro artista plástico brasileiro a introduzir nas telas (particularmente na última década de sua vida) o homem do povo, retratado em seu cotidiano. O tratamento da luz tropical, o abandono da monumentalidade das obras e a inserção dos personagens do cotidiano brasileiro marcaram seu trabalho. Aos dezenove anos ingressou na Academia Imperial de Belas Artes, no Rio de Janeiro, onde teve aulas de desenho com Jules Le Chevrel e de pintura com Victor Meirelles. Contemplado com uma bolsa, foi estudar na França, entre 1876 e 1882, na Escola Nacional Superior de Belas Artes, como aluno de Alexandre Cabanel.

Em seus últimos trabalhos, revela influência dos realistas Courbet (que presidiu a Comissão de Belas-Artes da Comuna de Paris) e Corot. A Pinacoteca do Estado de São Paulo, que no ano 2000 realizou exposição em sua homenagem, quando vários artistas contemporâneos fizeram releituras de alguns de seus trabalhos, possui em seu acervo um conjunto de obras do artista. Algumas também podem ser vistas no Museu Nacional de Belas-Artes, no Rio de Janeiro, e no Museu de Arte de São Paulo, entre outros (http://www.cecac.org.br/).

Em seu equipamento corpóreo o homem dispõe de um sistema nervoso central (neuroeixo) – conjunto formado pelo encéfalo e a medula espinhal – mais desenvolvido e complexo que o encontrado em outros espécies.

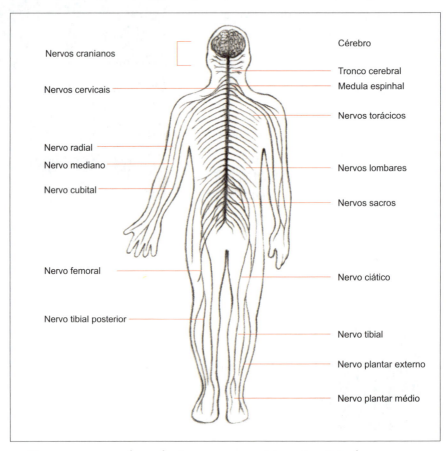

Em seu processo de evolução, a nossa espécie está, originalmente, conectada com a natureza como todo ser vivo, isto é, como parte integrante do todo – *a parte é o todo* e dele não se distingue. Mantendo-se como simples parte do todo, a conexão da espécie com a natureza é *sensorial*. Ela se particulariza na totalidade como matéria dotada de sensação, qualidade que a mantém conectada com o universo. A espécie *Homo sapiens* e cada um dos seus espécimes *sentem o todo universal*. O conjunto formado pelo sistema nervoso (matéria orgânica) e pelo conjunto de sensações e pulsões que ele produz (matéria inorgânica – eletricidade) chama-se *processo neurológico*.

Este órgão tem como função capturar os reflexos que incidem do universo no corpo e transformá-los em *sensações,* impulsos elétricos que o cérebro recebe e converte em pulsões, comandos também elétricos que direcionam a animação do corpo.

 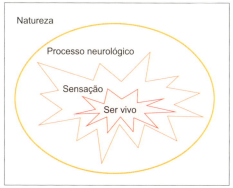

O processo neurológico é a função orgânica que estabelece o grau de interação do organismo animado com tudo o que constitui o universo. Essa função possibilita que o animal se oriente no seu movimento pela terra, buscando alimento e refúgio. Com ela o animal desenvolve uma sensibilidade ao próprio corpo diferenciada daquela em que sente o ambiente onde o seu organismo se movimenta. Essa diferenciação é, simultaneamente, função e resultante do processo neurológico. É uma espécie de "antessala" do universo, onde o animal se situa como observador do próprio comportamento no cenário fornecido pelo ambiente. É um "posto de observação" instalado na própria ação. Graças a ele, o animal movimenta-se na terra buscando as condições de sua existência e evitando ameaças e perigos das armadilhas naturais.

Erroneamente chamada por alguns de *autoconsciência*, essa sensibilidade diferenciada constitui o princípio ativo da função neurológica que chamaremos de *autopercepção*: é o processo orgânico no qual o animal sente o seu corpo como uma totalidade destacada da totalidade universal, percebendo-se como um ser com movimento próprio no interior da natureza à qual seu corpo está integrado. Os animais que não conseguem desenvolver a contento essa primeira condição para a sua existência, a *autopercepção,* são aniquilados pela dinâmica da seleção natural.

Entrevista concedida em 30 out. 2006 a Reinaldo José Lopes <http://g1.globo.com/Noticias/Ciencia/0,,AA1332123-5603,00.html>. Ainda que descreva com precisão e rigor a autopercepção, o pesquisador equivocadamente a chama de autoconsciência.

A palavra consciência (com ciência, com conhecimento) implica um grau de elaboração mental do real, chamado pensamento, só possível de ser atingido por seres vivos que conversem entre si e que possam estabelecer planos de ação coletiva. Só a nossa espécie, a humanidade, consegue desenvolver essa prática. A consciência é atributo exclusivo dos seres que conversam, da espécie cujos indivíduos não são surdos nem mudos nas relações que estabelecem entre si. A consciência é produto especificamente humano.

Há vários níveis nesse conceito [de autoconsciência] (leia-se autopercepção). Um cachorro precisa ter consciência (leia-se percepção) do próprio corpo, ou do contrário ele não conseguiria andar sem bater a cabeça numa parede (Joshua M. Plotnik, pesquisador do Departamento de Psicologia da Universidade Emory, em Atlanta, EUA).

4. Autorreconhecimento

Em sua luta pela sobrevivência, algumas espécies animadas, dotadas de um sistema nervoso mais complexo, desenvolvem organicamente a *autopercepção* até um grau mais elevado do que o simplesmente sensorial.

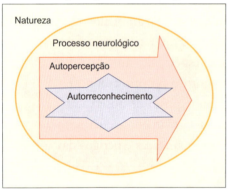

Nele os indivíduos conseguem reconhecer o próprio corpo, identificá-lo e separá-lo mentalmente da totalidade universal. Nesta separação mais profunda, o indivíduo vivencia um processo neurológico posterior à *autopercepção* e imediatamente anterior à abstração: em seu "posto de observação" na ação, o animal retira os sentidos do ambiente e focaliza-os em si próprio, no próprio posto, para fazer a sua "inspeção", pondo a "sala" em ordem, preparando-a para a ação. Denominaremos de *autorreconhecimento* essa capacidade do animal de preparar-se para a ação na própria ação.

O *autorreconhecimento* é uma atividade neurológica superior à *autopercepção*; vale-se dela, mas supera-a. Decorre diretamente do desenvolvimento do sistema nervoso (principalmente central). Ainda que não seja *consciência*, o *autorreconhecimento* prepara o sistema nervoso

A "vaidade" de Happy

Em 2006, uma equipe do Centro Nacional Yerkes de Pesquisa de Primatas, da universidade estadunidense de Emory, realizou um estudo de *autorreconhecimento* com três fêmeas da espécie *Elephas maximus* (elefante indiano): Happy, Maxine e Patty, que vivem no zoo do bairro nova-iorquino do Bronx. Inicialmente, foram colocadas em frente a um espelho quadrado de 2,5 metros de lado. Primeiro elas tentaram puxar o espelho com a tromba; depois tentaram escalar o biombo em que ele estava montado para olhar o que havia atrás. Num momento posterior, o

Happy aproxima-se do espelho e nele identifica, com a tromba, a marca pintada em sua têmpora

trio passou a trazer coisas para comer na frente do espelho e a fazer movimentos com a tromba e o corpo, acompanhando-os na imagem refletida. Em seguida usaram o espelho para inspecionar partes do corpo que normalmente não veriam. Maxine, por exemplo, agarrou a ponta da própria orelha com a tromba e puxou-a para perto do espelho. Por fim, foi feito o "teste da marca": os animais foram sedados e pintados com um xis branco na têmpora. Ao acordarem, os bichos foram confrontados com o espelho. Por algum motivo, apenas Happy reagiu, tocando a marca com sua tromba.

Happy aproxima-se do espelho e nele identifica, com a tromba, a marca pintada em sua têmpora.

O "teste do espelho" é usado pelos estudiosos do comportamento para avaliar o grau de *autorreconhecimento* que as espécies desenvolveram. Sabe-se que tal habilidade, rara no reino animal, não é exclusiva do ser humano: grandes macacos, principalmente os chimpanzés, a espécie de golfinho "nariz de garrafa" e os elefantes desenvolveram essa característica, que alguns pesquisadores chamam de *self*. Já os cães, quando confrontados com a sua imagem refletida, reagem ao "outro cachorro" e procuram-no atrás do espelho.

G1: <http://g1.globo.com/Noticias/Ciencia/0,,AA1332123-5603,00.html>. Acesso em: 3 mar. 2013.; BBC Brasil.com: <http://www.bbc.co.uk/portuguese/ciencia/story/2006/10/061031_elefanteimagemir.shtml>. Acesso em: 3 mar. 2013.

para esta atividade, que lhe é superior. No caso da nossa espécie, como condição necessária, mas não suficiente, para a gênese da consciência, o *autorreconhecimento* é que possibilita à nossa espécie *sentir* o número *dois* no par em que cada indivíduo se reconhece como a unidade contraposta à outra unidade, a totalidade.

Quando mencionamos a *unidade-eu,* não estamos afirmando que esta se forma no âmbito individual dos espécimes. Ainda que a *unidade-eu* se manifeste individualmente, os processos de *autopercepção* e *autorreconhecimento* são essencialmente coletivos no que se refere à espécie. Certamente ocorrem variações individuais, mas o atributo evolutivo é sempre coletivo. Senão, ele se perderia com a morte do indivíduo que o vivenciou isoladamente. Aqueles processos ocorrem porque, na espécie como um todo, a *unidade-eu* cedeu espaço em seu interior à representação do universo em sua totalidade.

Atividade de debate (I)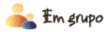

Retomemos o teste do espelho feito com as três elefantas. A seguir, estão algumas conclusões firmadas pelos pesquisadores que realizaram o teste:

"Mas esse e outros comportamentos dos elefantes sugerem a presença de uma forma superior de autoconsciência" (Joshua M. Plotnik, integrante da equipe de pesquisa).

1) Analise a expressão "forma superior de autoconsciência": como você a interpreta?[NR1]

A complexidade social do elefante, seu conhecido comportamento altruísta e, é claro, seu enorme cérebro fizeram dele um candidato lógico para o teste em frente ao espelho. A autoconsciência que o reconhecimento no espelho implica pode ser um pré-requisito para alguns comportamentos de elefantes (e grandes macacos, humanos e golfinhos), como demonstrações de empatia ou de ajuda a membros do grupo feridos ou doentes, que precisam especificamente dela. Isso significaria, então, que elefantes podem ter uma capacidade de inferir o que outro ser está sentindo ou pensando. Para conseguir assumir a perspectiva do outro, você precisa primeiro ter consciência de qual é a sua (Joshua M. Plotnik).

Juntando os dados dos elefantes com os dos grandes macacos e golfinhos, parece que nós estamos começando a ver uma correlação, que não necessariamente é uma relação causal, entre esse tipo de comportamento e coisas como um cérebro relativamente grande e uma vida social complexa (Diana Reiss, integrante da equipe de pesquisa).

2) A quais fatores principais os pesquisadores atribuem o desenvolvimento do *autorreconhecimento* na mente dos elefantes?[NR2]

3) Esses fatores também estão presentes na nossa espécie? Identifique-os.[NR3]
"O elefante entra para a elite cognitiva dos animais" (Frans de Waal, integrante da equipe de pesquisa).

4) Analise a expressão "elite cognitiva dos animais": como você a interpreta?[NR4]
"Apesar de os elefantes serem muito mais distantes de nós do que os grandes primatas, eles parecem ter desenvolvido capacidades sociais e cognitivas semelhantes às nossas, entre elas os sistemas sociais complexos e a inteligência" (Frans de Waal).

5) A que diferenças o texto se refere: inorgânicas, orgânicas ou "humanas"? Justifique a sua resposta.[NR5]

6) De que semelhanças ele trata?[NR6]
Esses paralelos entre humanos e elefantes sugerem uma evolução cognitiva convergente, possivelmente relacionada à sociabilidade complexa e à cooperação. De forma convergente, animais com essas características poderiam ter desenvolvido independentemente as mesmas capacidades (Frans de Waal).

7) Essa "evolução cognitiva convergente" implica que os elefantes também são "seres humanos"? Como você interpreta essa expressão?[NR7]

Nossas Respostas (NR)

(NR1) A expressão refere-se à maior capacidade potencial que o organismo dos elefantes apresenta para o desenvolvimento do conhecimento deles sobre si próprios como espécie.

(NR2) São três fatores: a sua capacidade orgânica de desenvolver afeto ("comportamento altruísta"), a capacidade orgânica de transformar afeto em fraternidade ("complexidade social") e o "local" onde se realiza essa capacidade, o sistema nervoso central altamente desenvolvido ("enorme cérebro").

(NR3) Sim, o sistema nervoso central do ser humano desenvolveu-se o suficiente para transformar emoção em afeto, afeto em fraternidade e fraternidade em ação coletiva combinada e orientada por um plano previamente estabelecido.

(NR4) Essa expressão refere-se às espécies animadas que conseguiram desenvolver um sistema nervoso central potencialmente capaz de produzir conhecimento.

(NR5) As diferenças orgânicas: os elefantes e os homens provêm de linhas evolutivas totalmente diferentes.

(NR6) De semelhanças que, por falta de outro nome, chamaremos de precognitivas (preparatórias para a cognição; com exagero, poderíamos dizer "pré-humanas"). São semelhanças que se verificam na fronteira mais desenvolvida do organismo e possibilitam às espécies desenvolver relações entre os seus membros que potencialmente superem as próprias de horda, combinando-os para a ação coletiva planejada previamente por todos. Constituem processos orgânicos preparatórios para as relações de comunidade que chamaremos de *relações paracomunitárias*. São, portanto, condições necessárias, ainda que insuficientes, para a formação da comunidade.

(NR7) A expressão indica que os elefantes evoluíram até uma condição próxima à humana sem, contudo, alcançá-la. Há processo evolutivo posterior ao *autorreconhecimento,* processo esse que o homem alcançou – chamado, no seu caso, de *humanização* – e que os elefantes e as demais espécies que se autorreconhecem não conseguiram efetivar.

III

A comunidade

1. Eu com o mundo

O *eu*, um complexo simplificado, síntese de múltiplas determinações, está diante de outro simples complexo. Estão dadas aí, neste "real particular", múltiplas conexões que podem tornar-se múltiplas relações. Num mesmo instante, pelo mesmo ponto (no caso, o *espécime*), passam infinitas conexões, pois em cada "indivíduo-ponto" a totalidade está presente. Aqui está o *eu*, um complexo simples, diante de um simples complexo, a totalidade em sua configuração imediata, juntos na iminência do nascimento de um novo complexo, a conexão que o *eu* vai escolher para transformá-la em sua *relação com o universo*. Ao sair da fluência das conexões para atuar numa delas como relação, o *eu* opõe-se à totalidade, ainda que permaneça como integrante dela. Ao *eu* parece que é a fluência que se lhe opõe. Com a oposição, instantaneamente se formam os contrários.

O eu está na iminência de conhecer o produto dessa oposição que ele gerou. É quando se forma a sensação do *número três*: a *unidade-eu* opõe-se ao seu par, *a unidade-totalidade,* e desta contradição emergirá algo "novo" no universo que informará se a totalidade suporta (e contém) ou não (e até que grau) essa oposição da *unidade-eu*. Esse "novo" chama-se *relação*. Ela corresponderá à fluência universal no sentido propositivo, com a *unidade-eu* ampliando o seu espaço de atuação, ou destrutivo, negando espaço. No primeiro caso, a *unidade-eu* passa a movimentar-se não só no universo, mas também *com ele*, consolidando o par com um resultado, o *terceiro* incluído no par. A escolha de uma conexão e o seu uso pela *unidade-eu* fazem-se sempre por *oposição* do *eu* à totalidade. É, intrinsecamente, *contradição*. A transformação da conexão em relação faz-se, portanto, por meio da *contradição:*

Se corresponder à fluência universal, a contradição gerará um terceiro que estava incluído na totalidade (*terceiro incluído*). Neste caso, será produzida uma *relação* da *unidade-eu* com a totalidade. Se não corresponder à fluência universal, a contradição negará a formação do terceiro (*terceiro excluído*) e provocará uma *ruptura* da *unidade-eu*. Quando produz *relação*, a contradição é *harmônica*. Quando provoca ruptura, a contradição é *antagônica*.

2. A conversa

A produção do terceiro incluído, inicialmente uma possibilidade ou potência, sua explicitação e realização exigem uma interação entre os indivíduos de uma mesma espécie maior do que a interação presente nos processos neurológicos de autopercepção e autorreconhecimento. Necessários, a percepção e o reconhecimento do *eu* não são suficientes para que se tenha a percepção e o reconhecimento dos terceiros ocultos em meio às múltiplas conexões que constituem os complexos. Enquanto se mantiverem como processos apenas orgânicos, neurológicos, a percepção e o reconhecimento não alcançam o real para dele extraírem as conexões que serão transformadas em relações. Mas as *unidades-eus* só contam com os seus corpos orgânicos para lidarem com o real. A única possibilidade que têm para ampliar e aprofundar o reconhecimento do *eu* até o reconhecimento do real está na junção ou combinação das potências individuais para a formação de uma potência coletiva maior o suficiente para que o real seja alcançado. Para que as *unidades-eus* produzam *relações* com a totalidade, é preciso que produzam *relações entre si*, relações entre os homens que possibilitem a ampliação e o aprofundamento do *reconhecimento* do *eu* até o reconhecimento do real, das suas conexões constituintes.

Para que produzam relações entre si, é preciso que cada *unidade-eu* reconheça as outras *unidades-eus* como seres autônomos, independentes, com existências próprias e distintas. Os reconhecimentos da totalidade e dos outros *eus* são mutuamente determinantes. Estas duas dimensões de relacionamentos – com a totalidade e com os outros eus – devem, necessariamente, ser produzidas de forma simultânea.

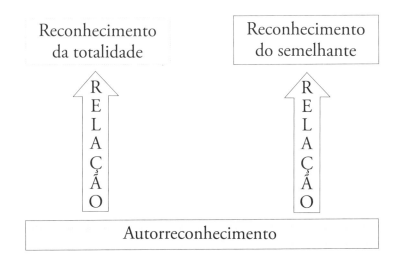

No trajeto da sensação até o *autorreconhecimento*, o homem caminhou acompanhado de outras espécies. Neste ponto, enquanto as outras espécies pararam, o homem deu um passo à frente, graças a dois equipamentos corpóreos cujas particularidades e detalhes lhe são exclusivas: o *sistema fonador* e o *sistema auditivo*.

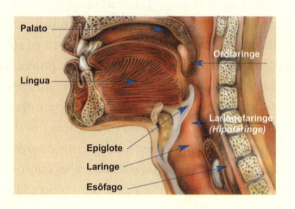

Fonação (ou *fala*)

Aparelho fonador é o conjunto de órgãos responsáveis pela formação dos fonemas. Os *órgãos respiratórios* – pulmões, brônquios e traqueia – fornecem a corrente de ar, matéria-prima da fonação. O ar expelido dos pulmões por via dos brônquios penetra na traqueia e chega à laringe. Nesta estão a glote e as cordas ou pregas vocais. Esse conjunto constitui os *órgãos sonoros,* que produzem a energia sonora utilizada na fala. Ao atravessar a glote, o ar encontra o primeiro obstáculo à sua passagem, formada por duas pregas musculares (cordas vocais) das paredes superiores da laringe. Abertas, elas se retesam e o fluxo de ar passa por elas, produzindo as vibrações sonoras que constituem a voz. Fechadas, as cordas vocais ficam relaxadas e o ar escapa sem vibrações da laringe. A corrente expiratória portadora de voz desloca-se da laringe para a cavidade da faringe, que lhe oferece duas vias de acesso ao exterior: o canal bucal e o nasal, com a finalidade de determinar o som oral (bucal) e o som nasal. Essas cavidades (faringe, boca e fossas nasais) são os *órgãos de ressonância,* pois funcionam como caixa de ressonância, uma vez que a cavidade bucal pode variar de forma e de volume, graças aos movimentos dos órgãos ativos, sobretudo da língua, importantíssimos na fonação. Não é à toa que *língua* é sinônimo de idioma.

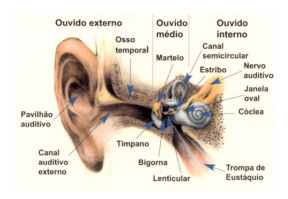

Audição (ou escuta)

As ondas sonoras entram pelo *ouvido externo* e chegam ao *canal auditivo*. No fim deste canal, fica a membrana do *tímpano*. À passagem das ondas sonoras, ela se movimenta e vibra. Esses movimentos e vibrações são transmitidos a três ossos pequenos, os menores do corpo, que se situam no *ouvido médio*: martelo, bigorna e estribo. Primeiro, as vibrações chegam ao *martelo*. Ele bate na *bigorna*, que passa sua vibração ao *estribo*. Aí começa o *ouvido interno*, formado pela cóclea e pelos canais semicirculares. A *cóclea* é um tubinho em forma de caracol que converte as vibrações vindas do estribo em impulsos nervosos. Estes são então enviados para o cérebro, que vai distinguir os sons. Os *canais semicirculares* são responsáveis pelo nosso equilíbrio. Em seu interior há um líquido cujo movimento informa ao cérebro a posição da cabeça e mudanças súbitas de velocidade, independentemente da visão. Isso permite ao corpo, por exemplo, perceber que está caindo mesmo sem ver a queda.

A fala é o aspecto orgânico fundamental da conversa. Ela se tornou possível com a evolução corpórea da nossa espécie, no ponto em que a laringe se formou na garganta. O equipamento corpóreo ordenou-se na sequência *língua (na boca), laringe (na garganta), pulmão (no tórax)*, numa combinação que possibilitou a produção da fala.

Dispondo desses dois equipamentos orgânicos, a nossa espécie sistematizou o par *fala→escuta,* que lhe permite emancipar-se da individualidade por meio da constituição da *comunidade,* atributo humano que converte dois ou mais homens numa totalidade animada, ativa e combinada. A combinação de indivíduos em comunidades faz-se pela ativação do par *fala→escuta* num movimento de produção de relações chamado *conversa.*

Ativado para a produção da *conversa,* o par *fala→escuta* permite a comunicação entre os sistemas nervosos individuais, principalmente entre os cérebros dos homens envolvidos na ação comum. Forma-se, assim, uma conexão entre os homens, chamada *comunidade,* que possibilita que as intuições de conexões que afluem organicamente ao cérebro de cada indivíduo, orientando-lhe a animação, sejam comunicadas aos outros e daí idealizadas, praticadas, experimentadas, criticadas, transformadas e combinadas.

Conversa: combinação entre pessoas (relação entre as conexões)

É a conversa o atributo humano que possibilita à espécie produzir, simultaneamente, as relações com a totalidade (e o reconhecimento do universo como unidade autônoma) e as relações com o outro (e o reconhecimento do semelhante como unidade autônoma). Graças à conversa, os homens transformam as conexões existentes entre si em relações humanas. Estas relações permitem que as várias conexões que cada *eu* captura no real sejam apresentadas a todos pela conversa. Nela os homens podem perceber e observar as conexões existentes entre as conexões, simplificando o complexo de modo a torná-lo acessível ao reconhecimento de todos.

A passagem da conexão para a relação não ocorre por simples autorreconhecimento. É necessário fazer o reconhecimento da existência do real que não é *eu*. E o que não é *eu* são dois complexos contraditórios: a totalidade sem *eus* e os outros *eus* que não são o *eu que eu sou*. Temos assim três complexos que precisam ser reconhecidos como condição para que o animal homem se *converta* em ser humano, ser cuja característica central é a de produtor de relações. O primeiro complexo, o autorreconhecimento, é gerado pelas conexões internas que a espécie dispõe *em si*. Ele constitui a base sobre a qual se realizam os outros dois complexos, os reconhecimentos da totalidade e dos outros *eus*. O reconhecimento interior do *eu* é uma conexão da espécie que possibilita o reconhecimento exterior da totalidade e dos outros *eus*. Dada essa possibilidade, falta o gatilho, o elemento que desencadeia a interação e provoca a conversão do eu *reconhecido* no eu *reconhecedor* e, consequentemente, *conhecedor*. Esta condição *suficiente* que se combina com a *necessária* dada pelo autorreconhecimento para tornar o homem um *conhecedor* (produtor de relações, de conhecimentos) é dada pela *conversa*.

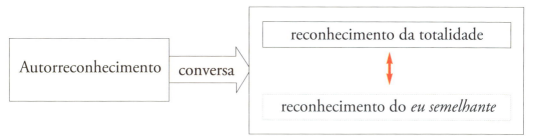

3. A comunidade

Ao criar a conversa, a nossa espécie produziu o ponto de partida da própria humanização, transformando *autorreconhecimento individual* em *autorreconhecimento total* (coletivo no que se refere à espécie). Este *autorreconhecimento de toda a espécie* na sua conexão com a totalidade chama-se *comunidade*.

> *Comunidade* é o *eu* universal da espécie *Homo* que a torna *sapiens* mediante a conversa que os *eus-unidades* estabelecem entre si.

É ela que *converte* a espécie *homem* em espécie *humana*, os primatas hominídeos em *humanidade*. A conversa é a primeira relação que o homem produz, e dela têm origem todas as outras. É a condição fundamental de existência do ser humano, da *conversão* do homem em humano. A condição relacional da conversa implica que ela deve ser continuamente produzida. Ao contrário da conexão, dada diretamente pela totalidade, a relação é uma produção dos homens e, como tal, só existe (e persiste) enquanto os homens a produzirem e reproduzirem permanentemente.

Conversar é *converter*. Não é à toa que as duas palavras têm a mesma origem etimológica.

Palavras-chave
Verter: do verbo latino *is, verti, versum, vertère*, "voltar, virar, girar, suceder-se (no tempo); mudar; trocar, tornar-se em; ter este ou aquele resultado, revolver, arar a terra"
Converter: do latim *converto, is, versi, versum, tère*, "voltar, virar, dar outra forma".
Conversar: do latim *conversor, áris, átus sum, ári*, "encontrar-se habitualmente num mesmo local, frequentar, conviver" (HOUAISS, 2001).

Ao conversarem, os homens passam a *encontrar-se habitualmente, num mesmo local, convivendo*, e aí combinam o giro e a sucessão das mudanças e trocas entre si, visando a este ou aquele resultado. Ao conversarem, convertem as conexões escolhidas em relações. A relação é a conexão tomada e retomada várias vezes na sequência do tempo, para a satisfação das necessidades do homem.

As necessidades vitais da espécie – alimentação, vestuário, higiene, transporte, habitação, comunicação etc. – repetem-se regularmente, isto é, acontecem em ciclos. Daí o caráter repetitivo, regular e cíclico da produção dos valores de uso que satisfazem essas necessidades e, consequentemente, das relações que os homens travam entre si – relações de produção – para satisfazê-las.

O *eu orgânico* que nos é dado pela fluência inorgânica está, inicialmente, misturado na totalidade. Ele se humaniza à medida que cede espaço ao reconhecimento simultâneo da totalidade e do outro. O reconhecimento do real universal chama-se *objetividade* e o reconhecimento do outro semelhante chama-se *fraternidade*. A *comunidade* é a relação entre estes dois aspectos:

fraternidade ↔ objetividade.

Objetividade sem fraternidade, sem afeto, é *psicopatia*. Fraternidade sem objetividade é *messianismo*.

Atividade de debate (I)

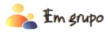

1) *Psicopatia* é a incapacidade – genética, comportamental ou resultante da combinação desses dois fatores – de um indivíduo desenvolver afeto. *Afeto* é o desenvolvimento emocional que aproxima os *eus-unidades* a ponto de possibilitar o compartilhamento mútuo de sensações. A seguir apresentamos alguns trechos da entrevista concedida pelo psiquiatra argentino Hugo Marietán ao jornal *La Nación*, de Buenos Aires, em fevereiro de 2011. Faça a sua leitura compartilhada, debata o texto com seu grupo e as questões que o seguem.

Para conhecer mais os trabalhos de Hugo Marietán sobre psicopatia, consulte os *sites*: <http://www.psicopatia.com.ar> e <http://www.marietan.com.ar>. Acesso em: 30 abr. 2013.

Uma característica básica do psicopata é que ele é um mentiroso, mas não é um mentiroso qualquer. É um artista. Mente com a palavra, mas também com o corpo. Atua. Pode, inclusive, fingir sensibilidade. Acreditamos nele uma e outra vez, porque é muito convincente. O psicopata almeja o poder pelo poder e, uma vez que está acima, ninguém pode tirá-lo. Não deixa o poder e muito menos o delega. Outra característica é a manipulação que faz das pessoas. Em torno do dirigente psicopata se movem pessoas que querem satisfazê-lo. Pessoas que, sob seu efeito persuasivo, são capazes de fazer coisas

> *que de outro modo não fariam. São pessoas subjugadas, sim, e inclusive podem ser de alto nível intelectual. O psicopata não considera as pessoas; elas são coisas, porque o psicopata sempre trabalha para si mesmo, ainda que em seu discurso diga tudo ao contrário. O psicopata vê as pessoas como simples instrumentos. Ele carece da habilidade emocional da empatia, que é a capacidade de qualquer pessoa normal de pôr-se no lugar do outro. "As coisas"(as pessoas) têm de estar a seu serviço: pessoas, dinheiro, a famosa caixa para pagamentos, para comprar vontades. Utilizam o dinheiro como elemento de pressão, porque utilizam a coerção. A pergunta do acionar psicopatológico típico é: como dobro a vontade do outro? Com um cargo, com um plano, com um subsídio? Como divido? O psicopata adora o poder. Utiliza as pessoas para obter mais e mais poder e as transforma em "coisas" para o seu próprio benefício. O poder é um ambiente em que eles se movem como peixe na água.*

a) Na prática educativa há poder?

b) Na escola há poder?

c) Onde houver poder, lá estarão os psicopatas: "O poder é um ambiente em que os psicopatas se movem como peixe na água". A psicopatia é um fenômeno educacional?

d) A psicopatia é um fenômeno escolar? Justifique e exemplifique.

e) Como lidar com a psicopatia na escola e fora dela?

2) *Messianismo* é um movimento que propõe a comunhão em torno de um *visionário* ou *profeta* – tido como enviado de Deus – que trará a todos justiça, paz, felicidade, reorganizando a sociedade. A base do messianismo é a fé coletiva que os seguidores depositam no *messias,* em sua interpretação alucinada do mundo e em suas propostas de redenção. Apresentamos a seguir alguns extratos do livro *Os sertões,* de Euclides da Cunha, sobre o movimento messiânico que motivou a Guerra de Canudos (confronto entre o Exército brasileiro e a população de Canudos (BA), liderada por Antônio Conselheiro, que se estendeu de 1896 a 1897). Faça a sua leitura compartilhada, debata o texto com seu grupo e as questões que o seguem.

> *A pobreza revelava o fracasso de sua gente que, "degenerada", permitiu que o Conselheiro surgisse como santo. Um rebanho à procura de um pastor. De sorte que ao fim de algum tempo a população constituída dos mais díspares elementos, do crente fervoroso abdicando de si todas as comodidades da vida noutras paragens, ao bandido solto, que lá chegava de clavinote ao ombro em busca de novo campo de façanhas, se fez a comunidade homogênea e uniforme, massa inconsciente e bruta [...]. É natural que absorvesse, intactas, todas as tendências do homem extraordinário do qual a aparência proteica – de santo exilado na terra, de fetiche de carne e osso e de bonzo claudicante – estava adrede talhada para reviver os estigmas degenerativos de três raças (CUNHA, 2002, p. 118).*
>
> *Entre os "deserdados da terra", Antônio Conselheiro fez-se profeta e Canudos, para seus seguidores, "era o Cosmos". Aceitando, às cegas, tudo quanto lhe ensinara aquele; imersa de todo no sonho religioso; vivendo sob a preocupação doentia da outra vida, resumia o mundo na linha de serranias que a cingiam. Não cogitava de instituições garantidoras de um destino na terra. Eram-lhes inúteis (CUNHA, 2002, p. 115).*

> *O misticismo de cada um, porém, ia-se pouco e pouco confundindo na nevrose coletiva. De espaço a espaço a agitação crescia, como se o tumulto invadisse a assembleia, adstrito às fórmulas de programa preestabelecido, à medida que passavam as sagradas relíquias. [...] Estrugiam exclamações entre piedosas e coléricas; desatavam-se movimentos impulsivos, de iluminados; estalavam gritos lancinantes, de desmaios. Apertando ao peito as imagens babujadas de saliva, mulheres alucinadas tombavam escabujando nas contorções violentas da histeria, crianças assustadiças desandavam em choros; e, invadido pela mesma aura de loucura, o grupo varonil dos lutadores, dentre o estrépito, e os tinidos, e o estardalhaço das armas entrebatidas, vibrava no mesmo íctus assombroso, em que explodia, desapoderadamente, o misticismo bárbaro... (CUNHA, 2002, p. 126).*
>
> *"Em verdade vos digo, quando as nações brigam com as nações, o Brazil com o Brazil, a Inglaterra com a Inglaterra, a Prússia com a Prússia, das ondas do mar D. Sebastião sahirá com todo o seu exército. Desde o princípio do mundo que encantou com todo seu exército e o restituiu em guerra. E quando encantou-se afincou a espada na pedra, ella foi até os corpos e lhe disse: Adeus mundo! Até mil e tantos a dois mil não chegarás!"* (reprodução da fala de Antônio Conselheiro *in Os sertões*, 2002, p. 175).

A COMUNIDADE

a) Identifique nos textos qual é a origem do movimento messiânico.

b) Descreva como se dá o encontro do "rebanho" com o "pastor".

c) Qual promessa o "messias" anunciou ao seu povo?

d) Na escola atual há movimentos messiânicos? Identifique-os e descreva-os.

e) Como lidar com o messianismo na escola e fora dela?

3) Faça a leitura compartilhada do texto seguinte e, a seguir, debata-o.

O aprendizado na psicopatia
e no messianismo

A psicopatia é objetividade sem fraternidade; o messianismo é fraternidade sem objetividade. As duas carências, contudo, não se igualam em suas consequências. É muito mais difícil a objetividade psicopata evoluir para a objetividade fraterna do que a fraternidade messiânica evoluir para a fraternidade objetiva. A psicopatia forma-se no espaço desumano da ausência de afeto, ou pela impossibilidade genética de o processo neurológico individual produzi-lo, ou pela destruição social do ego (*unidade-eu*). Em ambos os casos, a neutralização ou superação da psicopatia exigem amplo esforço coletivo humano exterior à psicopatologia, que é desumana. Já a fraternidade messiânica se forma num caldo de cultura onde as relações de comunidade se produzem no espaço da ignorância. Mas as relações fraternas, o ponto de partida, são humanas, e elas, para se desenvolverem, devem (e podem) superar a ignorância pela sua própria experiência na prática do plano messiânico. A não objetividade do messianismo configura-se na prática do movimento, e as pessoas aprenderão com a experiência própria a limitação do projeto inicial. É disso que nos fala Abraham Leon: *Cada vez que uma classe chega a um grau determinado de maturidade e de consciência, sua oposição à massa dominante se reveste de formas*

LEON, Abraham. *Concepção materialista da questão judaica.* São Paulo: Global, 1981. p. 23.

A COMUNIDADE

religiosas. Isto, porém, se elas sobreviverem ao esgotamento e colapso do projeto messiânico. No século XIX, o movimento operário europeu iniciou-se com a formação de seitas cristãs secretas e desenvolveu-se até formar o movimento cartista na Inglaterra e a Comuna de Paris na França (1870). A Revolução Russa iniciou-se com uma procissão ortodoxa em São Petersburgo, onde milhares de fiéis foram até o czar implorar por compaixão. Em contrapartida, nas revoltas messiânicas brasileiras do Contestado e de Canudos, o povo que compunha o rebanho foi totalmente aniquilado e não pôde aprender e aplicar a lição que veio do confronto com a realidade. As relações que a psicopatia e o messianismo têm com a educação são de ordem e grandeza diferentes: enquanto a primeira é um bloqueio interno à subjetividade, o segundo é a subjetividade em movimento. Enquanto a resistência da primeira é *absoluta,* pois é imune ao aprendizado prático e, por isso, guarda distância da educação, a da segunda é relativa e interage constantemente com a educação.

> Os comunistas revolucionários franceses, tal como Weitling e os seus aderentes, afirmavam-se ligados ao cristianismo primitivo muito antes de Renan ter dito: *Se quiserem fazer uma ideia das primeiras comunidades cristãs, observem uma seção local da Associação Internacional de Trabalhadores'"* (ENGELS, Friedrich. *Contribuição para a história do cristianismo primitivo.* Disponível em: <http://www.marxists.org/portugues/marx/1895/mes/cristianismo.htm>. Acesso em: 21 jun. 2013).

Que diferença deve ser observada no trato da educação com a psicopatia e com o messianismo?

4) Faça a leitura compartilhada dos versos que seguem.

Perseguição (Sérgio Ricardo / Glauber Rocha)
Para ouvir a música, acesse o *link:*

<http://www.youtube.com/watch?v=e3gx-8dSZVw&feature=player_embedded>. Acesso em: 30 abr. 2013.

> *Se entrega, Corisco!*
> *Eu não me entrego, não.*
> *Eu não sou passarinho*
> *Pra viver lá na prisão.*
> *Se entrega, Corisco!*

Eu não me entrego, não.
Não me entrego ao tenente,
Não me entrego ao capitão.
Eu me entrego só na morte,
De parabelo na mão.
(Mais fortes são os poderes do povo!)

O personagem Corisco é um psicopata ou um messiânico? Justifique a sua resposta.

IV

A mente

1. O triplo eu

Do real em que tudo está conectado com tudo, o homem tira a possibilidade de relacionar qualquer coisa com qualquer coisa. A conexão é real, existe independentemente da ideia e vontade do homem; a relação estabelece-se por meio do pensamento e da vontade coletiva. Não há por que as pessoas seguirem no universo relacionando coisas sem sentido. As relações são construídas intencionalmente, visando a determinado resultado. As relações são estabelecidas com base em significados vitais.

A comunidade é a espécie produzindo relações por meio da prática do *triplo eu* (*só eu, eu no mundo, eu com o mundo*):

- O *eu mundo* parte para o *mundo sem eu*...

- ...e nele encontra oposição.

- Interage com a oposição até alcançar o *eu com o mundo*.

- Esta tríade faz-se no *eu - 1* em oposição ao *mundo - 2*, gerando o *eu com o mundo - 3* (o terceiro incluído).

- À medida que o processo neurológico alcança esses pontos sequenciais, torna-se capaz de converter conexões em relações; dotado desse atributo, transforma-se a si próprio em *mente* (órgão produtor de relações).

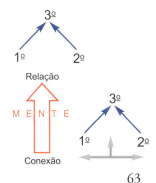

A MENTE

Praticando o *triplo eu,* a comunidade passa a operar o duplo aspecto da produção: *do* humano e *no* humano. No primeiro, ocorre a produção das relações humanas (relações de produção), a produção da própria natureza humana. No segundo ocorre a produção dos bens inorgânicos e orgânicos (valores de uso) de que a espécie necessita para sobreviver. Esse movimento produtivo chama-se *trabalho humano.*

Trabalho humano

Produção do humano → Relações de produção (natureza humana)

Produção no humano → Valores de uso

Na prática do *triplo eu,* a espécie tem uma percepção sensorial da quantidade. Dantzig (1970) chamou-a de *senso numérico:* é a sensação pré-numérica de 1 a 3. Com ela o sistema neurológico desenvolve a sensibilidade para a variação de quantidade de 0 a 3.

①parte contra ② ② reage contra ① ; e ① e ② combinam-se em ③, convertendo uma conexão (real oculto, desconhecido, relação potencial) em relação (real explicitado, conhecido, manipulado). Criada a relação, a sua repetição pode ser feita sob controle (produção).

Atividade de debate (I)

Identifique o *triplo eu:*

1) No caminhar;NR1   2) Na conversa;NR2   3) Na aula.NR3

2. A mente

Do entendimento e combinação entre os cérebros individuais emerge o *cérebro coletivo*, uma configuração particular da conexão orgânica da espécie humana que, ainda que biológica, possibilita a superação da natureza *em si* dos seus corpos animados. O *cérebro coletivo* é a base orgânica do movimento de criação do homem *para si*, do homem humano. As outras espécies animadas, que chegam até o *autorreconhecimento*, não possuem equipamento corpóreo capaz de gerar esse *cérebro coletivo*, o que as impede de constituir comunidade. Mantêm-se, assim, na condição de manada, um estágio entre a horda e a comunidade.

Na nossa espécie, o *autorreconhecimento* antecede o reconhecimento externo da totalidade e do outro. Este reconhecimento do real externo ao corpo individual implica a formação da consciência, preparando-a no processo neurológico como parte integrante do movimento mental. Combinado com o *self*, o reconhecimento do real implica a formação do *eu humano*. Nele o indivíduo homem identifica o seu *eu* (*self*) como integrante da espécie humana. Ele se reconhece como um *eu* no interior do universo humano, que, por sua vez, se encontra na totalidade universal. Sem o *self* a mente não evolui até a consciência:

> [Self é o aspecto da mente] a inspecionar seu mundo interior e o que há em volta, um agente que parece pronto para a ação. [...] Qual [sua] característica principal? O fato de que os inúmeros conteúdos exibidos em minha mente, independentemente do quanto fossem nítidos ou bem-ordenados, estavam ligados a mim, o proprietário da mente, por fios invisíveis que reúnem esses conteúdos na festa movediça que é o self. E, igualmente importante, o fato de essa ligação ser sentida. Eu tenho o sentimento da experiência de mim mesmo e daquela ligação. [Estou na] minha mente, [...] comigo nela, cônscio tanto da propriedade (a mente) como do proprietário (eu). [O self é fundamental para a formação da mente consciente]. A meu ver, a mente consciente surge quando um processo do self é adicionado a um processo mental básico. Quando não ocorre um self na mente, essa mente não é consciente, no sentido próprio do termo (DAMÁSIO, 2011, p. 15; 16).

Esse *cérebro coletivo* é, ao mesmo tempo, gerado pela conversa e também seu gerador. Quanto mais desenvolvido, mais profunda e produtiva é a conversa que ele propicia; e quanto mais profunda e abrangente é esta, mais desenvolvido é o *cérebro coletivo* que ela gera. Esta ação recíproca *cérebro coletivo↔conversa* fornece a base e o espaço psíquico necessários para a geração e o desenvolvimento do processo coletivo, acumulativo, generalizado de guardar e desenvolver os experimentos bem-sucedidos de identificação de conexões de órgãos (equipamento corpóreo), de conexão de objetos externos (equipamento extracorpóreo) e de conexão entre estas duas conexões.

Conversa
Conversão da conexão entre indivíduos
em relação entre seres humanos.

Assembleia estudantil
(Porto Alegre, 1968).
Ilust. Rubem filho.

Equipamento corpóreo
Conversão da conexão entre
os órgãos em relação entre
equipamentos orgânicos.

Equipamento extracorpóreo
Conversão da conexão entre
os objetos externos ao corpo em
relação entre prolongamentos
extracorpóreos.

A tristeza de Moisés, Sérgio Ferro (2003).
Ilust. Rubem filho.

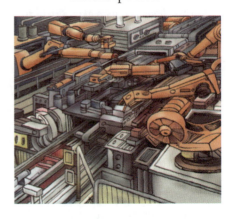

Desenvolvendo, pela conversa, as relações entre os seus indivíduos, a espécie capacita-se a identificar conexões e com elas produzir relações entre os seres na natureza inorgânica e na natureza orgânica e relações entre as duas naturezas. Produz e movimenta, assim, ampla, profunda e crescente rede de relações secundárias:

entre as pessoas; entre os órgãos; entre os objetos externos;

entre as pessoas e os órgãos; entre as pessoas e os objetos externos; entre os objetos externos e os órgãos.

Conversando, o homem produz ações coletivas – um conjunto de ações individuais combinadas entre si na perspectiva de ser alcançado um objetivo comum. A ação coletiva só pode acontecer com base numa combinação prévia que os homens realizam entre si por intermédio da conversa. Pressupõe, portanto, um *plano de ação.* A produção humana de planos de ação chama-se *cultura* (do latim *cultúra,ae,* "ação de cuidar"). Conversando, o trabalho humano produz a sua subjetividade; produzindo valores de uso, ele se faz *objetivo.*

Graças à conversa, a espécie homem desenvolve o seu processo neurológico para além da sensação, ultrapassando a pulsão animal, fazendo que esta se realize sob a determinação da consciência. Esse movimento realizado em sua totalidade, da sensação até a consciência, chama-se *mente.*

A MENTE

Palavra-chave
Mente: de raiz indo-europeia *men-,* "pensar", em oposição a *corpus* (corpo). "Atividade do espírito, intenção, pensamento, inteligência, razão. (HOUAISS, 2001).

Mas de que é feita a mente? Ela vem do ar ou do corpo? Pessoas inteligentes dizem que ela vem do cérebro, que está no cérebro, mas essa não é uma resposta satisfatória. Como o cérebro faz a mente? O fato de que ninguém vê a mente dos outros, seja ela consciente ou não, é especialmente misterioso. Podemos observar o corpo e as ações das pessoas, o que dizem ou escrevem, e fazer suposições bem fundamentadas sobre o que elas pensam. Mas não podemos observar sua mente, e só nós mesmos somos capazes de observar a nossa, de dentro, e por uma janela exígua. As propriedades da mente, sem falar nas da mente consciente, parecem ser tão radicalmente diferentes das propriedades da matéria viva visível, que as pessoas dadas à reflexão se perguntam como é que um processo (a mente consciente em funcionamento) engrena com outro processo (células físicas vivendo juntas em agregados que chamamos de tecidos). Mas dizer que a mente consciente é misteriosa – e ela é mesmo – não significa dizer que o mistério é insolúvel. Não significa dizer que nunca seremos capazes de compreender como um organismo vivo dotado de cérebro adquire uma mente consciente (DAMÁSIO, 2011, p. 19).

Mente é a conversão do processo neurológico do homem, promovida pela prática de comunidade, em comando do trabalho humano, movimento coletivo da espécie responsável pela produção de relações a partir das conexões universais.

Atividade de debate (II)

Nas ilustrações a seguir, identifique a conversão *conexão→relação* nos seguintes aspectos:

I) os seres envolvidos na conexão;
II) a relação (*triplo eu*) produzida.

1)NR4  2)NR5

3)NR6 Última página

Suicídio bem divertido

Foi encontrado no bolso de um cadáver, quando se preparava para a autópsia, a seguinte carta:
Ex.mo Senhor Delegado do Ministério Público: Suicidei-me!... Não culpe ninguém pela minha sorte. Deixei esta vida porque um dia a mais que vivesse acabaria por morrer louco.
Eu explico-lhe Senhor Doutor: Tive a desdita de me casar com uma viúva, a qual tinha uma filha; se soubesse isto jamais teria casado. Meu pai, para maior desgraça era viúvo e quis a fatalidade que ele se enamorasse e casasse com a filha da minha mulher.
Resultou daí que a minha mulher se tornou sogra do meu pai. A minha enteada ficou a ser minha mãe e o meu pai ao mesmo tempo meu genro.

Após algum tempo, a minha filha pôs no mundo uma criança que veio a ser meu irmão, porém neto da minha mulher que fiquei a ser avô do meu irmão. Com o decorrer do tempo, a minha mulher pôs também no mundo um menino que como irmão da minha mãe, era cunhado de meu pai e tio do meu filho, passando a minha mulher a ser nora da própria filha.
Eu, Senhor Delegado, fiquei a ser pai da minha mãe, tornando-me irmão dos meus filhos, a minha mulher ficou a ser minha avó já que é mãe da minha mãe, assim acabei sendo avô de mim mesmo.
Portanto, antes que a coisa se complicasse mais resolvi acabar com tudo de uma vez.

Disponível em: <webagattp.blogspot.com.br/2011/04/suicidio-bem-divertido.html>.

Nossas Respostas (NR)

(NR1)
1) *Eu* ponho um pé na frente e empurro o mundo para trás.
2) O *mundo* "reage" e me impulsiona para a frente.
3) *Eu me desloco no mundo* rumo ao meu objetivo.

(NR2)
1) *Eu* falo ao outro a minha ideia.
2) O *outro* responde, falando a ideia que tem da minha ideia.
3) *Eu e o outro* combinamos uma ação comum.

(NR3)

1) *A professora* ensina a matéria.

2) Os *alunos* respondem o que aprenderam e falam das suas dúvidas.

3) *Professora e alunos* verificam se o ensino se converteu em aprendizagem.

(NR4)

I) Estão envolvidos na conexão as pedrinhas no chão e as ovelhas no pasto.

II) O pastor relaciona as pedrinhas (*eu 1*) com as ovelhas (*sem eu 2*) para controlar o rebanho (*com eu 3*).

(NR5)

I) Estão envolvidos na conexão as contas do rosário e as rezas.

II) A pessoa relaciona as contas (*eu 1*) com as rezas (*sem eu 2*) para controlar a oração (*com eu 3*).

(NR6)

I) Estão envolvidos na conexão as pessoas e os graus de parentesco.

II) O suicida relaciona as pessoas (*eu 1*) com os graus de parentesco (*sem eu 2*) para controlar a família (*com eu 3*).

V

A produção

1. A seleção natural das espécies

Charles Robert Darwin (Inglaterra, 1809-1882). Para uma biografia resumida de Darwin, cf. o verbete da Wikipédia no *link*: <http://pt.wikipedia.org/wiki/Charles_Darwin>. Acesso em: 3 mar. 2013.

Inicialmente a espécie *homem* participa da natureza orgânica como todas as outras: lutando por sua existência. Nesta dimensão, a sua vida e sobrevivência são explicadas pela teoria de Darwin, *a seleção natural das espécies*:

- Os seres vivos evoluem de um ancestral comum por meio da seleção natural.
- Quando a população humana de determinada localidade aumenta mais rapidamente que as suas fontes de alimento (MALTHUS, 1766--1834), os seus indivíduos são obrigados a travar uma competição entre si pela sobrevivência.
- Todas as espécies apresentam, dentro de determinada população, indivíduos com pequenas variações nas suas características, por exemplo na forma, no tamanho e na cor.
- Uma vez que o número de descendentes que as espécies originam é maior do que o número daqueles que podem sobreviver, os

descendentes que possuem variações vantajosas, relativamente ao meio em que se encontram, têm maior taxa de sobrevivência. Nessa luta pela sobrevivência, são eliminados os indivíduos que possuem variações desfavoráveis (sobrevivência diferencial).

- Nesse processo, os seres vivos mais aptos sobrevivem e espalham na natureza os caracteres mais favoráveis. Dado que o ambiente não possui os recursos necessários para a sobrevivência de todos os indivíduos que nascem, deverá ocorrer uma luta pela sobrevivência, durante a qual serão eliminados os menos aptos.

Em Manchester, antes da industrialização, as borboletas brancas predominavam na paisagem. A sua cor confundia-as com o branco da neve e protegia-as dos predadores. Com a industrialização, a fuligem negra favoreceu as borboletas negras, que passaram a proliferar mais que as brancas.

- Por meio desse mecanismo, o ambiente desempenha um papel seletivo ao condicionar a sobrevivência dos diferentes indivíduos da população. Os indivíduos portadores de variações favoráveis sobrevivem, transmitindo as suas características à descendência (reprodução diferencial).
- *Toda a parte de uma nova característica adquirida é colocada em prática e aperfeiçoada. (Esta é) a mais bela parte da minha teoria* (DARWIN, 2003). Os descendentes herdam as variações selecionadas, que se vão acumulando ao longo do tempo. Por acumulação de variações favoráveis, é possível que surja uma nova espécie (princípio da herança das variações selecionadas).
- A grande variedade de seres vivos e, sobretudo, a enorme variedade de seres da mesma espécie implicam, necessariamente, a seleção natural daqueles cujas variações contribuem para a melhor adaptação ao meio. Daí a prevalência dos mais aptos, daqueles que garantirão à espécie uma descendência mais apta.

A seleção natural das espécies está presente, permanente e continuamente, nas relações entre todos os seres vivos. A sua determinação faz que todos, vegetais e animais, estejam sempre mobilizados na luta pela sobrevivência e na reprodução de suas espécies até o limite dos seus recursos corpóreos, tanto individuais quanto coletivos (na horda). Essa mobilização radical é a principal condição de sua existência. Desafiada para além desse limite, a espécie extingue-se.

2. Do inorgânico ao consciente

Humanizado pela mente consciente, o homem toma conhecimento de que existe uma natureza primordial, inorgânica, composta de massa, cuja contínua fluência e devir configura determinado conjunto de conexões, determinado ambiente, nos quais parte da matéria inorgânica se torna matéria viva, biológica, e a massa sem vida se converte, ciclicamente, em massa viva. Esta matéria viva atua no seio da matéria sem vida, provocando a combinação das suas condições de gênese, e assim se reproduz. Nesse processo periódico, o ser vivo desenvolve a capacidade de sentir no ambiente as condições naturais que possibilitam a sua existência. Especializa-se, assim, em sentir os reflexos do ambiente por meio de processos orgânicos chamados *sensações*.

Consciência

Sensação

Massa viva animada

Massa viva plantada

Massa sem vida

As sensações são vitais; o ser vivo que não as desenvolve extingue-se. Ele se fixa no ambiente e chão em que encontra (e sente) as melhores condições de vida, plantando-se para expandir o seu processo reprodutivo. Parte dessa matéria viva continua sem fixar-se no chão, mas sobrevive à custa das que se plantaram. Lentamente as suas possibilidades de movimento em meio à vida plantada, dadas pelo acaso, contribuem para a formação do corpo do ser móvel. Este organismo especializa-se em movimentar-se em meio à vida plantada, que encontra já formada, e nela cria os seus ciclos. Estabelece-se uma segunda alternativa de vida, com parte da massa material convertida em ser vivo plantado transformando-se em ser vivo *dotado de movimento,* em ser *vivo animado.* O ser vivo animado adquire massa alimentando-se da massa orgânica dos seres vivos plantados. Até aí acompanhamos as transformações da matéria dotada de massa.

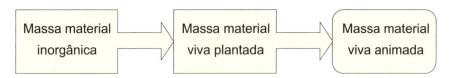

Em paralelo ao desenvolvimento da massa material sem vida até a condição de vida animada, temos o movimento de formação e desenvolvimento da matéria sem massa – existente como potência na fluência universal – até a gênese da consciência, a forma superior de matéria sem massa (do ponto de vista humano).

3. Os ciclos

Ao longo de sua existência animal, *pré-humana,* a espécie homem acumulou algumas conexões no interior da horda que possibilitaram o *salto qualitativo da conversa.* Em determinado momento dessa acumulação, os homens alcançam um entendimento mútuo suficiente para desencadear uma ação coletiva e combinada na perspectiva de um objetivo comum. Os indivíduos conseguem combinar as suas ações num plano de ação coletiva, em seguida a realizam e verificam se o resultado obtido é o esperado. Quando atuam segundo um plano de ação coletiva, produzem uma força vital muito maior do que a que têm quando são simples ajuntamentos de corpos isolados que competem entre si pela sobrevivência.

A PRODUÇÃO

Os operários, Tarsila do Amaral (1933). Ilust. Rubem Filho

O corpo individual do homem age conforme a orientação que as suas sensações desencadeiam na forma de intuição. Para movimentar-se e atuar na natureza, dirigir a sua animação no universo, o homem individual dispõe apenas desse comando imediato. Este atributo a espécie homem compartilha com todas as espécies animadas.

Ao conversar, os homens combinam suas sensações, intuições e ações. E o alcance universal do corpo humano vai muito além da simples somatória de corpos. O crescimento obtido pela condição humana é exponencial; seu nome é *trabalho humano*.

O núcleo articulador ou princípio ativo da conversa é o plano de ação coletiva. Este se compõe de três aspectos: os recursos, a combinação e o resultado (ou objetivo).

A natureza orgânica, incluindo a do corpo do homem, dá-se em ciclos: o principal é *nascimento→vida→morte* (*começo→meio→fim*). O ciclo é um conjunto de conexões que se repetem periodicamente.

O ciclo realiza-se em períodos, isto é, como repetição de processos. As necessidades da vida da espécie homem – alimentação, reprodução, proteção, habitação, locomoção etc. – são cíclicas, processos que o homem precisa repetir periodicamente. Para recuperar as forças e recompor-se, o organismo gera a fome; faminto, o homem busca alimento; alimentando-se, fica satisfeito; satisfeito, dissipa energia nas atividades da vida; para recuperar as forças gastas, o organismo dispara o gatilho da fome; e novamente se repete o ciclo da alimentação.

4. As regularidades

A fome repete-se em ciclos. Daí que a atividade destinada a satisfazê-la também deve ser repetida em ciclos. Esta repetição do ciclo provocada pela ação do homem chama-se *regularidade*. Identificar esses ciclos na natureza para, em seguida, convertê-los em regularidades e provocá-las sob o controle da espécie passa a ser a principal atividade do trabalho humano. À medida que identifica os ciclos naturais, o trabalho humano converte-os em regularidades que passam a integrar o plano de ação coletiva da espécie. A repetição controlada dessas regularidades em correspondência aos ciclos da vida da espécie é a essência do trabalho humano: é a *produção*.

Assim como o *ciclo* é um conjunto de conexões que se repetem periodicamente, a *regularidade* é um conjunto de relações que são provocadas periodicamente pelo trabalho humano.

A conversa é o ponto nodal da continuidade entre duas produções que se complementam, compondo a unidade do trabalho humano. Até a conversa, o trabalho humano produz a própria conversa; a partir dela, produz os valores de uso inorgânicos e orgânicos necessários para a sobrevivência da espécie.

Sem a produção da conversa, não há produção inorgânica orgânica. A produção da conversa é, portanto, tão necessária quanto a produção inorgânica orgânica. *As duas produções são materialmente necessárias para a vida da espécie.* Na primeira, o trabalho humano produz uma matéria, a conversa, que não existe na natureza inorgânica orgânica. Na segunda, o trabalho humano parte dos recursos materiais existentes, sejam inorgânicos, sejam orgânicos, sejam humanos (a conversa), para sintetizá-los numa matéria transformada, o valor de uso, necessária para manter a espécie homem viva.

A segunda produção, consequência da primeira, manifesta, em matéria com massa, a matéria sem massa resultante da primeira produção. Da mesma forma que o valor de uso com massa oculta o valor de uso sem massa, humano, a produção inorgânica orgânica tende a esconder a produção da conversa, a *produção do humano.* Por isso vamos enfatizar a primeira, destacando todas as suas nuanças, para, assim, revelar ao máximo a sua importância para a vida da espécie.

Os homens individuais são apenas orgânicos, reduzidos à sua condição puramente animal. Produz-se a conversa conversando e, por meio dela, os homens humanizam-se.

Os homens orgânicos compõem a *horda*; homens humanizados compõem a *comunidade*; a conversa que humaniza chama-se *educação.*

A *horda* é natureza orgânica; a *comunidade* é natureza humana; e a *educação* é o meio que realiza a transição da horda para a comunidade.

A PRODUÇÃO

É a produção da natureza humana, a qual, ao contrário das outras, não é dada ao homem, e sim produzida por ele.

5. Abstração

Mobilizada no *trabalho humano*, a nossa espécie produz uma realidade que lhe é própria, *a natureza humana no interior da natureza orgânica*. Diferencia-se, assim, dos outros animais e emancipa-se da seleção natural das espécies. Na conversa, a nossa espécie expande a sua condição orgânica no interior do universo inorgânico. E, nesta expansão, passa a *conhecer* a matéria existente além das suas sensações, o real extrassensorial.

Para alcançar a essência do real, o produtor situa-se fora do universo inorgânico orgânico. Ainda que seu corpo faça parte desse universo, ele, mentalmente, se coloca fora dele, como observador. Tal deslocamento para a zona externa ao universo só pode ser feito mentalmente. Por mais paradoxal que pareça, isso corresponde a uma realidade fundamental: tudo o que acontece naquele universo do qual ele se afastou mentalmente independe do desejo e da vontade daquela mente; também do desejo e vontade que, espontânea e permanentemente, acomete sua mente. Situando-se mentalmente fora do universo, o *produtor* combina e ordena as relações de produção do *saber real*. Este saber é o que estabelece a premissa da existência de uma realidade totalmente externa à mente e dela independente. Partindo deste pressuposto, a mente emancipa-se, tanto quanto possível, do desejo e da vontade e dos seus efeitos ilusionistas. Separar o real do desejo, separando a ideia do universo, é a primeira e fundamental abstração que o homem faz no sentido da sua humanização. A abstração *sequente, consequente e crescente* é a única via que nos leva ao concreto, ao real que existe independentemente do nosso desejo. Pode parecer uma contradição em termos; e é uma contradição do real, a qual devemos resolver permanentemente para nos tornar humanos.

A abstração é o processo mentalizado como plano de ação coletiva que concebe as regularidades correspondentes aos movimentos cíclicos da natureza. Entre as infinitas conexões que compõem o universo em sua contínua fluência, há aquelas que se repetem realmente ou com aparência real. A mente humana, que sabe abstrair, "captura" esses ciclos relativos, converte-os em regularidades e sistematiza-os em planos de ação coletiva, comprovados e testados na prática. Com estes, o trabalho humano desencadeia essas regularidades pela vontade e desejo *conscientes* de quem o realiza, sabedor de que a sua realização prática, orientada e controlada pelo homem, resultará no que está previamente estabelecido.

Os ciclos – e as regularidades que lhes correspondem – são *sempre* relativos: relativos ao fragmento do universo ao qual se dedica o trabalho humano e ao grau de conhecimento alcançado pela cultura.

6. Matéria e massa

Uma das características fundamentais da matéria inorgânica é a massa. A *massa* forma-se da *supercorda*, a menor porção de matéria existente. Tão pequena, tão pequena, que não tem massa. É apenas uma vibração, uma *"curva serpenteante que se movimenta num espaço-tempo peculiar"* (Freeman Dyson).

A PRODUÇÃO

Neste seu movimento, as supercordas conectam-se entre si, formando partículas que têm massa e que geram átomos, os quais, por sua vez, geram moléculas.

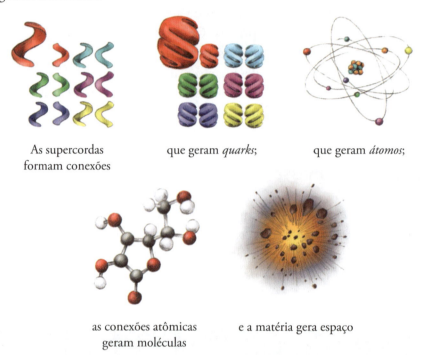

As supercordas formam conexões

que geram *quarks*;

que geram *átomos*;

as conexões atômicas geram moléculas

e a matéria gera espaço

7. Matéria sem massa

No processo das sucessivas e crescentes abstrações desenvolvidas para separar os vários aspectos que compõem a realidade, o trabalho humano *materializa* a ideia que vai formando o mundo. Esse movimento de superação do desejo e da vontade, da apreensão do real *em si*, que alcançamos à medida que nos apartamos dele, chama-se *pensamento*: este é o nome dado ao movimento coletivo e histórico que a humanidade desenvolve para *conhecer a matéria*. *Matéria* é tudo o que existe no universo que independe do desejo e da vontade do homem. O conhecimento, a consciência e o próprio pensamento, que o trabalho humano produz por meio da conversa, constituem matéria. A transição do desejo e da vontade para a matéria é feita pela conversa. Neste sentido, a própria conversa é, parcialmente, matéria. Parte desejo, parte matéria, a conversa realiza-se quando promove o trânsito da mente humana integrada e submetida ao meio ambiente até a mente humana integrada, mas "afastada" deste mesmo meio ambiente. Lenin, no seu livro *Materialismo e empiriocriticismo,* define:

Vladimir Ulianov Lenin (Ex-URSS, 1870-1924). O link <http://pt.wikipedia.org/wiki/Lenin> (acesso em: 3 mar. 2013) apresenta útil e didático verbete da Wikipédia com a biografia resumida de Lenin.

A matéria é uma categoria filosófica para designar a realidade objetiva, que é dada ao homem nas suas sensações, que é copiada, fotografada, refletida pelas nossas sensações, existindo independentemente delas (LENIN, 1982, p. 97).

Matéria é como o pensamento nomeia o real que é externo ao desejo e que se apresenta ao homem na forma de sensações. O senso comum concebe matéria como tudo que tem massa. Esta concepção confunde matéria com massa. Já a definição de matéria que adotamos é mais ampla exatamente para separar esses dois conceitos que guardam entre si uma identidade, mas não são coincidentes. *Toda massa é matéria, mas nem toda matéria tem massa.* A dor, por exemplo, existe independentemente do desejo de não tê-la. É, portanto, uma matéria sem massa. O analgésico que nos alivia a dor é matéria com massa. O critério da existência independente das sensações ou desejos é determinante para a compreensão do que é matéria. A sua função central consiste na separação entre o que é expressão da matéria orgânica – sensações, desejos etc. – e o que constitui especificamente matéria humana chamada *consciência* e seus derivados.

8. A emancipação da seleção natural

À medida que o sistema neurológico do homem coletivo alcança e desenvolve a capacidade e habilidade de abstrair, de produzir *matéria sem massa*, de converter conexões em relações e ciclos em regularidades, materializa-se o trabalho humano. É ele que gera a *natureza especialmente humana,* na qual "tudo se perde ou se ganha e nada se transforma". É no

A PRODUÇÃO

interior dessa natureza que a espécie opera na natureza inorgânica→orgânica, na qual *nada se perde ou se ganha e tudo se transforma*.

Lei da conservação das massas, de Mikhail Lomonosov (1711-1765).

Dispondo de todas as conexões universais para transformar-se, a humanidade consegue apreender as regras e leis da seleção natural das espécies e escapar do seu jogo cego, da sua competição mortal. Escapar não significa anular. A seleção natural é matéria orgânica, tem realidade objetiva, e faz-se continuamente presente na vida tal qual a lei da gravitação universal. A emancipação da competição animal não é um dado definitivo. É conquista que precisa ser permanentemente feita e refeita por todos os seres humanos. Emancipar a humanidade da seleção natural é tarefa permanente do trabalho humano, é a sua razão de ser. Ao realizá-la, o trabalho humano emancipa a si próprio das determinações desumanas que estão na sua base de existência e que o limitam e oprimem. Essa emancipação é um processo contínuo e crescente e constitui o núcleo da história da nossa espécie.

Atividade de debate

1) Identifique a matéria apresentada nas ilustrações, se é inorgânica, orgânica ou humana, justificando suas respostas.[NR1]

a)

b)

c)

d)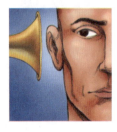

e)

f)

A PRODUÇÃO

g)    h)    i)

2) Identifique qual é a produção dominante: inorgânica, orgânica, humana ou desumana. Justifique suas respostas.[NR2]

a) 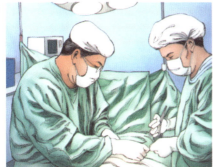   b)

c)

Nossas Respostas (NR)

(NR1)
a) Sal, matéria inorgânica.
b) Açúcar, matéria orgânica.

83

c) Eletricidade, matéria inorgânica.
d) Som, matéria inorgânica.
e) Choque, matéria orgânica.
f) Saudade, matéria humana.
g) Ideia, matéria orgânica.
h) Mentira, matéria desumana.
i) Omissão, matéria desumana.

(NR2)
a) Produção orgânica.
b) Produção humana.
c) Produção inorgânica.

VI

A contradição

1. Os contrários

O homem pensa por contradição. O nosso senso numérico firma-se no *triplo eu,* determinando que o nosso pensamento seja fundamentalmente ternário. Sentimos o impulso que nos anima (1), identificamos o que se lhe opõe no real (2), produzimos a combinação binária (1+2), a relação 1→2 ou (1,2) e por meio dela alcançamos o objetivo (3) proposto no impulso *tese + antítese = síntese,* completando, aí, o terno. Se o terceiro potencial não interessa, passa a ser evitado, o que implica a relação *tese→antítese* sem a síntese.

O pensamento faz-se por meio de contradições. As contradições são *harmônicas* quando a identidade entre os contrários é trabalhada para que a sua repulsão seja superada. Nelas os opostos combinam-se e produzem uma síntese que já existia potencialmente na identidade entre eles. Esta síntese chama-se *terceiro incluído,* e a harmonia presente na relação entre os contrários que a produziram chama-se *par,* ordenado conforme a dominação do processo de síntese seja efetuada por um ou por outro dos opostos.

A CONTRADIÇÃO

2. O antagonismo

No caso da relação *tese→antítese* sem a síntese, as contradições são *antagônicas*. Nela a repulsão entre os contrários que compõem a relação é tratada para que supere a identidade entre eles. Neste caso, o contrário dominante alimenta-se do dominado para refazer-se e impede a formação da síntese inclusiva. No seu lugar faz-se a *síntese excludente*, num processo chamado *terceiro excluído*, que resulta na reprodução pura e simples do dominante com base na absorção que faz do dominado.

3. Tudo é contradição

O princípio *tudo é contradição* é bom para estimular a intuição que identifica novas conexões. A *contradição* é o fundamento de todas as áreas do pensamento:

A *dialética* é o conhecimento feito com base na luta dos contrários.

Para conhecer mais a teoria *Yin-Yang*, sugerimos a consulta nos *links* seguintes: <http://pt.wikipedia.org/wiki/Yin-yang>; <http://www.brasilescola.com/filosofia/yin-yang.htm>; <http://pt.wikipedia.org/wiki/Lao_Zi>; <http://users.hotlink.com.br/egito/laotse.htm>; <http://pt.wikipedia.org/wiki/Taoismo>. Acesso em: 3 mar. 2013.

Yin-Yang, representação da luta dos contrários.

A CONTRADIÇÃO

A reprodução humana baseia-se no par (masculino, feminino), no casal.

Adão e Eva,
Rafael Sanzio
(1509-1511).
Capela Sistina,
Vaticano.

O encontro humano tem como fundamento o diálogo (contato e discussão entre duas partes).

A CONTRADIÇÃO

→ O princípio da *ação e reação* (terceira lei de Newton) é um dos fundamentos da física: a toda ação corresponde uma reação de intensidade e direção iguais e de sentido contrário. Ou seja: as forças surgem na natureza sempre aos pares.

Monumento às Bandeiras, Victor Brecheret (1954)

Atividade de debate (I)

1) Faça a leitura dos versos do samba *Esperanças perdidas* (Adeilton Alves/ Delcio Carvalho).

> Quantas belezas deixadas
> Nos cantos da vida,
> Que ninguém quer
> E nem mesmo procura encontrar

Escute a canção no *link*: http://www.youtube.com/watch?v=pG2BXpFAqbI>. Acesso em: 30 abr. 2013.

A CONTRADIÇÃO

a) De que contradição trata o poema?[NR1]
b) Quais são os seus contrários?
c) Como a contradição atua com os seus opostos: na realização do terceiro incluído ou na sua evitação (terceiro excluído)?

2) Faça o mesmo para a música *Casa de caboclo*.[NR2]

Casa de caboclo (Heckel Tavares/Luís Peixoto, 1947)

> Você tá vendo essa casinha simplesinha,
> Toda branca de sapê
> Diz que ela *veve* no abandono, não tem dono;
> E se tem, ninguém não vê.
> Uma roseira cobre a banda da varanda;
> E num pé de cambucá,
> Quando o dia se *alevanta*, Virgem Santa,
> Fica assim de sabiá.
> Deixa falar toda essa gente maldizente,
> Bem que tem um morador.
> Sabe quem mora dentro dela, Zé Gazela,

Para ouvir a canção, indicamos o *link:* <http://www.youtube.com/watch?v=uwpYWTQOMyw>. Acesso em: 30 abr. 2013.

O violeiro, Almeida Júnior (1899).
Ilust. Rubem Filho.

A CONTRADIÇÃO

3) Vamos adotar a seguinte representação gráfica para a contradição harmônica:

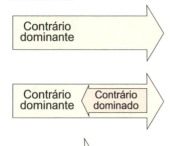

- O contrário dominante é representado por uma seta maior com sentido voltado para a direita.

- O contrário dominado é representado por uma seta menor contida na anterior e com sentido inverso.

- O terceiro incluído é representado por um "alvo" situado no final da seta dominante.

Faça a representação gráfica da contradição que você identificou nos exercícios (1) e (2) como harmônica. NR3

4) Vamos adotar a seguinte representação gráfica para a contradição antagônica:

- O contrário dominado é representado por uma base retangular com uma seta com sentido ascendente.

- O contrário dominante é representado por um retângulo apoiado externamente na base anterior orientado para baixo.

Faça a representação gráfica da contradição que você identificou como antagônica.NR4

5) Identifique os contrários nas ilustrações seguintes, classificando a contradição em harmônica ou antagônica.

a)NR5

b)NR6

90

c) d)

a) Faça a representação gráfica das contradições harmônicas.[NR9]
b) Faça a representação gráfica das contradições antagônicas.[NR10]

Nossas Respostas (NR)

(NR1)
a) O *samba* é a relação que o poeta mantém com a beleza da vida.
b) Os contrários estão na relação *eu→alegria de viver.*
c) A relação atua como um filtro, focando o *eu* na alegria e na beleza e distanciando-o da tristeza para que esta se torne suportável; produz-se, via contradição, o terceiro incluído, que é o significado da vida para o poeta.

(NR2)
a) O *amor* é a relação que une o caboclo Zé Gazela com sinhá Rita.
b) Os contrários estão na relação *Zé Gazela→sinhá Rita.*
c) A relação atua como um laço entre os dois contrários, produzindo, via contradição, o terceiro excluído: no caso, Mané Sinhô.

(NR3)

(NR4)

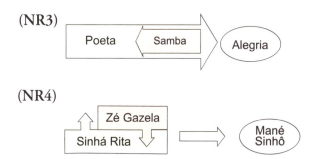

(NR5)

Os contrários *professora educadora* e *aluno aprendiz* constituem uma contradição harmônica cujo terceiro incluído é a síntese *ensino→aprendizagem*. A notação em par ordenado é (*educadora, aluno*), relativamente à relação *educadora→aluno*.

(NR6)

Os contrários *professora autoritária* e *aluno oprimido* constituem uma contradição antagônica que exclui o aluno, transformando-o em terceiro excluído. Não há par ordenado.

(NR7)

Os contrários *trabalhador* e *alvenaria* constituem uma contradição harmônica cujo terceiro incluído é a síntese *construção*. A notação em par ordenado é (*trabalhador, alvenaria*), relativamente à relação *trabalhador→alvenaria*.

(NR8)

Os contrários *marine* e *povo submetido* constituem uma contradição antagônica que exclui o povo, transformando-o em terceiro excluído. Não há par ordenado.

(NR9)

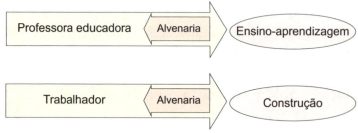

(NR10)

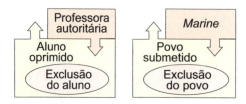

VII

A relação

1. Quantidade e ordem

O *triplo eu* que dá origem à contradição, essência do pensamento, desenvolve-se, ele mesmo, como luta entre dois contrários: o cardinal e o ordinal. No primeiro, temos a gênese da sensibilidade humana à quantidade; no segundo, à ordem.

O aspecto cardinal é dado pelos três *eus* que se somam para que a mente alcance a totalidade. E o ordinal é dado pelo ritmo com que os três *eus* se sucedem: o *eu primeiro* (o ponto de partida, o sujeito) busca o *eu segundo* (seu ideal de objeto ou o objeto desejado) e alcança o *eu terceiro* (o objeto real ou a conexão possível).

2. As relações na contradição

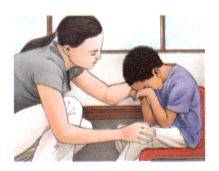

Enquanto a contradição faz-se pelo *triplo eu*, a relação estabelece-se pela explicitação da conexão entre dois elementos quaisquer. Uma contradição, seja ela harmônica, seja antagônica, implica múltiplas relações. Tomemos a contradição *professor↔aluno*, pressupondo que o terceiro incluído seja a *aprendizagem:*

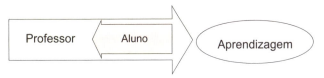

No conjunto formado pelos três elementos presentes na contradição {professor, aluno, aprendizagem}, podemos identificar as seguintes relações:

- do professor com o aluno: *professor→aluno;*
- do professor com a aprendizagem: *professor→aprendizagem;*
- do aluno com a aprendizagem: *aluno→aprendizagem.*

Estas determinações não são "comutativas": a mudança da ordem dos seus elementos implica sua mudança.

- do aluno com o professor: *aluno→professor;*
- da aprendizagem com o professor: *aprendizagem→professor;*
- da aprendizagem com o aluno: *aprendizagem→aluno.*

Cada uma das determinações resultantes compõe um novo conjunto que se chama *relação.*

Relação A: *professor→aluno;* relação B: *professor→aprendizagem;* relação C: *aluno→professor.*

Relação D: *aluno→aprendizagem;* relação E: *aprendizagem→ professor;* relação F: *aprendizagem→aluno.*

A relação compõe-se de dois elementos quaisquer da contradição tomados em certa ordem: primeiro temos o *antecedente;* em segundo lugar temos o *consequente.* A relação caracteriza-se por ser um conjunto de pares que guardam em si a ordem *antecedente→consequente.* Estes pares ordenados formados na relação constituem, por sua vez, novas determinações, que comporão novas relações e assim por diante. Formam-se, assim, sucessivamente, novas relações. É possível continuar identificando uma série infinita de relações geradas pela contradição professor→aluno. A contradição, portanto, desencadeia múltiplas conexões, que podem ser explicitadas como múltiplas relações formadas por múltiplos pares ordenados.

Dado um conjunto qualquer de elementos do universo:

> Chama-se *par ordenado* a relação que cada elemento estabelece com outro, quaisquer que sejam. O par diz-se ordenado quando representa uma relação orientada, na qual há um antecedente e um consequente:
>
> *antecedente*→*consequente*.
>
> Adotamos a notação (*antecedente, consequente*)
> para representar um *par ordenado*.

> Chama-se *relação* o conjunto qualquer de pares ordenados formados com esses elementos.

Atividade de debate (I)

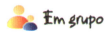

1) Faça a leitura compartilhada do texto abaixo, debatendo-o.

Segundo Capra (1982), *tudo é conexão*. E toda conexão é, potencialmente, uma relação. Daí o princípio de que *tudo no universo pode ser convertido, pelo trabalho humano, em relação*. Como *a relação se expressa por pares ordenados,* infere-se que *tudo pode ser representado por pares ordenados.* Do princípio *tudo é contradição* decorre *tudo é relação.* Trata-se de princípio válido para o processo do pensamento humano que converte conexões em relações. Mas não se pode esquecer que *o que liga também prende.* O que liberta, agora, escraviza depois. É importante ter este processo sempre em mente, para que evitemos cair prisioneiros de nossas criações. Seja porque todo o universo, incluindo nós, é formado de pares, seja porque sentir por meio de pares constitui uma característica genética da nossa psique, o fato é que a nossa espécie sente o mundo, toma consciência dele e o pensa fazendo relações entre as coisas, formando pares. O *par* é o fundamento de todas as áreas do pensamento.

2) Debata as seguintes questões e escreva as suas conclusões:

a) Será que o universo se fez em pares, como alguns cientistas afirmam? Ou será que nós, seres humanos, que pretendemos saber a origem de tudo, só podemos compreender as coisas por meio de relações e da formação de pares?

b) Será que essa nossa limitação já é decorrência do fato de que *tudo é par*? Ou será que nossa compreensão de que, no universo, *tudo é relação, tudo é par*, decorre da nossa limitação de só conseguir perceber as coisas por meio dos pares?

c) Percebemos que *tudo é par* porque este é nosso limite? Ou só percebemos os pares porque, de fato, na natureza *tudo é par*?

d) É possível resolver definitivamente essas dúvidas? Ou é bom que permaneçam, para que fique a certeza de que não há certezas definitivas?

3) O carteiro Aléxis leva em seu bornal uma carta para ser entregue no endereço *Avenida Água Fria, 192*. Responda às questões que seguem:

a) O endereço é um *par ordenado*?[NR1]

b) Se for, escreva-o, usando anotação adotada.[NR2]

4) As alunas Daniele e Bruna fizeram um estudo sobre o bairro do Catete (RJ), colocando, lado a lado, as fotos que seguem:

a) Há uma relação entre elas? Qual?[NR3]
b) Elas constituem um par? Qual?[NR4]

3. A corda

A mente converte uma conexão em relação quando identifica um *par*. Assim, do *tudo é conexão* resulta *tudo no universo existe aos pares*. A relação formada do par e no par foca determinada conexão,

isola-a das demais e mantém os contrários ligados por ela. Por isso é também chamada de *corda*.

O universo é a totalidade única, a *unidade* suprema. Ele não se conecta com nada, a não ser consigo próprio, e, portanto, não forma par a não ser consigo próprio. É nesta conexão consigo próprio que se formam as infinitas conexões que o compõem e que emergem já num par fundamental: o conjunto das múltiplas conexões *realmente existentes* e o conjunto das infinitas relações *possíveis* de ser realizadas.

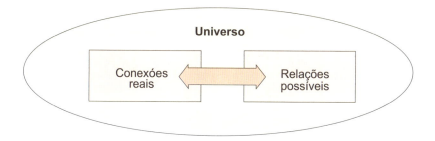

A RELAÇÃO

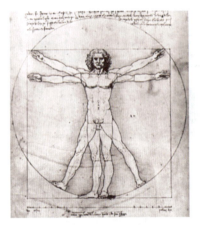

O homem de Vitrúvio, Leonardo da Vinci (1490).

O *universo* é a *corda* que amarra o que é real com o que é *humanamente* possível. É por isso que este é possível e aquele é real.

No universo das relações possíveis emerge uma, o *ser humano*, e com ele uma nova relação, a *natureza humana*, que forma o par ser humano e natureza geral.

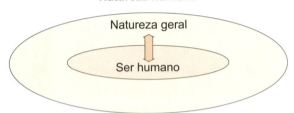

A *natureza humana* é a *corda* que amarra o ser humano à natureza geral. É por isso que aquele ser se humaniza enquanto a sua natureza se generaliza.

Atividade de debate (II)

1) Nas ilustrações que seguem aparecem cordas. Elas podem ser pensadas como relações. Para cada caso, identifique: I) a relação; II) o par formado; III) como a relação forma cada elemento do par.[NR5]

a)

Tiradentes esquartejado, Pedro Américo de Figueiredo e Melo (1893)

b)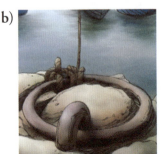

98

2) As relações constituem pares ordenados. O diagrama seguinte representa a formação de pares numa relação:

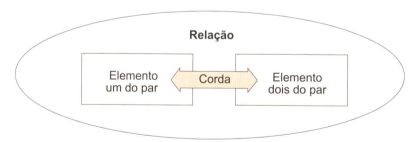

O primeiro elemento do par ordenado representa o *contrário dominante,* e o segundo, o *contrário dominado*: *contrário dominante*→*contrário dominado*. Aplique o diagrama acima para descrever as ilustrações que seguem:[NR6]

I) substituindo a palavra *relação* pela que melhor nomeia a relação ilustrada;
II) substituindo o *elemento um do par* pela palavra que o nomeia;
III) fazendo o mesmo com o *elemento dois do par*;

A RELAÇÃO

IV) substituindo, por fim, a palavra *corda* por aquela que designa a força que provoca a formação do par e o mantém uno.

a)

b)

c)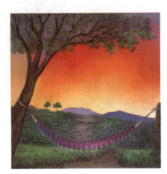

d)

Lance do jogo Brasil vs. Uruguai da Copa de 1970 (México)

Nossas Respostas (NR)

(NR1)
Para encontrar o destino da carta, primeiro é preciso achar a rua e, depois, buscar o número. Há, portanto, uma *ordem* nesse par: escreva primeiro a rua, depois o número. Trata-se de um *par ordenado,* no qual a rua *domina* a casa. O elemento *Av. Água Fria* constitui *domínio*; e o elemento *2100* é a sua *imagem*. Para indicar tudo isso, escrevemos o par entre parênteses.

(NR2)
(Água Fria, 2100)

(NR3)

Sim, trata-se de uma relação de localização: o Cine São Luiz localizava-se no Largo do Machado.

(NR4)

Sim, o par (*Largo do Machado, Cine São Luiz*).

(NR5)

a) I) A relação é de *opressão*, na qual o Estado destrói a vida: *Estado→opressão*. II) O par formado é (*Coroa portuguesa, morte de Tiradentes*). III) Na relação, o contrário *Estado* provoca o contrário *morte*, para que aquele sustente este.

b) I) A relação é de *atracamento*, na qual o cais mantém o barco próximo à terra firme: *cais→barco atracado*. II) O par formado é (*cais, barco amarrado*). III) Na relação, o contrário *cais* provoca o contrário *barco atracado*, para que este possa realizar a sua função de embarque.

c) I) A relação é de *toque*, na qual o dedo provoca notas musicais: *dedo→nota*. II) O par formado é, por exemplo, (homem descendo altura de 300 metros). III) Na relação, o contrário *dedo* provoca o contrário *nota musical*, para que este possa expressar sonoramente a música desejada.

d) I) A relação é de *suporte* com o alto da montanha, sustentando o corpo do homem que desce (ou sobe) verticalmente: *homem pendurado→topo da montanha*. II) O par formado é, por exemplo, (*homem descendo→altura de 300 metros*). III) Na relação, o contrário *homem* apoia-se no contrário *alto da montanha* para realizar o seu movimento vertical de subida ou descida.

e) I) A relação é de *equilíbrio*, com o homem controlando o peso dos lados direito e esquerdo do corpo para evitar a queda: *corpo→lados*. II) O par formado é, por exemplo (*corpo, lado direito*). III) Na relação, o contrário *corpo* opera o deslocamento do contrário *lados corporais* para que o equilíbrio sobre a corda seja mantido.

f) I) A relação é de *amarração*, na qual o poste imobiliza o cavalo: *poste→cavalo aprisionado*. II) O par formado é, por exemplo, (*poste, cavalo quieto*). III) Na relação, o contrário *poste* aprisiona o contrário *cavalo* para que este não se afaste de onde o homem (condutor) o deixou.

(NR6)

a)
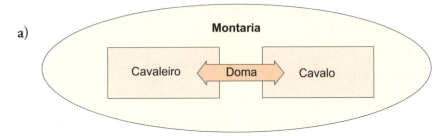

b)
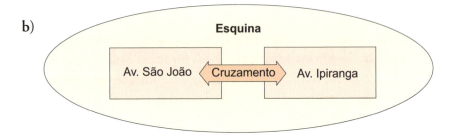

c)
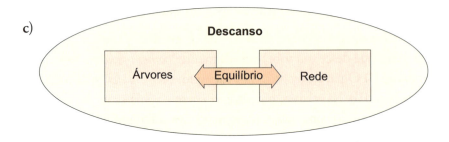

d)

VIII

O movimento

1. Tempo e espaço

O pensamento produz conceitos partindo de pares de contrários que se fazem como unidade de opostos. Na contradição, um par expande-se até o terno (terceiro incluído ou excluído). O terceiro incluído (ou excluído) revelar-se-á com o seu contrário, gestando um novo terceiro incluído, e assim

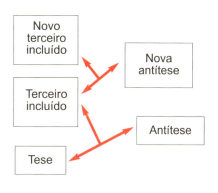

sucessivamente. Assim, ao longo das sucessivas gerações, o trabalho humano segue produzindo o movimento conceitual no qual o pensamento tece o plano de ação da humanidade para tratar da sobrevivência coletiva da espécie sob a forma de comunidade.

O nosso primeiro impulso de animação no interior do universo é pela procura da *massa*, seja na forma de alimento, de vestuário, de habitação. Nesta busca deparamos com o contrário, a *fluência*: nada está parado à nossa espera. Compomos o par *massa→fluência* que resulta no terceiro incluído, o *tempo*: a satisfação da necessidade tem certa duração, depois da qual somos

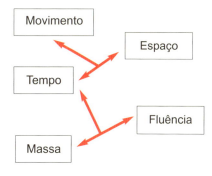

obrigados a nova animação. Contra esta duração, chamada *tempo*, abre-se a massa material que precisa ser percorrida e atravessada até que o necessário

103

para a satisfação da vida seja alcançado. Esta massa material na qual a espécie transita à procura de vida constitui o contrário do tempo chamado *espaço,* gerado pela fluência material. Forma-se assim um novo par orientador da atividade humana: *tempo→espaço.* Dele emerge o novo terceiro incluído chamado *movimento,* que determina a existência humana na natureza.

Pela relação *tempo→espaço* o trabalho humano produz o terceiro que nele estava incluído, o *movimento,* explicitando-o para si mesmo como processo de consciência. O conceito *movimento* é o pensamento produzido pelo trabalho humano que, por um lado, corresponde aos ciclos e regularidades que a espécie identificou na matéria inorgânica com base em suas necessidades orgânicas e que, por outro, reflete esses ciclos e regularidades. É o reflexo que pode ser produzido pela matéria orgânica que compõe o corpo humano e seus equipamentos corpóreos. É, simultaneamente, refletido e refletor, reflexo e reflexão.

O universo incide no corpo do animal homem como reflexo. Este animal, comparado com as outras espécies, apresenta uma evolução orgânica diferenciada. Ele conta com um equipamento corpóreo – andar ereto, mãos liberadas para a preensão, visão focal, sistema nervoso complexo, aparelho fonador etc. – capaz de reagir com mais intensidade e abrangência que os outros seres vivos. O homem converte essa potência em ação concreta, em prática, em *movimento.* O universo reflete sobre ele na forma de *fluência*; ele responde, refletindo no universo sob a forma de *movimento.*

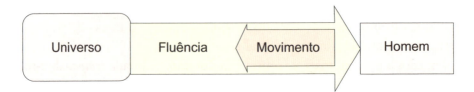

O MOVIMENTO

> Movimento é a relação *tempo→espaço* intrínseca
> a determinada contradição.

Animação é o movimento realizado por um ser vivo não plantado. A animação pode ser inconsciente (instintiva) ou consciente (plano de ação *humanizador*).

Um plano de ação pode ser desumanizador: o racismo, a ganância etc. produzem planos de ação desumanizadores, ou seja, desafetos. A consciência é essencialmente um processo humano em seu começo, meio e fim. Todo plano de ação que for antagônico ao humano o é, também, à consciência. Um plano de ação desumano é, simultaneamente, alienante (contra a consciência).

Atividade de debate (I)

 Em grupo

Faça a leitura compartilhada do texto que segue:

Marcos ama todas as mulheres. Em determinado momento, entre todas as mulheres do mundo, uma se destacou e prendeu a sua atenção. É para a casa da moça que ele está indo agora. E o faz pisando nos números, distraído, do mesmo modo que a musa do poeta Orestes Barbosa pisava nas estrelas:

> *Tu pisavas nos astros distraída,*
> *Sem saber que a maior ventura desta vida*
> *É a cabrocha, o luar e o violão.*

Chão de estrelas (Orestes Barbosa / Sílvio Caldas)
Para ouvir a canção,
vá ao *link:* <http://www.youtube.com/watch?v=Li5SWL5tISE& feature=player_embedded#!>. Acesso em: 30 abr. 2013.

Opa! Num tropeção, quase cai. Apruma-se e segue, pouco se importando que foi a placa do marco zero da cidade que tentou derrubá-lo. Que humilhante: ser derrubado por um zero! Mas Marcos, RG 3.060.190, um dos 10.406.166 habitantes dos 1.525 km² de São Paulo, *não está nem aí*! Lá vai ele, caminhando pela latitude 23°32.0'S,

105

na longitude 46°37.0'W, sob a temperatura de 24ºC, e suportando 85 decibéis que batucam nos seus tímpanos. O mostrador eletrônico da avenida avisa que está respirando um ar de qualidade ruim às 19 horas e 22 minutos. Sobrevive a tudo, não sabendo que está sobrevivendo a tudo. O lojista berra que ninguém pode perder a sua oferta de cuecas. Mas Marcos perde, no auge do seu desligamento. Números, indicações, promoções, proibições estão em todos os lugares, em todos os cantos, determinando regras, leis e ordens que ele, solenemente, ignora, indiferente às terríveis ameaças ou maravilhas que elas prometem. Em sua associação livre, Marcos navega pelos números da cidade sem tomar conhecimento deles.

De repente, para. Naquele turbilhão de números e nomes, um par mobiliza-lhe a atenção:

– Cheguei: rua Vergueiro, 463. É aqui que "ela" mora.

No *universo* de numerais, avisos, ordens, indicações e placas de orientação que registram as relações oficiais da cidade de São Paulo, apenas a *relação entre rua e número de casa* lhe interessava. E, nesta, era o *par (Vergueiro, 463)* que o moveu.

Debata as questões que seguem:
1) Marcos move-se por instinto ou por consciência?[NR1]
2) O seu movimento é orientado por um plano de ação?[NR2]
3) O objetivo desse plano tem existência real?[NR3]
4) Os objetivos de todos planos de ação têm existência real?[NR4]
5) O objetivo de Marcos é matéria?[NR5]
6) É uma "supercorda"?[NR6]
7) Pode ser expresso na forma de par ordenado? Qual?[NR7]

Nossas Respostas (NR)

(NR1)
Por consciência.
(NR2)
Sim, um plano que determina uma relação *tempo→espaço particular* no universo.
(NR3)
Sim, pois é um determinado lugar no universo.
(NR4)
Nem todos; muitas vezes as pessoas estabelecem objetivos com base em desejos que não têm correspondência com a realidade.
(NR5)
Sim, visto que existe independentemente do desejo e das sensações de Marcos.
(NR6) As *supercordas* são a menor manifestação conhecida da matéria. Até onde as nossas sensações alcançam, são elas as responsáveis por tudo o que vemos, ouvimos, cheiramos, degustamos, pegamos, enfim, por tudo o que sentimos no universo. A vibração dessas infinitesimais "cordinhas" é a responsável pelas características do átomo a que elas pertencem e, consequentemente, por toda a diversidade universal que toca os nossos sentidos. As supercordas, origem de toda a matéria, não têm matéria nenhuma: são apenas vibrações que variam. A menor das cordas é infinitamente pequena, parecendo-se com um ponto, e todas as características da partícula (como

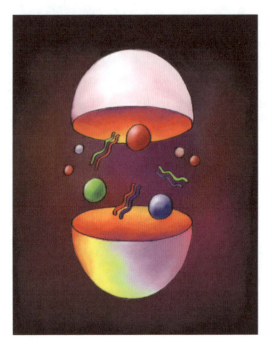

massa, *spin*, carga e outras) seriam fruto de uma vibração dessa corda. Pensando o objetivo de Marcos como um desejo seu passível de realização e que anima todo o seu movimento (fazendo o rapaz "vibrar" de animação), podemos concluir que esse objetivo é, sim, uma "supercorda".
(NR7)
Sim, trata-se do par ordenado *(Vergueiro, 463).*

IX

O isolado

1. Os eus solitários

No primeiro momento, o *eu* é apenas um componente da fluência universal: *eu* sou a totalidade (a unidade), pois o *eu* está "misturado" na fluência, autopercebendo-se, mas não se reconhecendo nela. O sujeito não se distingue do objeto.

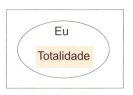

Ao reconhecer o seu *eu*, o homem dá o seu primeiro passo humanizador, estabelecendo o primeiro conhecimento fundamental (a primeira "com ciência"). É quando percebe a totalidade como externa a ele porque é (ou parece ser) contra ele.

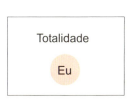

Quando o ser concebe a fluência universal com um dado externo, ele passa a opor-se ao todo. Todo novo o será porque tem contrário. E os contrários surgem sempre aos pares. Quando o *eu* se diferencia da totalidade, ele se vê, simultaneamente, como componente dela e fazendo-a (dominando-a), e totalmente dominado por ela e por ela sendo feito. Surge o par *eu me diferenciando* (sujeito em autorreconhecimento) *na fluência* (objeto) para atuar com a totalidade.

Em cada uma dessas dimensões do *eu* o ser humano atua na solidão universal. A humanidade está solitária na totalidade e só conta consigo mesma para produzir-se. Isolada, ela se faz criando isolados: o isolado do *eu* na totalidade, do *eu* na conversa com o outro e do *eu* na conversa com o gênero.

2. O isolado

O ser humano só dispõe do seu corpo para conhecer o mundo. Com o desenvolvimento das forças produtivas, criamos prolongamentos poderosos deste corpo, como o telefone, o satélite, o avião, o telescópio, o microscópio eletrônico, o computador, a internet e tantos outros equipamentos extracorpóreos. Mas quem decide tudo, quem define o que é certo e o que é o errado, quem escolhe o caminho é o homem; e ele o faz por meio do que vê, ouve, cheira, degusta e toca. Os maravilhosos prolongamentos que cria apenas potencializam os sentidos de que já dispõe em seu corpo e que somente mostram o que existe – na verdade, uma parcela ínfima do que existe. Nossos sentidos é que recolhem os dados que são considerados e sintetizados, no nosso sistema nervoso central, na forma de conhecimento. Por mais desenvolvidos que sejam os nossos equipamentos corpóreo e extracorpóreo, eles só mostram o que existe, mas não tudo o que existe. Sempre teremos acesso apenas a uma parcela mínima do real, assim mesmo fragmentada e descontínua. A totalidade universal e sua continuidade são inacessíveis aos nossos sentidos. A totalidade só se apresenta aos nossos sentidos por meio de fragmentos, isolados e descontínuos, ainda que muitas vezes regulares, periódicos e cíclicos.

O conjunto de elementos que é destacado do universo, a parte que é abstraída da totalidade, constitui o que Caraça (1963) chamou de isolado. O isolado resulta de um corte arbitrário que o pensamento faz na totalidade universal. Este corte é feito em decorrência do movimento que o organismo animado humano realiza no universo. O ser humano movimenta-se no interior da fluência universal, opondo-se a ela em todos os múltiplos aspectos. Esta oposição é essencialmente harmônica, pois o antagonismo significa o aniquilamento do ser. O movimento humano implica uma sucessão de múltiplas contradições que o ser precisa tornar harmônicas para sobreviver. Ele consegue produzir essa harmonia contraditória à medida que sua mente realiza os cortes necessários que abranjam suficientemente todas as variáveis determinantes da vida naquele momento e naquele lugar. A mente tem a função vital de realizar o corte certo, no instante certo e no local certo. E isso ela faz produzindo os isolados necessários e suficientes nos quais produzirá as relações também necessárias e suficientes para a vida do organismo.

Um conjunto qualquer deste universo é o isolado. O isolado é cortado de acordo com a identificação que a mente faz das conexões do universo determinantes naquele momento para a vida do ser. Neste sentido, a mente gera o isolado como uma síntese de múltiplas determinações. *Determinação* é uma conexão da totalidade que incide decisivamente no movimento do ser no interior da fluência universal. A mente produz o isolado, convertendo estas determinações – que são conexões decisivas em dado momento e local – em relações.

O trabalho humano atua procurando preencher o vazio existente entre o conhecimento e o real. Mas este vazio jamais é preenchido: a fluência real e a continuidade universal, inacessíveis em sua totalidade à consciência humana, ampliam-no permanentemente, questionando a validade do conhecimento até então produzido. Resulta daí que a totalidade conhecida em determinado tempo e espaço nunca será idêntica à totalidade real. Ela é e será sempre uma aproximação relativa do real, um sistema que orienta a prática apenas nas condições em que ele foi gerado. Bento de Jesus Caraça (1963) chamou de *isolados* estes sistemas de conhecimento que o trabalho humano produz sucessivamente na sua prática de intervenção na natureza.

Para identificar a regularidade que está na base da existência da espécie *Homo sapiens* e operar com essa regularidade, o trabalho humano produz sucessivos e crescentes *isolados*. Caraça (1963) define o *isolado* como uma construção mental que o trabalho humano realiza para apropriar-se dos fenômenos que deseja controlar para repeti-los, de forma combinada, na produção. O critério para realizar esse recorte definidor de isolado é a necessidade: quais são as conexões necessárias para produzir determinado valor de uso? Identificadas, elas se convertem em relações. Como produzir um valor de uso? Repetindo, sob o controle e a administração do trabalho, as conexões convertidas em relações. É essa repetição que orienta os movimentos conscientes do homem na atividade produtiva. Diz Caraça (1963, p. 1.123):

> *Na impossibilidade de abraçar, num único golpe, a totalidade do Universo, o observador recorta, destaca, dessa totalidade, um conjunto de seres e fatos, abstraindo de todos os outros que com eles estão relacionados. A tal conjunto daremos o nome de isolado; um isolado é, portanto, uma seção da realidade, nela recortada arbitrariamente.*

Essa arbitrariedade é uma determinação do sujeito que define o isolado. Este só se torna isolado porque é parte de uma necessidade humana para dominar ações ou fenômenos que possibilitem melhor compreensão ou apropriação do fenômeno antes incompreendido ou que requer coordenação de ações para ser realizado. A qualidade do isolado é determinada pela natureza do que deve ser produzido pelo homem. Pode ser uma investigação, pode ser a produção de um artefato inorgânico ou de uma obra literária. Caraça (1963) adverte-nos de que a sua definição já traz em si o erro, pelo fato de o corte separar a parte do todo, implicando necessariamente a desconsideração de elementos que, no aprofundamento posterior da ação, se revelarão relevantes para a compreensão do fenômeno ou a realização de uma atividade (CARAÇA, 1963, p. 205).

Ao se reconhecer no universo, o homem destaca-se mentalmente dele. Cria assim a relação (humana) que é o princípio do processo em que a sua mente se faz ordenando e regulando o real. Sabemos agora o que é complexo (humano). É o conjunto de possíveis (e múltiplas) relações (ou determinações) que a mente pode identificar em dado instante da sua existência no universo. O interior destas múltiplas relações constitui o isolado.

> *Isolado* é o movimento consciente e, portanto, humano que a nossa espécie e seus indivíduos realizam na fluência universal para, opondo-se a ela, utilizá-la para a reprodução ampliada das suas condições de existência.

Ao se separar mentalmente da totalidade, o *eu* desenvolve a potência (trabalho humano) de intervir nela.

Apartado mentalmente da totalidade, o *eu* só pode retornar a ela como *intervenção isolada*; a potência do trabalho humano é intrínseca aos limites do isolado.

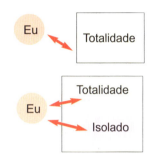

Atividade de debate (I)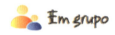

Relacione o verso de Brecht "[se] fôssemos infinitos" com o conceito de isolado.

Se fôssemos infinitos
(Bertolt Brecht)

*Fôssemos infinitos
Tudo mudaria
Como somos finitos
Muito permanece.*

Para saber um pouco quem foi Brecht, consulte o *link* https://pt.wikipedia.org/wiki/Bertolt_Brecht

3. A totalidade e a parte

A totalidade é concreta. O isolado é abstrato. A totalidade está em todas as suas partes. Uma parte é o todo. Não há contradição no real entre a parte e a totalidade, já que ambas são idênticas. O que não é idêntico, o que é essencialmente contraditório, é a totalidade universal e a "parte" humana tomada pelo trabalho sob a forma de "isolado". O isolado é uma "parte" que é produzida pela mente humana e, consequentemente, não coincide com a parte real, pois esta não se diferencia da totalidade.

Qualquer que seja a parte do universo em que o trabalho humano está em atividade, ela é idêntica, *em si,* à totalidade. Qualquer que seja a parte

O ISOLADO

real em que o trabalho atua, ele está agindo na totalidade, na fluência universal, como integrante dela. O homem só se separa da fluência, só se reconhece como um ser à parte da totalidade, na abstração, visto que, no real, ele está sempre na fluência e agindo como integrante dela. O próprio homem

é parte real da totalidade. É, também, totalidade. Consciente ou não, é, *em si*, fluência universal.

Qualquer que seja o par *tempo→espaço* em que o homem esteja atuando, ele e o seu entorno imediato constituem a fluência universal. Concretamente ele não se distingue desse entorno, e este não se diferencia da totalidade. Constituem, assim, *um complexo*: são *configurações das infinitas conexões* (cordas e supercordas) que compõem o universo.

O *simples* não existe no universo *em si*, mas pode vir a existir no movimento do animal homem no universo. O simples é o conjunto das conexões que o homem pode apanhar da totalidade para convertê-las em relações, isto é, *conexões determinantes que podem ser conhecidas e controladas pela mente para a obtenção, por repetição administrada, de um resultado previamente planejado*. O simples é, portanto, uma abstração e opõe-se ao complexo como o mental ao real e a natureza humana à natureza *inorgânica→orgânica*. O simples faz-se com a conversão em relações das conexões determinantes da vida do homem. O simples é, enfim, o isolado.

114

O ISOLADO

Na relação em que o eu se faz na totalidade e com a totalidade (complexo eu→ complexo todo), produz-se o seu deslocamento no interior da totalidade, assumindo-se e posicionando-se como um complexo do complexo. Nesta dinâmica, o *eu coletivo→eu individual* recorta isolados, criando assim o espaço humano de simplicidade (conjunto de relações) necessário para que o trabalho humano *produza os produtos.*

A *complexidade* é um fundamento da natureza *inorgânica→orgânica*: o real (ou matéria) inorgânico é complexo porque é inesgotável para a mente. A *simplicidade* é um *fundamento humano*: o real (ou matéria) humano é simples porque a mente é limitada, isto é, em dada relação *tempo→espaço* ela se esgota ao atingir os limites da capacidade da consciência de mobilizar as sensações individuais e coletivas. A mente consciente realiza determinado corte no real para definir um isolado no qual mobilizará todos os sentidos individuais e coletivos da espécie para a captura crescente dos detalhes e das nuanças envolvidas na atividade. Neste processo, a consciência individual e, principalmente, a coletiva refazem o isolado com profundidade e abrangência crescentes. Neste processo, produzem para si o conhecimento, derivado da contínua simplificação do complexo do real extrassensorial.

A mente relaciona-se com o complexo, refazendo continuamente o conhecimento que tem dele. É este reconhecimento permanente que converte uma conexão em relação com a mente conhecendo um complexo na sua configuração mais simples, o isolado. A mente voltará continuamente a esse complexo e, em cada "giro", reconhecê-lo-á num grau de crescente complexidade que nunca se esgota e permanentemente se aprofunda. A isto chamamos de *aproximação crescente e inesgotável ao real.* É a comunidade que simplifica os complexos, que os torna *isolados,* simplificações iniciais (*abstrações* – sínteses simples de múltiplas determinações).

O ISOLADO

Sob a configuração inicial de abstrações, os complexos podem ser transportados da totalidade até a "bancada" da oficina do trabalho humano e aí convertidos em objetos de trabalho.

Sem essa simplificação inicial do complexo, a nossa espécie não teria como trabalhar e produzir relações. Mas tal simplificação guarda uma armadilha, ao sugerir à mente intrinsecamente limitada que o isolado é a totalidade, que a aparência é a essência, que a abstração é o real, que a relação é conexão, que o simples é o complexo. Escapa-se dela pela prática da continuidade, pela crítica permanente ao que já foi desvendado, pelo cultivo insaciável da verdade radical.

Atividade de debate (II)

1) Nas ilustrações abaixo, identifique:
I) a totalidade em que se dá a atividade;
II) o isolado representado;
III) a contradição;
IV) as relações;
V) o movimento.

a)[NR1]　　　　　b)[NR2]　　　　　c)[NR3]

2) *Relação, conhecimento, produção* e *reconhecimento* são palavras que guardam entre si uma identidade relativa à ação humana. Explicite essa identidade, debatendo o que elas representam na atividade humana. Identifique, também, o que as diferencia.[NR4]

3) A complexidade é um atributo das matérias inorgânica e orgânica; a simplicidade é um atributo da matéria humana. Não existe complexidade nas relações humanas; não existe simplicidade nas conexões do real. O real é inesgotável, e o humano é temporal e espacialmente limitado. O senso comum inverte essas relações, atribuindo, geralmente, complexidade ao humano e simplicidade ao inorgânico e ao orgânico. É a confusão entre aparência e essência. A seguir, apresentamos algumas das confusões mais recorrentes:

- Muitas vezes um discurso ou uma narrativa são confusos e nebulosos, e isto basta para as pessoas definirem o que não entendem como *complexo.* É a *complicação enganosa.*
- Outras vezes um texto ou uma fala explicativa são tão simples, que passam por falsificações do real. É o *não reconhecimento do simples.*
- Outras vezes ainda, uma simplificação é apresentada como esgotamento do real quando, na verdade, é apenas esgotamento do humano. Trata-se de uma *onipotência simplista.*
- Há ainda os casos em que as pessoas se negam a aprender determinado conhecimento por se acreditarem intrinsecamente incapazes. Temos aí a *impotência complicadora.*

Desfazer a confusão entre o simplismo e a simplicidade, entre a nebulosidade e a complexidade, é um dos fundamentos do processo de ensino-aprendizagem. Há muita confusão que precisa ser desfeita entre o complexo real e o complexo psíquico, entre o complexo e o pensamento confuso (ou o não pensamento). "O tema é complexo": ora, a tematização é o aspecto do trabalho humano que toma um isolado em sua complexidade real e o processa até alcançar a simplicidade alcançável pelas relações humanas.

Palavra-chave
Tema: deriva do grego *thêma,atos,* que significa "aquilo que se propõe, porção, parte, assunto do desenvolvimento oratório, tema ou raiz de uma palavra, posição dos astros na época do nascimento" (HOUAISS, 2001).

O ISOLADO

O tema parte do real, sempre complexo, até alcançar o conhecimento que se produz por meio de um isolado, sempre simples. Simplificar o complexo é transitar da totalidade para o isolado. Tematizar é produzir esta simplificação, é configurá-la. O *tema* é, portanto, a configuração do isolado no interior da totalidade. E as pessoas estão sempre fazendo isso, mesmo sem o saberem. Simplificar o complexo é uma condição de existência do ser humano. Não há complexo que não seja passível de simplificação, assim como não há ser humano incapaz de simplificar o complexo. Para que as pessoas se libertem da armadilha da mistura confusa entre o simples e o complexo, é preciso ter claros os quatro equívocos que apontamos anteriormente: *a complicação enganosa, o não reconhecimento do simples, a onipotência simplista e a impotência complicadora.* Identifique, para cada frase seguinte, qual dessas quatro confusões é propagada:

a) "Não adianta, eu não tenho cabeça para matemática. Esta matéria é só pra quem tem boa cabeça."[NR5]
b) "A ausência da mãe é a principal tragédia da infância."[NR6]
c) "A luz, ou antes, a iluminação é um movimento luminar de raios compostos de corpos luminosos que enchem os corpos transparentes e que são movidos luminarmente por outros corpos luminosos."[NR7]
d) "O ensino tradicional de matemática é totalmente ineficiente; é preciso que o currículo de matemática seja ajustado à pós-modernidade para que a crise do ensino seja definitivamente resolvida."[NR8]

 **Nossas Respostas (NR)**

(NR1)
I) A totalidade em que qualquer movimento se dá é o *universo*.
II) O isolado é formado pelas conexões determinantes na atividade. No caso da fotografia, as conexões determinantes são:
• o objeto que fornecerá a imagem a ser impressa na chapa fotográfica;

- a luz solar que incide nesse objeto;
- a distância desse objeto ao foco da máquina;
- o foco da máquina.

Estas conexões determinam a atividade chamada *fotografar:*

III) As contradições que compõem este isolado são:

IV) As relações são *fotógrafo→fotografados, distância→foco* e *posição→nitidez.*

V) O movimento (*início→meio→fim*) faz-se com o fotógrafo operando com as contradições até obter as condições de produção de uma imagem fotográfica nítida e integral; feito isso, ele dispara a máquina e, por fim, revela a foto e a entrega ao cliente.

(NR2)
I) A totalidade é o *universo.*
II) As conexões determinantes do isolado são:
- as condições meteorológicas locais;
- as condições mecânicas do avião;
- a habilidade técnica do piloto.

Estas conexões determinam a atividade chamada *voo da aeronave*.
III) As contradições que compõem este isolado são:

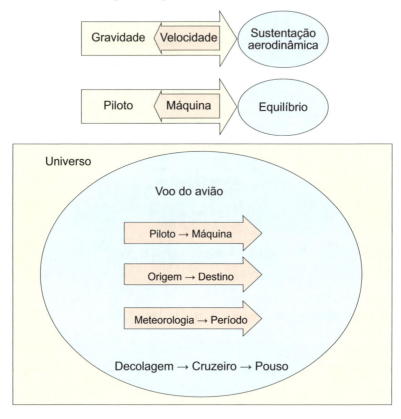

IV) As relações são *piloto→máquina, origem→destino* e *tempo meteorológico→tempo cronológico*.

V) O movimento faz-se com o piloto operando com as contradições e provocando a decolagem da aeronave do aeroporto de origem, o seu curso de cruzeiro e o seu pouso no destino.

(NR3)

I) A totalidade é o *universo*.

II) As conexões determinantes do isolado são:
- a competição entre duas equipes;
- as regras da competição;
- a prática esportiva educacional.

Estas conexões determinam a atividade chamada *jogo de basquete.*

III) As contradições que compõem este isolado são:

IV) As relações são *competição→regras, parceria→conflito* e *ensaio→seleção natural.*

> Esta relação entre o ensaio e a seleção natural integra a contradição entre *parceria* e *adversidade,* a qual produz o terceiro incluído *disputa educativa.* Na vida orgânica, a conexão entre os seres vivos acontece por meio da seleção natural da espécie, ou seja, sob o primado da força (a lei do mais forte), princípio que determina que a sobrevivência é atributo dos mais adaptados. O humano faz-se como transição dessa determinação orgânica (princípio da horda) para a determinação humanizadora da fraternidade como principal componente do trabalho humano (princípio da comunidade). A educação é a principal atividade produtiva que promove essa transição. E o esporte é aspecto primordial da educação, à medida que cria o espaço humano da *disputa educativa* – o qual combina a competição original da selvageria com o respeito ao semelhante inerente à fraternidade como prática de comunidade. A prática esportiva é fundamento humano que visa à transição da competição baseada no princípio da força para a competição baseada na fraternidade (emulação). Fora desta relação não existe esporte, jogo ou brincadeira. Uma relação que vise apenas à vitória sobre o outro é somente barbárie e o seu produto é o desumano.

V) O movimento faz-se com as duas equipes se apresentando em condições de igualdade, realizando o jogo e chegando a um resultado que expressa a supremacia daquela que jogou melhor.

(NR4)

Conhecer é identificar uma conexão determinante e convertê-la em relação. *Reconhecer* é conhecer de novo. O reconhecimento é um conhecimento contínuo, que se faz e se refaz permanentemente. O reconhecimento da totalidade e dos outros eus é um conhecimento que deve ser feito e refeito continuamente por meio da conversa. Esse caráter de conhecimento que se refaz continuamente, o reconhecimento, é que permite à mente *relacionar* as coisas e as conexões, fazendo-as repetir ciclicamente sob o seu controle. Esta repetição controlada constitui a *produção*.

(NR5)

Impotência complicadora. Quando a matemática é ensinada como uma *complicação enganosa,* geralmente produz traumas e neuroses que povoam corações e mentes de forma semelhante à expressa pela sentença.

(NR6)

Não reconhecimento do simples. Muitas vezes o simples não corresponde aos desejos do vivente, pois implica trabalho e sacrifício de facilidades e comodidades individualistas. Reconhecer que a mãe é fundamental para a infância implica ter a consciência de que a mulher, para ser mãe, precisa dedicar-se aos filhos depois que nascem. E mais, implica ter a consciência de que a comunidade precisa trabalhar para protegê-la e cuidar do seu bem-estar, a fim de que ela, por sua vez, cuide maternalmente do filho, produzindo-lhe a infância necessária para que ele se humanize.

> *Toda criança é bela e nos revela, somos humanos*
> *Deve ter mãe singela, que cuide dela anos após ano.*
> *O pai e os amigos constroem abrigos contra tormentas,*
> *Fazem comunidade, felicidade a gente inventa.*
> *Toda criança é bela, cuidemos dela, cuidemos dela.*

Convenhamos: é muito mais fácil não reconhecer a universalidade da maternagem e apontá-la como um "simplismo" do que realizar as tarefas e assumir os compromissos fraternos que este fundamento humano determina.

(NR7)

Complicação enganosa. Trecho de uma carta dirigida a Pascal pelo jesuíta padre Noël, antigo professor de Descartes no colégio de La Flèche. É citada por Caraça (1963, p. 123), que a apresenta como exemplo de uma "explicação verbalista": "é tão fácil pôr um nome a uma coisa! Arranjar um rótulo, para encobrir a nossa ignorância! E tão generalizada a tendência, em certas épocas históricas, para elevar os rótulos à categoria de explicação!" (p. 122)

(NR8)

Onipotência simplista. As palavras *tradicional* e *pós-modernidade* não dizem nada. Geralmente se confunde *tradição* com arcaico, com anacrônico. Não é a tradição que é ineficiente; é o arcaico, é o anacronismo que o são. Por outro lado, o prefixo "pós", muito usado hoje em dia, não afirma nada. Ele revela não um conceito, mas sim a ausência dele. Trata-se de um vazio de ideia e pensamento que se camufla atrás de uma postura categórica e agressiva, tão estéril quanto enganosa.

X

A consciência

1. Intuição

Os seres vivos existem sob duas formas fundamentais: a plantada e a animada (ou animal). O ser vivo animado movimenta-se no mundo graças a um equipamento corpóreo especializado para o movimento – membros, sistema ósseo, sistema muscular – e, principalmente, a um sistema nervoso capaz de produzir *intuição*. Com ele os animais autopercebem-se no interior da totalidade, orientando-se no mundo em busca da satisfação de suas necessidades vitais. Como é que conseguem atuar de modo complexo (movimentando-se na natureza) na busca de complexos (aqueles que os mantêm vivos) no interior de um complexo (o mundo)? Simplesmente *sendo*, isto é, seguindo os seus instintos, que se manifestam na forma de intuição. A intuição é intrinsecamente ontológica. Ela orienta o movimento real da vida animada, que acontece diretamente como fluência universal.

Mas, quando o ser homem vai além da intuição e passa a conversar sobre ela com os outros, penetra no *universo complexo* dos *complexos*. Autorreconhecendo-se como um ser destacado do *unus versus*, sendo ele mesmo um *versus unus* no interior daquele, sai do simples – só intuir na fluência – e passa para o interior do complexo existente no simples. E assim o "ser homem" se converte em "ser humano".

Como é que os seres animados, entre os quais o ser humano, "escolhem" um complexo no interior do complexo universal? Primária e ontologicamente, por meio da intuição. A intuição é o ponto de partida (o elemento mais simples) para que aconteça o movimento orientado pelo desejo no interior do complexo; é ela que define o complexo no qual o animal está se movimentando, aquele em que ele sente determinada necessidade. Com base neste é que se produz o outro complexo, aquele em que o animal satisfaz a sua necessidade. É a intuição que possibilita a conversão do simples em complexo e vice-versa, unificando-os num par ordenado.

2. Reconhecimento e distância

No mesmo instante em que se reconhece como integrante do universo, o homem destaca-se e distancia-se mentalmente dele. Quando o eu coletivo e individual se diferencia na totalidade e se reconhece fora dela, gera a relação (ou contradição), a forma naturalmente humana e primariamente acessível para o eu conceber a totalidade fora de si. Cria assim a primeira relação, a *relação mãe,* que vai gerar todas as demais relações. A relação *eu→universo* é o princípio com base no qual a mente se faz, ordenando e regulando o real. Trata-se de um par ordenado gerando outros pares ordenados. A produção da ordem é um dos principais atributos da *consciência* – o complexo humano formado pelas possíveis e múltiplas relações (ou determinações) que a mente pode identificar em determinado instante da sua existência no universo. Uma síntese destas múltiplas relações constitui um isolado.

3. Consciência

Quando converte a totalidade e a natureza humana em relações, o trabalho humano passa a combiná-las num par que constitui nova relação chamada *consciência.*

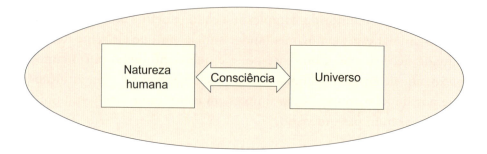

A *consciência* é a relação que conhece as relações já realizadas no universo para realizar as relações possíveis que expandem a natureza humana no interior da natureza geral. É a *corda* que amarra o humano ao universo, universalizando o humano enquanto humaniza o universo.

4. Conhecimento

A palavra *consciência* forma-se pela junção entre *con-* e *cien(c/t)*, este originário do latim *scio,scis,scívi* ou *scíi,scítum,scíre,* que significa "saber, conhecer, ter conhecimento, notar, reparar, compreender, reconhecer" (HOUAISS, 2001). Assim a definição *conhecer é produzir consciência* é tautológica. Mas podemos escapar deste vazio conceitual quando precisamos qual é o saber implicado no *conhecimento produtor de consciência*. Trata-se de um saber com duplo significado:

- *Em primeiro lugar* é um saber que situa o *conhecedor* fora do universo inorgânico→orgânico. Ainda que seu corpo faça parte desse universo, ele, mentalmente, se põe fora dele, como observador. Esse deslocamento para a zona externa ao universo só pode ser feito mentalmente; mas, por mais paradoxal que pareça, corresponde a uma realidade fundamental: aquela que determina que tudo o que acontece no universo do qual o conhecedor se afastou mentalmente independe do desejo e da vontade daquela mente, até o próprio desejo e vontade que, espontânea e permanentemente, acometem sua mente. Situando-se mentalmente fora do universo, o *conhecedor* combina e ordena as relações de produção do *saber real*. Este saber é o que estabelece a premissa da existência de uma realidade totalmente externa à mente e dela independente. Partindo desse pressuposto, a mente pode emancipar-se, tanto quanto possível, do desejo e da vontade e dos seus efeitos ilusionistas. Separar o real do desejo, separando a ideia do universo, é a primeira e fundamental abstração que o homem faz no sentido da sua humanização. A consciência faz-se por meio de separações sucessivas que só ocorrem na mente e não no real. *Conhecer é produzir a consciência por meio de abstrações sequentes e crescentes.* A abstração é a única via que nos leva ao concreto, ao real que existe independente do nosso desejo. Pode parecer uma contradição em termos, mas é, isso sim, uma contradição do real que devemos resolver para nos tornarmos humanos.

- *Em segundo lugar,* o saber que se faz conhecimento é o processo mentalizado como plano de ação coletiva que corresponde aos movimentos cíclicos e regulares da natureza. Entre as infinitas relações que compõem o universo em sua contínua fluência, há aquelas que se repetem, real ou aparentemente. A mente humana, que sabe abstrair, torna-se capaz de "capturar" essas regularidades relativas e sistematizá-las em planos de ação coletiva, comprovados e testados na prática. São estes que possibilitam ao trabalho humano desencadear tais regularidades por sua vontade e desejo, *consciente* de que a sua realização prática, orientada e controlada pelo homem, resultará no que está previamente estabelecido.

A ordenação produz regularidades, que são ciclos que se repetem. Essa repetição é capturada empiricamente e é sempre relativa. Da fluência universal e da nossa incapacidade de apreendê-la em sua totalidade e "esgotá-la", infere-se que a regularidade produzida pela ordenação corresponde ao real, mas não é o real. Podemos identificar um ciclo com base em nossa vivência e em nossa prática; mas não podemos afirmar que ele é infinito e absoluto. A prática permite-nos dizer que o real está se realizando, em determinado isolado, como um ciclo; mas jamais poderemos dizer que o real *é* um ciclo. A regularidade é sempre relativa; é relativa ao fragmento do universo ao qual se dedica o trabalho humano e é também relativa ao grau de conhecimento alcançado pela cultura.

Humanizado pela consciência, o homem toma conhecimento de que existe uma natureza primordial e passa a "submetê-la" à medida que "se submete a ela".

5. Subjetividade e objetividade

Desde que desenvolveu o meio de produção *conversa*, o trabalho humano passou a produzir regularidades ordenadoras das relações internas da espécie que possibilitam a geração da comunidade. A *comunidade* é o ambiente interno de superação da horda e da barbárie (regressão à horda) no qual a espécie evolui da condição animal para a humana. Com a conversa, desenvolveu um movimento de produção do *sujeito*, chamado de *subjetividade*.

Palavra-chave
Sujeito: do latim *subjectus,a,um,* que significa "colocado, posto diante, que está à mão, à disposição, que está pronto, acrescentado, próximo, levado para cima" (HOUAISS, 2001). Este significado original da palavra será aqui desenvolvido: *sujeito* é todo ser humano que se põe diante de uma ação, disposto e pronto (preparado) para desencadeá-la com seu próprio corpo (e, principalmente, mãos), sozinho ou com outros combinados.

A subjetividade é o principal produto da conversa. Toda conversa implica a produção da subjetividade, e toda subjetividade implica a produção da conversa. Lutando pela sobrevivência no *mundo inorgânico→orgânico*, a espécie vivencia os *reflexos* deste por meio de *sensações* que desencadeiam o *instinto* de vida que *intui* e ativa a *animação* do corpo. *Conversando* sobre essas *intuições,* os homens constituem *planos de ação coletiva* e tornam-se *sujeitos* da própria existência. A condição de sujeito é assim produzida no corpo humano e para o corpo humano. A transformação do homem em sujeito, a sua *humanização,* não implica nenhuma alteração das suas células ou dos seus átomos. Não há, como decorrência imediata, nenhum acréscimo ou decréscimo de massa. Nas naturezas inorgânica e orgânica que estão na base da transformação subjetiva do ser homem em ser humano, *nada se perde, se ganha ou se transforma*. A transformação que ocorre é em outra natureza, a humana, onde não há massa. E nela a matéria, o humano, está em permanente criação, perda e transformação. Nela *tudo se cria, tudo se perde, tudo se transforma*.

Da inexistência de massa não decorre a inexistência de matéria, do real e do concreto. Ainda que sem massa e, portanto, abstrata, trata-se de uma matéria e de um real; e mesmo de um concreto, só que *pensado*. A vivência produtiva da transformação do humano na permanência do inorgânico e orgânico permite que o trabalho humano desenvolva a conversa como meio de produção e reprodução de si próprio. Este aspecto central da conversa, que faz dela o principal meio de produção do humano, é a *subjetividade*.

> *"O método que consiste em elevar-se do abstrato ao concreto* não é senão a maneira de proceder do pensamento *para se apropriar do concreto, para reproduzi-lo como concreto pensado"* (MARX, 1996, p. 40).

Esta produção humana, chamada *subjetividade*, realiza-se por meio da conversa e é a própria. Com ela a comunidade ordena o seu ambiente interno: as relações entre os homens. Mas o processo produtivo não se interrompe aí. Gradualmente a espécie transfere

essa ordenação para o "mundo" externo. Vai, também, intervindo cada vez mais ativamente no ambiente externo das relações da natureza humana com as naturezas inorgânica e orgânica e aí produzindo ordens e regularidades. Na verdade, as produções interna e externa de ordem são simultâneas e interdependentes, compondo a relação *produção interna→produção externa*. António Damásio, em seu livro *E o cérebro criou o homem*, explica-nos que *consciência* é mente mais subjetividade:

> Sem a consciência – isto é, sem uma mente dotada de subjetividade –, você não teria como saber que existe, quanto mais saber quem você é e o que pensa. Se a subjetividade não tivesse surgido, ainda que bastante modesta no início, em seres vivos bem mais simples do que nós, provavelmente a memória e o raciocínio não teriam logrado uma expansão tão prodigiosa, e o caminho evolucionário para a linguagem e a elaborada versão humana de consciência que hoje possuímos não teriam sido abertos. A criatividade não teria florescido. Não existiriam a música, a pintura, a literatura.

*O amor nunca seria amor, apenas sexo. A amizade seria apenas uma coo-
peração conveniente. A dor nunca se tornaria sofrimento, o que não lamen-
taríamos, mas a contrapartida dessa dúbia vantagem seria que o prazer
nunca se tornaria alegria. Sem o revolucionário surgimento da subjetividade,
não existiria o conhecimento e não haveria ninguém para notar isso; consequentemente, não haveria uma história do que os seres fizeram ao longo
das eras, não haveria cultura nenhuma* (DAMÁSIO, 2011, p. 16).

Inicialmente o ser humano, como todos os animais, possui uma capacidade mínima de ordenação decorrente da própria condição orgânica.
Organismo refere-se a *órgão,* e este nomeia uma combinação de matéria
ordenada para a finalidade da vida. Essa ordenação intrínseca à natureza
orgânica é instintiva e é função direta do sistema nervoso (principalmente o central) em sua elaboração dos reflexos que ocorrem como sensações corpóreas.

À medida que desenvolve a sua subjetividade, o homem – em comunidade – amplia e aprofunda esse instinto de ordem até convertê-lo na
capacidade de identificar ciclos e regularidades no universo em que vive.
Tal habilidade, já presente na caça e na coleta, desenvolve-se até atingir o
grau em que se dá o salto qualitativo da coleta para a produção: além de
identificar os ciclos e as regularidades naturais externas, o trabalho humano passa a reproduzi-los sob o seu controle e administração. À condição de produtor de si mesmo, que já exercia por meio da conversa,
acrescenta a de produtor dos valores de uso inorgânicos e orgânicos que,
anteriormente, só coletava.

Enquanto apenas produzia a si mesmo, o homem era, simultaneamente,
sujeito e objeto do próprio trabalho. Não tinha aí como distinguir esses dois
aspectos do trabalho humano. Quando passa a produzir na natureza que lhe
é totalmente externa, concebe-se como *sujeito* e os seres inorgânicos e orgânicos à sua volta como *objetos.* Isto acontece porque agora, ao contrário do
que se verificava anteriormente, o produto do seu
trabalho *tem massa.* Lidando com matéria com
massa, o trabalho humano nela produz mudanças
que se manifestam por meio da massa do que foi
produzido. Agora, aplica-se a lei de Lomonossov
(1760): *Na natureza, nada se cria, nada se perde, tudo*

Considerava-se que esta lei da física
fora formulada pela primeira vez por
Antoine Lavoisier (França, 1743-1794);
na atualidade, reconhece-se ser de
autoria de Mikhail Lomonossov
(Rússia, 1711-1765),
que se antecipou ao cientista francês.

se transforma. A natureza em questão é a composta das matérias inorgânica e orgânica. Como vimos, na natureza *humana* as matérias inorgânica e orgânica não são criadas ou perdidas e muito menos *transformadas,* ao passo em que a matéria humana é permanentemente criada, recriada, perdida, recuperada e transformada.

Na produção do humano, a matéria não se manifesta na forma de massa. Não há, portanto, quantidade. Sujeito e objeto estão no produtor, e este não tem como separá-los porque não consegue externalizar o objeto enquanto o produz. Já na produção *inorgânica→orgânica,* a quantidade de matéria manifesta-se na forma de massa externa à massa orgânica que compõe o corpo do trabalhador. Este trabalha com aquela pegando-a, manipulando-a e modificando-a, tendo em vista o resultado previamente estabelecido. O corpo do trabalhador, sua massa orgânica, não se mistura com a matéria que está sendo trabalhada. Os sentidos do organismo do produtor operam direta, imediata e continuamente essa separação. A separação clara entre o objeto e o trabalho é dada no próprio ato produtivo. A vivência produtiva de tal separação permite que o trabalho humano desenvolva e passe a dispor de novo meio de produção, que passa a integrar a conversa: a *objetividade.*

Sujeito e objeto não existem um sem o outro. No processo anterior, em que a produção do humano predominava totalmente, a objetividade fazia-se de forma totalmente inconsciente e invisível ao trabalho humano. A objetividade é componente interno, ainda que não explícito, da subjetividade desde a sua origem. É o desenvolvimento desta que prepara a explicitação daquela, que só ocorre em determinado grau da sua evolução. Este estágio é atingido com a superação da coleta pela produção *inorgânica→orgânica*. Aí a objetividade se revela em toda a sua totalidade, praticamente *ocultando a subjetividade que antes predominava.* Na *subjetividade,* o sujeito oculta o objeto; na *objetividade*, o objeto oculta o sujeito. Mas em qualquer uma das situações, a objetividade faz-se enquanto desenvolvimento da subjetividade.

A CONSCIÊNCIA

- Na *subjetividade,* temos, no interior da relação *real inorgânico→orgânico,* a produção do *real humano* por meio da *conversa.*

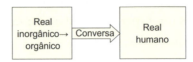

- Na *objetividade,* temos o *real humano,* por meio da linguagem, produzindo o *real inorgânico→orgânico:*

- *Subjetividade* e *objetividade* fazem-se contrários harmônicos de uma mesma unidade chamada *trabalho humano,* o primeiro como *dominante* e o segundo como *dominado,* tendo como *terceiro incluído* a *produção.*

Temos assim o par ordenado (subjetividade, objetividade) subjetividade→objetividade

Atividade de debate

Identifique, nos movimentos seguinte, o par *subjetividade→objetividade* e descreva o par *tempo→espaço* em cada um desses contrários.

1)^{NR1}   2)^{NR2}

132

3)[NR3] 4)[NR4]

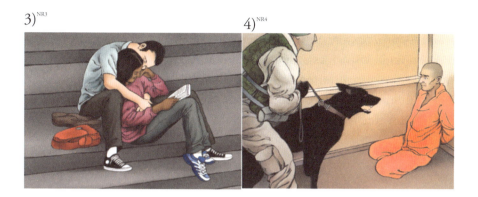

Nossas Respostas (NR)

(NR1)
Reza a lenda que a escola é o prédio aonde as pessoas vão para estudar nas aulas. O dicionário etimológico *Houaiss* (2001) explica-nos que a palavra *escola* deriva do grego *skholê,ês,* que significa "descanso, repouso, lazer, tempo livre; ocupação de um homem com ócio, livre do trabalho servil, ocupação voluntária de quem, por ser livre, não é obrigado a"; *aula* deriva do grego *aulê,ês,* que significa "todo espaço ao ar livre, pátio de uma casa"; e *estudo* deriva do latim *studìum,ìí,* que significa "trabalho, cuidado, zelo; vontade, desejo; favor, benevolência". Essas três palavras falam-nos de uma subjetividade que tem sua gênese na livre associação: a relação *escola→aula* constitui uma subjetividade de livre associação produtora da objetividade *estudo.* A proposta é que, em seu tempo livre do trabalho mecânico (servil), a comunidade cuide e zele da educação de seus indivíduos. A escola é o tempo livre da mecanização, é o *tempo humano,* e a aula seria o espaço (tanto físico quanto psíquico) em que, determinado pelo tempo humano, sucederia o cuidado com o indivíduo para a sua integração consciente na comunidade. A relação *escola→aula* é a concretização da relação *tempo humano→educação* que se faz na contradição *tempo humano→tempo mecânico,* desenvolvida no sentido do terceiro incluído *estudo,* isto é, para que aconteça a relação *ensino→aprendizagem.*

A escola estabelece o pressuposto "aula" para a produção educacional da relação *ensino→aprendizagem*. Sob a determinação capitalista, a escola foi incorporada à produção industrial, assumindo ela própria a condição de indústria. Cada unidade escolar transformou-se numa fábrica produtora de máquinas desumanas (homens reduzidos à condição de mecanismo). A industrialização da escola substituiu a contradição harmônica *tempo humano→tempo mecânico*

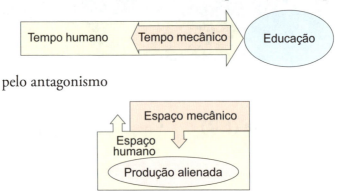

pelo antagonismo

onde o primado do tempo mecânico domina o tempo humano e exclui o terceiro educativo. A "contrassubjetividade" do antagonismo *tempo mecânico→tempo humano* produz a "contraobjetividade" *alienação* na relação *escola→aula*, em que a *livre associação* cede lugar à *associação compulsória*: todo dia, naquela determinada hora, naquela determinada sala, aquele determinado professor se encontra com aqueles determinados alunos para a instrução programada sobre aquela determinada matéria. Na educação, a relação *tempo→espaço* é totalmente humana. Já na instrução programada, o tempo não passa (se arrasta), é apenas cronológico, e o espaço físico torna-se prisão.

Para escutar a canção, acesse o *link:* <http://www.youtube.com/watch?v=EMCHFEQwy0w&feature=fvst>. Acesso em: 30 abr. 2013.

Cotidiano
(Chico Buarque)
Todo dia ela faz tudo sempre igual:
Me sacode às seis horas da manhã,
Me sorri um sorriso pontual
E me beija com a boca de hortelã.

(NR2)
O trabalho humano inventou o jogo em geral e o esporte em particular para gerar a subjetividade em que a competição e a disputa entre os indivíduos

aconteçam sob a determinação da coletividade, da fraternidade geral (comunidade), ou seja, na relação *fraternida→decompetição*. Tal conceito está presente na etimologia das palavras "esporte" e "desporte", as quais designam esse aspecto da cultura: esporte deriva do latim do *portus,us,* que significa "passagem no sentido de entrada permitida, de porta que se abre para acolher ou porto que recebe quem vem da incerteza do mar; e desporte deriva do latim *deportáre,* que significa "renunciar, abster-se, saber levar bem coisas ruins ou difíceis, degredar". A que se deve renunciar na prática desportiva? Ao instinto da força, à violência instintiva da disputa, inerente à horda. Entra na brincadeira e dela participa (esporte) quem renunciar à violência (desporte), quem "sacrificar" a sua "liberdade" individual de violentar, constranger e intimidar os outros pelo princípio da força. Produz-se, assim, o lazer, a recreação – o espaço humano onde se pratica a competição emancipada do princípio da força. O conteúdo educativo do jogo fica assim evidente: é o *ensino→aprendizagem* que eleva o ser homem até o ser humano, convertendo a competição da horda numa relação fraterna. O jogo propõe a subjetividade esporte→desporte para que se produza a objetividade *competição fraterna*, também chamada de *emulação* (derivada do latim *aemulátio,onis,* que significa esforço contínuo para igualar alguém em alguma coisa). O futebol, portanto, é uma relação *esporte→desporte*. O nome do jogo já determina a proibição da violência: o nome é futebol (*football*, "pé na bola") e não *foothead* ("pé na cabeça do adversário") ou *footshin* ("pé na canela do adversário"). O capitalismo tem como princípio ativo o liberalismo, ou seja, a liberdade do "salve-se quem puder", do "vença o mais forte". Ele promove a seleção natural das espécies à condição de programa de existência para a espécie e assim subverte o jogo e inverte suas polaridades para substituir a contradição harmônica:

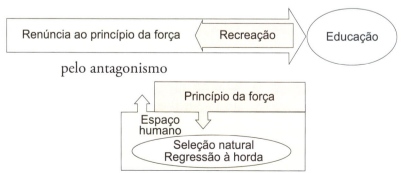

Temos assim o *antiesporte* (ou *antijogo*), cuja "contrassubjetividade" *princípio da força→lazer* gera a "contraobjetividade" competição desumana (seleção natural), que resulta na divisão da comunidade em "vencedores" (a classe dominante) e "perdedores" (a classe dominada). No jogo, a relação *tempo→espaço* é plena. Já no antijogo, o tempo é apenas cronológico e o espaço é apenas físico.

Camisa molhada
(Carlinhos Vergueiro)

Para escutar a canção, acesse o *link:* <http://www.youtube.com/watch?v=Aent78_7jHY&feature=player_embedded>. Acesso em: 30 abr. 2013.

Fique de olho no apito, que o jogo é na raça
E uma luta se ganha no grito.
E se o juiz apelar, não deixe barato,
Ele é igual a você e não pode roubar.

(NR3)

O trabalho humano inventou o *amor* a fim de gerar a subjetividade que orienta a tremenda força da natureza orgânica chamada *sexo* para a produção das relações humanas que compõem a comunidade. O sexo é uma determinação que se faz na natureza orgânica para perpetuar a reprodução da espécie. As espécies que apresentam uma fragilidade sexual inevitavelmente se extinguem. As espécies que se animam tendo como princípio ativo o sexo têm nele importante fator para a sua sobrevivência. A reprodução sexual está, portanto, na base da nossa existência. Mas o sexo sem humanização gera horda, o agrupamento dos indivíduos segundo o princípio do mais forte: o macho alfa guarda para si todas as fêmeas e os demais machos participam do sexo como concessão daquele. Por meio da conversa, os homens combinam unir suas forças individuais contra a força individualmente suprema do macho alfa. Quebram, assim, o princípio da força, substituindo-o pelo princípio da conversa combinatória (fraternidade), cuja matéria humana principal é o *afeto* (ligar-se ao outro, identificar que o problema do outro é também o seu). O afeto aplicado ao sexo gera o amor, a relação afetiva entre a proibição do incesto e a estabilidade monogâmica (casamento) para o cuidado da prole. A proibição do incesto garante que a reprodução da espécie não aconteça nos laços de parentesco, evitando assim o enfraquecimento da descendência pela consanguinidade. E a estabilidade monogâmica, de um lado, evita a competição animal pelas fêmeas e, de outro, identifica e garante a relação *pais→filhos* para a produção da relação *mater→paternagem*. O amor (do latim *amor,óris,* "amizade, dedicação, afeição, ternura") é o movimento afetivo desenvolvido para produzir a relação *mater→paternagem* – o espaço humano onde se pratica a atividade sexual comprometida com a reprodução humana. O amor propõe a subjetividade *mater→paternagem* para que se produza a objetividade *reprodução humana* da espécie.

O capitalismo não só desconhece essa objetividade como, via liberalismo, a obstaculiza. O seu programa desumano da seleção natural estabelece que o amor é um "constrangimento" à liberdade sexual individual, entregando o sexo ao mercado para que "vença o melhor". Sob a regressão do sexo ao princípio da força, a relação *mater→paternagem* tende à extinção – e com ela a infância, a adolescência, a juventude e a educação. Substitui, assim, a contradição harmônica

pelo antagonismo

Temos assim o *desafeto,* cuja "contrassubjetividade" *princípio da força→afeto* gera a "contraobjetividade" sexo mercantil, que degrada a *mater→paternagem,* reduzindo a reprodução da espécie à reprodução sexual, com a consequente degeneração da infância e da juventude e a extinção da educação. No amor, o tempo é escasso e o espaço é pleno; no desafeto, o tempo é mecânico e o espaço constrange.

Primavera
(Carlos Lyra / Vinicius de Moraes)

Para escutar a canção, acesse o *link:*
<http://www.youtube.com/watch?v=
NFK2bTXo8Es&feature=related>.
Acesso em: 30 abr. 2013.

O meu amor sozinho
É assim como um jardim sem flor
Só queria poder ir dizer a ela
Como é triste se sentir saudade.

(NR4)

Temos aqui uma negação total da subjetividade. O ser desumano (o *marine*) com seu cachorro convertido em fera ataca o homem aprisionado para humilhá-lo e submetê-lo à sua dominação e vontade, anulando-o não só como ser humano, mas também como animal. Não há sujeito, não há objeto, não há tempo ou espaço humanos. Acontece aí uma regressão à horda em que ambos, o desumano predador e o desumanizado, são rebaixados a uma condição pré-animal. Na tortura, o tempo para e o espaço oprime.

Pois é, pra quê?
(Sidnei Miller)

Para escutar a canção,
acesse o *link:*
<http://www.youtube.com/
watch?v=hcYOl4s9M7I&feature=
player_embedded#!>.
Acesso em: 30 abr. 2013.

O automóvel corre, a lembrança morre
O suor escorre e molha a calçada
A verdade na rua, a verdade no povo
A mulher toda nua, mas nada de novo
A revolta latente que ninguém vê
E nem sabe se sente, pois é, pra quê?

XI

As três naturezas

1. Abstração e separação

O trabalho humano atua nas três naturezas, produzindo o humano no humano. O humano produz na natureza inorgânica→orgânica, produzindo-se a si próprio na relação *tempo→espaço* que lhe é própria. Nesta produção, o trabalho humano é, ao mesmo tempo, sujeito e objeto.

Faz, assim, a *natureza humana,* que, integrada à natureza inorgânica→orgânica e por ela determinada, guarda relativa autonomia. Produzindo a relação *tempo→espaço* humano, diferenciada do *tempo→espaço* inorgânico-orgânico, a humanidade consegue situar-se mentalmente fora da fluência universal para observá-la e, no seu interior, identificar, desenvolver e provocar, sob seu controle, as regularidades propícias à vida humana. Ao "separar" mentalmente a natureza humana da natureza inorgânica→orgânica, separa, também, estas duas naturezas.

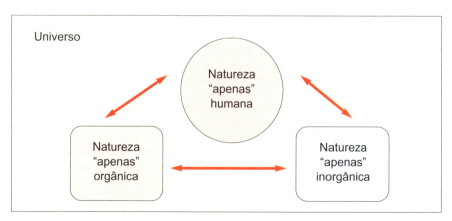

Essa separação da natureza universal em três naturezas é uma *abstração*, visto que, no real, elas não se encontram separadas. Tal abstração é intrínseca ao trabalho humano, ao seu processo de criar a ordem adequada e imprescindível à sobrevivência da espécie. É a análise prévia, necessária para que ocorra a síntese da vida humana para além da seleção natural das espécies. O real que a espécie encontra organicamente para viver é o *concreto dado, universal* ou *original*. A abstração analítica desse *concreto* realizada pelo trabalho humano possibilita que ele o refaça como *concreto pensado*, produzindo, assim, a natureza humana, a qual, determinada pela natureza inorgânica→orgânica, guarda relativa autonomia e um movimento próprio no seu interior.

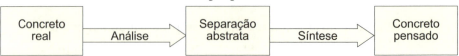

Temos assim um movimento neurológico que se inicia na sensação e se desenvolve até a produção. A produção é um ato de consciência que implica a gênese de uma natureza, a humana, que transcende a natureza orgânica. Esse movimento, chamado *mente*, parte de uma base orgânica neurológica que é superada no processo, mas permanece como determinação em última instância.

2. As três naturezas

Ao alcançar a produção na natureza inorgânica→orgânica, a espécie *Homo sapiens* emancipa-se da *seleção natural das espécies*. Se contasse apenas com o seu equipamento corpóreo, a espécie homem estaria fadada a extinguir-se na seleção natural. Em todas as especializações corpóreas existentes – ferocidade, camuflagem, velocidade, força etc. –, a nossa espécie perde, nesses quesitos, para outras muito mais dotadas para a luta pela sobrevivência. Mas este mesmo equipamento corpóreo, incapaz de especializar-se num aspecto de defesa da vida, foi capaz, graças principalmente a esse mesmo limite, de combinar as debilidades individuais num movimento coletivo combinado e planejado chamado *comunidade*. Para gerar essa superação da seleção natural das espécies, inventou a *conversa*, movimento em que as individualidades se combinam num processo qualitativamente superior ao simples somatório dos indivíduos na formação da horda e da manada. Conversando, o homem coletivo, o *ser humano*, produz tanto o equipamento extracorpóreo que o eleva acima de todas as espécies na seleção natural quanto a própria essência humana, a *consciência*, a capacidade de pensar e planejar a sua ação na natureza.

O *ser humano* faz-se superando o animal homem, do qual nunca se descola nem se emancipa definitivamente. Todos os processos fundamentais da natureza orgânica permanecem no homem, constituindo o que Freud chamou de *inconsciente*. *Ser humano* não é um dado da natureza orgânica. Não basta ser homem para ser humano, mas é preciso ser um para ser o outro. O ser humano só existe como *superação* do animal homem, a qual nunca é definitiva nem estabelecida. A produção do humano com base no homem é um processo permanente, que se refaz a todo instante, que precisa ser implementado a cada novo homem nascido e permanentemente renovado em cada homem humanizado.

O organismo faz-se e permanece enquanto supera a regressão ao estado inorgânico, enquanto evita a morte. O humano faz-se e permanece enquanto supera a regressão ao estado orgânico, à seleção natural e à horda (e manada) que caracteriza a organização das outras espécies.

O esquema ao lado é útil para compreender a relação de continência entre as naturezas inorgânica (*I*), orgânica (*O*) e humana (*H*): a primeira contém a segunda, que, por sua vez, contém a terceira, que, como a segunda, também está contida na primeira. Ou, utilizando a simbologia da teoria de conjuntos:

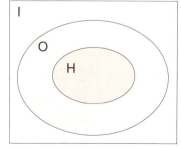

$I \supset O \supset H$ (*I* contém *O* que contém *H*)
$H \subset O \subset I$ (*H* está contido em *O* que está contido em *I*)

Útil para explicitar a determinação do inorgânico sobre o orgânico e deste sobre o humano, o esquema é *simplista* e *redutor*, pois não mostra o salto de qualidade que destaca uma natureza da que está na sua base e a determina.

Há aspectos da natureza orgânica – por exemplo, a formação de órgãos e de funções sistêmicas – não redutíveis à natureza inorgânica, ainda que só existam sob a determinação desta. Da mesma forma, há processos essencialmente humanos, como o pensamento, a cultura, a consciência, que não existem na natureza orgânica→inorgânica, ainda que só possam existir com ela.

Ser humano é o valor máximo da humanidade; é a condição de existência da espécie. Desta valoração resulta uma concepção de progresso norteadora da atividade coletiva e individual: tudo o que propicia e desenvolve o humano é progresso; tudo o que rebaixa e debilita o humano é regressão, atraso, barbárie. A natureza orgânica é progresso em relação à natureza inorgânica. O retorno à existência somente inorgânica é regressão. A vida é progresso; a morte, regressão. O movimento da natureza orgânica até a natureza humana é progresso; o retorno, regressão. Mais profundo é o progresso do humano em relação ao inorgânico, como também mais dramático é o regresso. Esta concepção de valor humano não é intrínseca ao real em geral; é inerente e – mais do que isso – essencial à realização do humano. Ela nos permite reelaborar em três dimensões o esquema da continência das três naturezas. Na terceira dimensão, que transcende o plano, situam-se os aspectos das naturezas que *se elevam* acima da natureza que as tem por base. Esta *elevação* não só possibilita, como também *exige* uma visão *hierárquica progressiva* das naturezas, pois só valorizando o orgânico no interior do inorgânico e o humano no interior do orgânico é que a humanidade se manterá mobilizada e organizada em comunidade, produzindo e reproduzindo as condições necessárias e suficientes para a sua existência.

O esquema ao lado mostra-nos que *O* tem sua base de existência totalmente contida em *I*, mas tem uma cúpula que se eleva e independe de *I*. O mesmo ocorre com *H* em relação a *O* e a *I*. Esta independência, contudo, é relativa: sem a base que a sustenta acima da natureza anterior, a cúpula mergulha nesta e perde a sua condição de autonomia relativa. Denominamos a base orgânica de sustentação da natureza humana de *fundamentos humanos na natureza orgânica*; e a

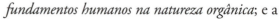

base inorgânica de sustentação da natureza orgânica de *fundamentos orgânicos na natureza inorgânica.*

Uma natureza "superior", mais elaborada, só mantém esta qualidade se reproduzir tanto a si própria quanto os seus fundamentos – ou seja, a sua base, a porção da natureza "inferior", menos elaborada, que a sustenta na condição "superior". A natureza humana H só permanece "superior", mais elaborada, isto é, *humana,* se, junto com a sua cúpula, reproduzir a sua base em O e, a partir desta, a base de O em I.

3. Unicidade subjetiva

O trabalho humano produz a relação *sujeito→objeto* na contradição *natureza humana↔natureza inorgânica→orgânica.* Nesta condição, torna-se aspecto fundador da subjetividade da espécie integrante da comunidade. A subjetividade do trabalho humano é a mesma, seja na produção inorgânica→orgânica, seja na produção do humano. Tudo o que é mobilizado e integrado no plano de ação numa produção é transmitido para a outra. É o mesmo sujeito, o trabalho humano, que atua sobre os dois objetos, o centralmente inorgânico→orgânico (objeto com massa) e o centralmente humano (objeto sem massa). É por isso que, ao criar um plano de ação numa produção, o sujeito produtor, que é único, necessariamente o aplica na outra produção. A unicidade do sujeito transfere-se para o trabalho que realiza, de modo que à unicidade subjetiva corresponde a unicidade objetiva. E vice-versa. Chamamos esta identidade entre a produção inorgânica→orgânica e a produção do humano de *unicidade subjetiva.*

O *princípio da unicidade subjetiva* foi, pela primeira vez, enunciado por Friedrich Engels no seu livro *Dialética da natureza* (1982):

As leis da dialética são extraídas da história da natureza assim como da história da sociedade humana. Não são elas outras senão as leis mais gerais de ambas essas fases do desenvolvimento histórico, bem como do pensamento humano: (1) Lei da transformação da quantidade em qualidade e vice-versa; (2) A lei da interpenetração dos contrários; (3) Lei da negação da negação. O erro [em Hegel] consiste em que essas leis são impostas à natureza e à história, não tendo sido deduzidas como resultado de sua observação, mas sim como leis do pensamento [...]. O mundo, quer queira, quer não, deve adaptar-se a um sistema de ideias que, por sua vez, nada mais é do que o mundo de determinada fase do desenvolvimento do pensamento humano. Se, entretanto, invertermos a coisa, tudo se torna simples e as leis dialéticas, que parecem tão misteriosas na filosofia idealista, se tornam claras como o sol. Hegel arranja as coisas de maneira que os exemplos mais esclarecedores das leis da dialética ele os vai buscar na natureza e na história (p. 34).

- A identidade:

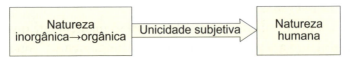

- realiza-se tanto no sentido da percepção e sistematização do movimento:

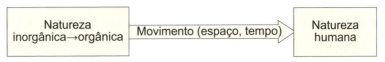

- quanto no sentido inverso da abstração do movimento da massa.

É pela unicidade subjetiva que o uso da relação *sujeito→objeto*, inicialmente evidente na relação *natureza humana→natureza inorgânica→orgânica,* passa a ser *consciente* na relação da *natureza humana* consigo mesma. Categórica na produção inorgânica→orgânica, a relação *sujeito→objeto* converte-se num aplicativo na produção do humano. Nela o sujeito torna-se objeto sem massa e o objeto torna-se sujeito sem massa.

Atividade de debate (I)

Faça a leitura compartilhada do texto que segue sobre a física mecânica (também chamada de física clássica), desenvolvida no século XIX, que teve em Isaac Newton o seu representante mais significativo. Trata-se de uma elaboração científica voltada para a natureza inorgânica (mundo físico). Interprete, levando em conta esse contexto, as formulações propostas.

1) De acordo com o princípio da *unicidade subjetiva,* é possível, enquanto modelo e respeitando as diferenças fundamentais, aplicar as "leis" do universo físico às relações humanas. Debata o texto, identificando neles as suas aplicações potenciais à natureza humana e apresentando exemplos.

O universo mecânico de Isaac Newton

Isaac Newton (Inglaterra, 1643-1727) publicou em 1687 a sua obra máxima, *Philosophiæ naturalis principia mathematica,* na qual formula as três leis que, segundo ele, regem a dinâmica universal.

- *Primeira lei* ou *princípio da inércia:* todo corpo continua em seu estado de repouso ou de movimento uniforme em uma linha reta, a menos que seja forçado a mudar aquele estado por forças aplicadas sobre ele.
- *Segunda lei* ou *princípio fundamental da dinâmica:* a mudança de movimento é proporcional à força motora imprimida e é produzida na direção da linha reta na qual aquela força é imprimida.
- *Terceira lei* ou *princípio da ação e reação:* a toda ação há sempre uma reação oposta e de igual intensidade; ou as ações mútuas de dois corpos um sobre o outro são sempre iguais e dirigidas em sentidos opostos.

2) É muito comum ler em publicações variadas, também científicas, estudos do corpo humano que o tomam como uma "máquina". Debata as possibilidades e os limites desse "modelo".

3) A emergência e a generalização, nas últimas décadas, do uso do computador favoreceram a tomada desta máquina digital programável como modelo específico para o estudo do cérebro humano. Isto é incrementado pelo uso de palavras como "memória", "órgão de comando", "controle digital", "análise", vinculadas a funções humanas, para descrever funções e dispositivos do computador, bem como de palavras vinculadas à tecnologia computacional, como programação, informação, tratamento de dados, *link*, acesso etc., para descrever funções humanas. Debata a concepção de humano sugerida por esse uso e compare-a com a concepção que orienta o método desenvolvido neste livro.

4) O uso de modelos retirados da física (principalmente da mecânica, da eletrônica, da dinâmica e da cinemática) e da matemática para a ordenação das relações humanas muitas vezes é feito de forma direta, sem identificar e respeitar a diferença entre as naturezas inorgânica, orgânica e humana. Esse equívoco é chamado de mecanicismo. Debata as relações entre a *unicidade subjetiva* e o mecanicismo:

a) O que há de comum entre esses dois métodos?

b) O que os diferencia?

c) Os exemplos que demos nos itens 2 ("o corpo humano é uma máquina") e 3 ("o cérebro humano é um computador") são de *unicidade subjetiva* ou de *mecanicismo*? Justifique a sua resposta.

5) A classificação das ciências em exatas e humanas está de acordo com o princípio da *unicidade subjetiva*? Justifique a sua resposta.

XII

Qualidade e quantidade

1. Qualidade

Para conhecer a biografia e as obras de Bento de Jesus Caraça, entre nos *links:*
<http://www.epbjc-porto.net/bjc/vida.html>
<http://www.scielo.br/pdf/ciedu/v9n2/08.pdf;>
o livro *Conceitos fundamentais* está no *link*
<http://www.scielo.br/pdf/ciedu/v9n2/08.pdf>

Em seu livro *Conceitos fundamentais da matemática,* Caraça (1963) desenvolve os conceitos de *qualidade* e *quantidade* que adotaremos:

> *Qualidade* de um ser é *"o conjunto de relações em que um determinado ser se encontra com os outros seres de um agregado"* (p. 113).

A qualidade tem uma plasticidade decorrente da fluência do real. O mesmo ser possui qualidades diferentes, dependendo do contexto em que está inserido. A qualidade do ser é própria da relação em que ele está sendo considerado; relações diferentes correspondem a qualidades diferentes:

> *Não se pode falar de qualidades intrínsecas dum ser ou objeto, de qualidades que residam no objeto em si. As qualidades são relações orientadas; se os consequentes mudam, mudam as relações. Por exemplo, uma folha de amoreira tem, para a árvore, a qualidade de ser um órgão de respiração, para o bicho de seda, a de ser um meio de nutrição, para o homem, a de ser verde, de poder servir de meio econômico etc.* (p. 114).

Atividade de debate (I)

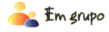

Nas ilustrações que seguem, temos o mesmo ser em várias situações. Indique, para cada uma delas, qual qualidade está sendo considerada.

(1)NR1  (2)NR2

Com 2 metros e 29 centímetros de altura, o chinês Yao Ming é o mais alto jogador de basquete em atividade.

(3)NR3  (4)NR4  (5)NR5

Muros de pedra (Rio Grande do Sul).   Machado paleolítico.   Estudante chileno em confronto com os carabineiros (Santiago/2010).

2. Quantidade

As qualidades da matéria com massa manifestam-se por meio da quantidade. Para uma pessoa, a qualidade de beber água manifesta-se pela quantidade dessa matéria inorgânica (mineral) necessária para matar a sede (de um a três copos); já a qualidade da água para o banho precisa expressar-se numa quantidade muito maior, caso contrário o banho não é completo. A qualidade da água não é o objeto inorgânico em questão, mas sim a relação que uma pessoa estabelece com esse mineral com base em suas necessidades. Enquanto meio litro de água é suficiente para matar a sede, um bom banho necessita, no mínimo, de dez litros para ser realizado.

Assim como a qualidade determina a quantidade ("preciso de três copos de água para matar a minha sede"), também é por ela determinada ("três copos de água não bastam para eu tomar um bom banho"). A variação da qualidade determina a variação da quantidade e vice-versa. E determinada qualidade comporta uma variação de quantidade.

> *A quantidade é um atributo da qualidade*
> *com massa e só em relação a ela pode ser considerada.*

Qualquer que seja a qualidade de determinada matéria com massa, ela tem a sua quantidade conhecida por meio da atividade de medição:

> *[Uma variação de quantidade pode ser medida desde que] cada estado possa ser obtido, por adição, a partir de outros estados e que essa adição seja comutativa e associativa. Tomando então um desses estados, convenientemente escolhido, para unidade, a medição faz-se comparando cada estado com aquele que se tomou como unidade* (CARAÇA, 1963, p. 114).

Os processos de medição das qualidades com massa são desenvolvidos à medida que se tornem necessários para o trabalho humano e este disponha de conhecimentos e técnicas que possam capturar os diferentes estágios da matéria com massa, incluindo as diversas formas de energia:

> *[...] se a variação de quantidade é ou não suscetível de medida não tem significado absoluto, mas apenas significado histórico; num dado momento, em determinado estado de avanço das ciências da natureza, pode aprender-se a medir o que até aí era impossível. Consideramos a quantidade como um atributo da qualidade e não como um objeto* (p. 114).

3. Do objeto ao sujeito

O trabalho com matéria inorgânica→orgânica faz-se com *massa*. E esta propriedade fundamental dessa matéria está presente nas relações que compõem a *objetividade*: *massa→espaço*, *massa→tempo*, *massa→qualidade*, *massa→quantidade*. Produz, assim, a totalidade objetiva, que faz a mediação entre o sujeito

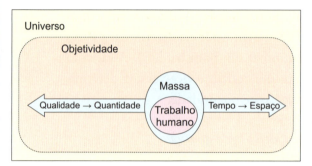

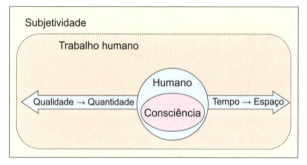

que trabalha, o *trabalho humano*, e o universo, em seus pares ordenados *tempo→espaço* e *qualidade→quantidade*.

O homem que produz o *humano* (o sujeito) é o mesmo que produz o valor de uso inorgânico→orgânico (objeto). Nesta última produção, cria as relações *sujeito→objeto, qualidade→quantidade* e *tempo→espaço* – as quais passa a aplicar também na produção do humano. Nesta produção, não lida com massa. Nela os meios de trabalho – sujeito, objeto, quantidade, qualidade, tempo e espaço – não possuem realidade inorgânica ou orgânica, pois não têm massa.

Nesta transição, as relações *humanizadoras tempo→espaço, qualidade→quantidade* e *sujeito→objeto* não têm existência objetiva fora das relações humanas, porque não têm massa. Elas existem enquanto e porque o trabalho humano as produz e reproduz a todo instante por meio da conversa.

O par ordenado *tempo→espaço* "físico" tem a sua referência de existência fora das relações humanas, na massa que existe independentemente da ideia que dela fazemos e sobre a qual conversamos. O *tempo→espaço* humano é subjetivo; o *tempo→espaço* físico é objetivo. A matéria humana não tem massa; as matérias inorgânica e orgânica, sim. Daí se originou outra definição de massa, também clássica e tautológica: *massa é a quantidade de matéria*. Mas, quando se trata de matéria inorgânica ou orgânica, a questão da massa é inerente. O que torna igualmente inerente a existência de quantidade. Uma matéria é inorgânica ou orgânica porque tem massa e – como consequência direta desta – quantidade. Neste aspecto, os conceitos quantidade, massa e matéria guardam uma identidade entre si, porque quantidade é um atributo da massa e ambas são atributos da matéria inorgânica (ou orgânica). Por outro lado, as matérias humanas sem massa não admitem o atributo *quantidade*.

Atividade de debate (II)

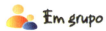 **Em grupo**

1) A seguinte definição de massa – *massa é a quantidade de matéria de um ser* – tem aplicação universal? Justifique a sua resposta.[NR6]

2) Faça a leitura compartilhada do texto seguinte, extraído do livro *Conceitos fundamentais da matemática,* de Bento de Jesus Caraça (1963):

> Consideremos um corpo c em movimento e seja v a sua velocidade em cada ponto da trajetória. Esta qualidade – velocidade do móvel c – é suscetível de intensificação, de aumentar ou diminuir [...] *as qualidades que admitem juízos de mais que, menos que, maior que, menor que, admitem variação segundo a quantidade. A quantidade aparece-nos como um atributo da qualidade.*

A afirmação "a quantidade é um atributo da qualidade" implica considerar que toda qualidade possui determinada quantidade? Justifique a sua resposta.

3) Faça a leitura compartilhada do texto seguinte, extraído do mesmo livro:

> *Há qualidades que não são suscetíveis de admitir graus diferentes de intensidade, isto é, qualidades a respeito das quais se não podem fazer juízos de mais que, maior, menos que, menor. [...] uma circunferência não é mais nem menos circular que outra: duas retas dum plano, em geometria euclidiana, não podem ser mais ou menos paralelas – ou são paralelas ou são concorrentes. [...] dados dois movimentos que, em relação a um sistema de referência, são retilíneos e uniformes, não se pode dizer de um deles que é mais ou menos retilíneo e uniforme que o outro* (p. 114).

a) Toda qualidade possui quantidade?[NR7]
b) E toda quantidade refere-se, necessariamente, a alguma qualidade?[NR8]

4) Leia o texto a seguir de Caraça para responder às questões que o seguem:

QUALIDADE E QUANTIDADE

> *João, Antônio e Manuel são três indivíduos a respeito dos quais, pelo conhecimento que temos do seu comportamento em situações semelhantes, consideramos João como mais corajoso que Antônio e Antônio como mais corajoso que Manuel. A qualidade coragem, que João, Antônio e Manuel têm em relação a nós, observadores, admite graduações de intensidade, as quais respeitam a transitividade – se temos João como mais corajoso que Antônio e Antônio como mais corajoso que Manuel, temos evidentemente João como mais corajoso que Manuel.*

a) A coragem é uma matéria?[NR9]

b) A coragem é uma qualidade?[NR10]

c) A coragem é uma matéria *com massa*?[NR11]

d) A coragem é uma qualidade com quantidade?[NR12]

5) Debata o texto seguinte de Caraça, respondendo às questões que o seguem:

> *Nem sequer exigimos que haja possibilidade de medir para falarmos em quantidade. [...] a velocidade pode ser medida; mas a qualidade coragem admite uma variação segundo a quantidade, mas essa variação não é traduzível em números; tem sentido o dizer-se que João é mais corajoso que Antônio, mas não que a coragem do João é dupla da de Antônio.*

a) Você concorda com Caraça que a qualidade "coragem" varia de João para Antônio?[NR13]

b) A variação que ocorre na qualidade "coragem" é de quantidade? Justifique a sua resposta.[NR14]

c) Trata-se de uma variação de intensidade (para mais ou para menos)?[NR15]

Aristóteles definiu quantidade como *aquilo que é divisível em dois ou mais elementos integrantes, dos quais cada um é, por natureza, uma coisa una e determinada* (*Metafísica*, 13, 1020 a).

Quantidade é aquilo que é objeto de medida (*Vocabulário técnico e crítico da filosofia*, de A. Lalande), ainda que não se possa representá-la por um número.

6) Um pastor usa pedrinhas para contar as ovelhas do seu rebanho: qual qualidade comum à pedra e à ovelha possibilita a realização da contagem?[NR16]

7) Responda às questões seguintes:
a) A mentira é uma matéria?[NR17]
b) A mentira é uma qualidade?[NR18]
c) A mentira é uma matéria *com massa*?[NR19]
d) A mentira é uma qualidade com quantidade?[NR20]

8) A chamada "psicologia comportamental" (EUA) inventou um instrumento chamado *polígrafo*, com o qual pretende *detectar mentiras*. Trata-se de um aparelho que mede e registra as variações fisiológicas do organismo de um indivíduo enquanto este se encontra submetido a um interrogatório. Para isso, conecta-se um sensor num dos braços do paciente para medição do pulso e da pressão arterial, um tubo flexível ao redor do seu tórax para registro do ritmo da sua respiração, dois eletrodos nas mãos ou braços para medição das variações elétricas e, por fim, um sensor de movimentos nas pernas para captar as contrações involuntárias de músculos. O tal "detector de mentiras" é um instrumento de medição dessa qualidade?[NR21]

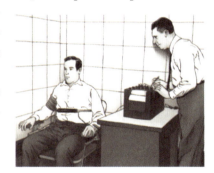

9) Faça a leitura crítica da afirmação de Caraça (1963) que segue:

Poder ou não traduzir-se em números uma variação de quantidade é uma questão que depende, acima de tudo, do grau de conhecimento momentâneo dos homens; não é, de modo nenhum, uma questão que possa pôr-se em absoluto. O progresso das ciências de observação permite em certa altura medir *o que antes se sabia apenas que variava segundo a quantidade* (p. 114).

a) Esta conclusão é válida para qualidades sem massa?[NR22]
b) E para qualidades com massa?[NR23]

Nossas Respostas (NR)

(NR1)
Na quadra de basquete, a qualidade de Yao Ming considerada é a *altura*.

(NR2)
Para viajar de avião, a qualidade de Yao Ming considerada é o *peso*.
(NR3)
Na construção de muros, a qualidade da pedra considerada é o *encaixe*.
(NR4)
No machado, a qualidade da pedra considerada é a *dureza*.
(NR5)
No enfrentamento com a polícia, a qualidade da pedra considerada é a *contundência*.
(NR6)
Não; à matéria humana sem massa e, portanto, sem quantidade, como *educação, afeto, conhecimento, felicidade, tristeza, saudade etc.*, não se aplica esse conceito.
(NR7)
Não; o texto acima de Caraça fala-nos de qualidades – circularidade, paralelismo, retilinearidade – que não têm quantidade.
(NR8)
A matemática faz-se com base no universo da quantidade, abstraindo-o da qualidade. A transição da qualidade para a quantidade é feita pela técnica. Feita a transição, abstrai-se a qualidade e passa-se a trabalhar com o número – a quantidade abstraída da qualidade. Todo o desenvolvimento do pensamento numérico faz-se trabalhando a quantidade sem a qualidade.
(NR9) Sim.
(NR10) Sim.
(NR11) Não.
(NR12) Não.
(NR13)
Sim, há uma variação na qualidade "coragem".
(NR14)
Coragem é uma matéria sem massa; portanto, não tem quantidade.
(NR15)
Intensidade é uma propriedade da quantidade; portanto, não há variação de intensidade. Concordamos com Caraça quando afirma (cf. questão 3) que *há qualidades que não são suscetíveis de admitir variação dos graus de intensidade.* É o caso das qualidades que se apresentam em matéria sem massa, e a

coragem é uma delas. A variação que ocorre nesta qualidade é na forma de sua manifestação. Há vários fatores que intervêm na manifestação de coragem de determinada personalidade: o grau da ameaça que a atinge, o seu significado para ela, as outras qualidades que compõem a personalidade (timidez, ousadia, perseverança, lealdade etc.). As variações da qualidade "coragem" estão diretamente em função da relação que ela guarda com todas as outras que compõem o caráter do ser humano e das relações que estas todas guardam com a relação *tempo→espaço* em que a pessoa está vivendo naquele dado instante.

(NR16)

A qualidade é que ambas, ovelhas e pedras, são encontradas, na natureza, em unidades.

(NR17)

A mentira é uma qualidade que interfere na conversa, provocando consequências práticas em forma de conflitos e desencontros nas relações humanas. É, consequentemente, matéria, ainda que desumana.

(NR18)

Sim, é a qualidade contrária à franqueza.

(NR19)

É uma matéria sem massa.

(NR20)

É uma qualidade sem quantidade.

(NR21)

Não; é um instrumento que mede pressão arterial, ritmo de respiração, eletricidade e contração nervosa. E isto tudo são qualidades da matéria orgânica que, necessariamente, têm massa. A mentira, matéria contrária à humana (desumana), não tem medida nem muito menos é "detectada" pela engenhoca. O fato de a matéria humana não ter a quantidade implica a impossibilidade de sua medição e consequente numeralização.

(NR22)

As qualidades que se apresentam em matéria sem massa, como as constituintes da natureza humana, são impossíveis de ser medidas porque não oferecem propriedades e atributos concretos para serem quantificados. São qualidades sem quantidades e, portanto, não são passíveis de medição. A história da espécie demonstra esse fato. Não temos nenhum exemplo de desenvolvimento de processos de medição de tais qualidades. Não há como quantificar a saudade, a tristeza, a alegria, qualidades identificáveis apenas nas relações humanas. Muitos matemáticos caem nesta armadilha da quantificação e numeralização universal. O próprio Caraça (1963) criticou a escola pitagórica por ter essa pretensão, como podemos observar em alguns trechos que destacamos da obra sua usada por nós como referência:

> *[A escola pitagórica identificava que] o motivo essencial da explicação racional das coisas [estava] nas diferenças de quantidade e de arranjo de forma; no número e na harmonia: "todas as coisas têm um número e nada se pode compreender sem o número" (Filolau). A compreensão do Universo consiste no estabelecimento de relações entre números, isto é, de leis matemáticas, numa ordenação matemática do Cosmo (p. 60). Da afirmação "todas as coisas têm um número" fez-se outra, grave e difícil de verificar – "as coisas são números". [Daí se estabeleceu que] a estrutura da matéria é idêntica à estrutura numérica: a matéria [seria] formada por corpúsculos cósmicos, de extensão não nula, embora pequena, que, reunidos em certa quantidade e ordem, produziam os corpos; cada um de tais corpúsculos – mônada – era assimilado à unidade numérica e, assim, os corpos se formavam por quantidade e arranjo de mônadas, como os números se formam por quantidade e arranjo de unidades. Uma consequência imediata de tal pensamento era o atribuírem-se virtudes especiais aos números, uma vez que eles eram o princípio de tudo; por isso, se fala em que "tal determinação dos números era a justiça, tal outra a alma e a inteligência etc. [Passou-se a atribuir ao número] tudo aquilo que está fora da sua propriedade fundamental de traduzir relações de quantidade. [Caiu-se, assim] no misticismo confuso que hoje se refugia nos becos escuros onde se deitam cartas e se leem sinas (p. 73).*

O aguçado espírito crítico deste brilhante pensador não o salvou de leve escorregadela no pantanoso terreno da mistificação numérica e matemática. (**NR23**)
Para as qualidades inerentes à matéria com massa, esta afirmação de Caraça é totalmente pertinente, e a história do trabalho humano a tem confirmado: as medições da temperatura, do som, dos terremotos etc.

XIII

O concreto pensado

1. Sujeito e objeto

A natureza humana é composta de matéria com massa e matéria sem massa. O afeto, a matemática, a religião são exemplos de matéria humana sem massa. O alimento, a casa, a roupa, o meio de transporte, a máquina constituem matéria humana com massa. O movimento é a fluência humana que também guarda esse duplo caráter. A educação é um movimento sem massa; a produção de valores de uso inorgânicos ou orgânicos é um movimento com massa.

A matéria humana com massa, uma vez produzida, realiza o seu valor de uso com base em uma relação exclusiva com o indivíduo chamada *consumo*. A matéria humana sem massa realiza o seu valor de uso no próprio ato da produção e enquanto este durar. Os valores de uso com massa, como o alimento, o livro, o vestuário, uma vez produzidos, ficam à espera do consumo, relação essencialmente individual. Os valores de uso sem massa, como a educação, o ensino e a aprendizagem, a infância, a maternagem, o afeto, não ficam em prateleiras de supermercados, em depósitos, à espera do consumo, simplesmente porque não são redutíveis a esta relação individual, visto que constituem relações eminentemente de comunidade: somente existem na comunidade, ou seja, enquanto são produzidas coletivamente. No âmbito dos valores de uso sem massa, *não existe consumo*.

O sujeito e o objeto guardam este duplo aspecto: podem realizar-se como matéria com massa (por exemplo, no trabalho com matéria-prima inorgânica ou orgânica) ou sem massa (por exemplo, numa atividade de ensino→aprendizagem). Em razão do consumo, sujeito e objeto revelam-se à consciência originalmente como matéria humana com massa. Na produção *inorgânica→orgânica,* o sujeito apresenta-se com a matéria humana mediante a massa do seu corpo; e o objeto é matéria humana com massa inorgânica ou orgânica do ser destacado do universo para ser trabalhado. A massa constitui a base material sobre a qual se produz a matéria humana sem massa, que, aliás, está presente na relação *sujeito→objeto.* Esta só se faz se tiver aquela como veículo e como finalidade.

O trabalho humano

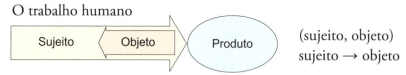

É no consumo que se realiza a reprodução inorgânica→orgânica da espécie, e esta é a objetividade intrínseca de todo o trabalho humano. Contudo, na evolução da nossa espécie, essa reprodução tornou-se condicionada pela produção da comunidade: sem as relações de comunidade não há relações de consumo. Não há consumo sem comunidade nem comunidade sem consumo. A humanidade reproduz-se na relação *comunidade→consumo.*

2. Concreto pensado

Os valores de uso sem massa constituem abstrações, mas não abstrações quaisquer, e sim *abstrações necessárias.* Este seu caráter de *necessidade* advém do fato de que, sem tais valores, a espécie não disporá dos valores de uso com massa necessários à sua sobrevivência física. O caráter concreto de que se reveste uma abstração necessária forma-se na *prática humana coletiva.* Na comunidade, os homens conversam entre si enquanto praticam a sobrevivência. E nesta conversa colada à prática avaliam as abstrações advindas de suas intuições individuais, verificando a validade de cada uma, as suas implicações práticas para a vida. Produzem, assim, a intuição coletiva, que se vai configurando, no trabalho humano, como um concreto com base nos resultados práticos que apresentam para a sobrevivência da espécie. Desta forma, abstrações individuais vão combinando-se numa razão coletiva, configurando planos de ação da comunidade, refazendo ou reproduzindo o concreto, inicialmente *em si,* apartado da mente, *como concreto pensado pelo ser humano para o homem, como concreto* para si *(para o homem).*

A abstração humaniza-se quando tem a massa material como plataforma e implica uma transformação humana no universo inorgânico→orgânico. Quando se converte numa fluência da matéria com massa, a abstração transforma-se em *concreto pensado* e integra a natureza humana. A produção do *concreto pensado* é o princípio ativo, o núcleo central do trabalho humano. Na natureza inorgânica→orgânica, o concreto é dado; na natureza humana, *é pensado,* pois é constituído de abstrações significativas, aquelas que, por serem planos de ação coletiva, implicam transformações no universo.

> *Concreto pensado* é o conjunto das abstrações necessárias
> à reprodução e sobrevivência da espécie humana.

3. A regularidade

Ao se separar mentalmente da totalidade, o ser humano cria a primeira abstração, aquela que se tornará a fonte de todas as outras. O conceito *movimento,* produzido na tríade *tempo→movimento→espaço com massa*, fornece ao pensamento um meio fundamental de ordenação do universo. Sob o princípio da *unicidade subjetiva,* torna-se *um movimento sem massa* produzido na tríade *tempo→movimento→espaço sem massa.* Utilizando-se dele na conversa sobre a vida, os seres humanos conseguem identificar ciclos e regularidades na natureza inorgânica e orgânica e, com base neles, produzir planos de ação coletiva orientadores da intervenção do trabalho humano naquela natureza. E, assim, passam a produzir ciclos e regularidades para o seu psiquismo coletivo, formando relações psíquicas onde originalmente elas não existiam.

O processo psíquico não tem massa, ainda que aconteça no interior da massa orgânica que constitui o corpo do homem. Sem massa, não tem duração ou tempo nem ocupa espaço. Na psique, passado, presente e futuro coexistem simultaneamente e várias coisas podem ocupar, ao mesmo tempo, o mesmo "espaço". Vindo de fora para dentro, da natureza inorgânica→orgânica para a natureza humana, o *tempo e o espaço fazem-se psíquicos em correspondência ao tempo e espaço físicos.* É o trabalho humano que os produz para, com eles, produzir a natureza humana. Na natureza inorgânica→orgânica, o par *tempo→espaço* é concreto *em si.* Este concreto é um atributo da matéria com massa. Aplicado na natureza humana, o par *tempo→espaço* torna-se um concreto *para si* (para o homem), um *concreto pensado.* Para tornar-se *concreto,* ele precisa ser abstraído da matéria com massa. É aí que ele se converte em *matéria sem massa.*

Deriva daí o par ordenado *abstrato→concreto* que se torna o princípio ativo da natureza humana. Nela a abstração é o único acesso ao concreto. Enquanto na natureza inorgânica→orgânica o trabalho humano opera do concreto para o abstrato, na natureza humana o processo produtivo ocorre do abstrato para o concreto.

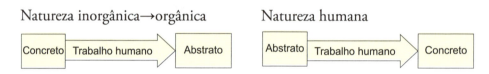

O homem que se faz humano conversando é o mesmo que humaniza a natureza inorgânica→orgânica com a sua intervenção produtiva. Produzindo processos de ordenação para o universo que lhe é exterior, o trabalho humano desenvolve a habilidade de criar e propor regularidades em geral. É claro que esta habilidade pode e deve ser aplicada à ordenação do universo interior das relações e da psique humanas. Na conversa simples, o trabalho humano já produz essa ordem para as relações humanas que implicam a criação da comunidade. Dispondo da prática de criar correspondências com os ciclos naturais, o processo de produzir regularidades na natureza humana intensifica-se e torna-se mais profundo e abrangente.

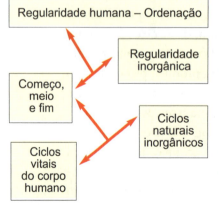

4. Razão e consciência

A capacidade de abstrair desenvolvida pelo trabalho humano é o princípio ativo da produção. Produzindo, o trabalho humano atinge o seu ponto máximo, a sua produção superior: a mente que se faz como par ordenado *psique→razão*. O homem que se faz humano conversando é o mesmo que conversa para humanizar a natureza inorgânica→orgânica do seu ambiente por meio do seu trabalho.

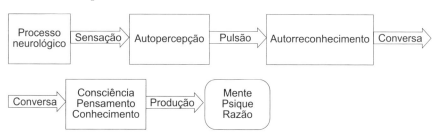

A *consciência* não é um produto do processo mental orgânico em si. O grau máximo que este atinge é o do *autorreconhecimento*. O salto deste até a consciência é feito exteriormente ao corpo e à mente, ainda que se reflita neles: a relação muito particular desenvolvida pelos membros da nossa espécie – a conversa – é que engendra a *consciência*.

5. Mente e consciência

A mente refere-se ao processo integral realizado pelo homem no movimento neurológico que se inicia na sensação e se completa na consciência. Dessa forma, afeto, comunidade, fraternidade, pensamento são momentos que assim se definem como integrados à produção final da consciência. Se esse produto final não acontecer, teremos preparações, e não realizações mentais. Teremos fatos *paramentais, para-afetivos e para-comunitários*, e não *mentais, afetivos e de comunidade plenos*. Dar nome a algo não significa conhecê-lo. O conhecimento sobre a mente está apenas se iniciando na ciência:

> *Como o cérebro constrói a mente? Como o cérebro torna essa mente consciente? Como o cérebro humano deve ser estruturado e como ele precisa funcionar para que surja a mente consciente? Qual é a origem e a natureza dos sentimentos? Qual é o mecanismo por trás da construção do self? Como descobrir a base neural da consciência? [A ciência já identificou] um setor do cérebro que hoje é inequivocamente relacionado à produção da consciência — o tronco cerebral — e o apontou como um contribuidor fundamental para a consciência. [Mas falta ainda identificar os] fatos relacionados a estruturas cerebrais que participam ou não da geração da mente humana consciente* (DAMÁSIO, 2011, p. 20).

6. A mente e o humano

Enquanto neurologistas e psiquiatras procuram responder a essas questões, vamos desenvolvendo o conceito de *humano* com o conhecimento de que dispomos sobre a *mente*:

- O universo, com o ambiente, incide no organismo por meio de *reflexos*.

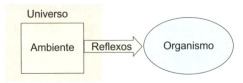

- Estes reflexos que partem do ambiente geram, no sistema nervoso do organismo, imagens cerebrais sensoriais visuais, auditivas, táteis, gustativas e olfativas, as chamadas *sensações*.

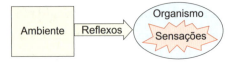

- Com base nas sensações, o organismo desenvolve um processo *neurológico* (e, portanto, orgânico) chamado *pulsão* – o comando que o sistema nervoso dispara para movimentar o ser animado na combinação entre o ambiente e o organismo.

O CONCRETO PENSADO

- A *pulsão* é a combinação do instinto (necessidade vital) com a previsão imediata da satisfação da necessidade aguçada. O instinto de satisfação da necessidade chama-se *desejo* e a previsão imediata da ação que visa a essa satisfação chama-se *intuição*.

- Na pulsão, o desenvolvimento orgânico aprofunda o *desejo* até a formação da *autopercepção* e, em seguida, do *autorreconhecimento*. Estes surgem com os neurotransmissores, criando um movimento de *espera,* no qual o organismo se sente, inicialmente, destacado da natureza (autopercepção) e, em seguida, como ser ativo nela (autorreconhecimento).

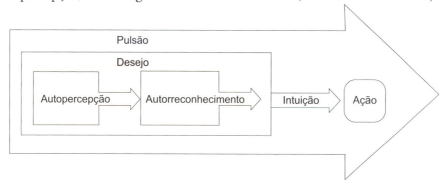

- O desenvolvimento do desejo da autopercepção até o autorreconhecimento fornece a premissa para a conversa: identificando-se e reconhecendo-se como diferentes, os homens utilizam o par *fala*→*escuta* para combinarem as suas intuições individuais numa intuição coletiva, que se estabelece no plano de ação no qual dois ou mais indivíduos combinam a ação dos seus corpos para que seja atingido, na ação conjunta, um objetivo comum.

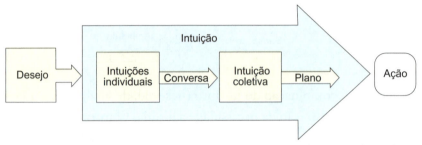

- Esse movimento que se inicia na sensação e se conclui na pulsão determinará o caráter final da ação; o seu grau de *humanidade* será determinado pelos pares:
  – *autorreconhecimento→reconhecimento do outro*
    Chamaremos este par de afeto e ele constitui a base da *consciência*.
  – *consumação→produção*
    Chamaremos este par de *conhecimento (saber)*.
  – *individualidade→coletividade*
    Chamaremos este par de *comunidade*.

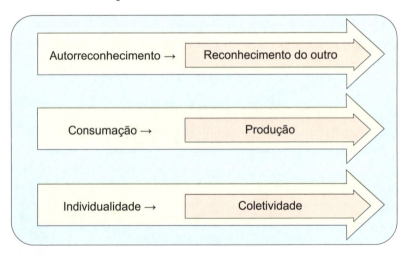

Quanto mais intensos forem os contrários resultantes no interior dos contrários dominantes, mais significativos serão a *consciência*, o *saber* e a *comunidade* e mais *humana* será a ação.

Com base nessa descrição esquemática, podemos desenvolver algumas definições que nos serão úteis no estudo da educação em geral e do ensino e aprendizagem em matemática em particular:

Mente é a totalidade do movimento verificado no organismo que se inicia na sensação e se conclui na ação humana.

Psique é o componente não orgânico que integra a mente. Abstraindo a mente de sua base orgânica, teremos a *psique*. É nela que ocorre o salto qualitativo da matéria orgânica para a matéria humana. É aqui que acontece o "mistério da mente consciente" (DAMÁSIO, 2011). A incapacidade de identificarmos este salto faz da psique o maior dos nossos "mistérios". Depois de percorrer, à moda de Einstein, todo o universo, constatamos que o chamado *mistério humano* se situa no *tempo→espaço* existente entre a sensação e a pulsão.

Ideia são as imagens formadas na mente do indivíduo ao longo da síntese que ocorre entre as intuições individuais para a formação da intuição coletiva.

Pensamento são as imagens que compõem a intuição coletiva e, sob a forma de linguagem, ficam registradas na evolução da espécie como *cultura*.

Atividade de debate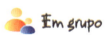

Faça a leitura dos versos da canção *O maior mistério*, de Renato Teixeira, e debata sobre o significado que neles é dado à palavra *mistério*.

O maior mistério
(Renato Teixeira)
O maior mistério é ver mistérios
Ai de mim senhora natureza humana
Olhar as coisas como são quem dera
E apreciar o simples que de tudo emana
Nem tanto pelo encanto da palavra
Mas pela beleza de se ter a fala.

Para ouvir a canção, acesse o *link*:
<http://www.youtube.com/watch?v=4zTqB09X5ws&feature=player_embedded#!>.
Acesso em: 30 abr. 2013.

XIV

Análise e síntese

1. Síntese e análise

Síntese e análise são contrários que compõem o processo humano de produção do *concreto pensado*.

Palavras-chave
Síntese: do grego *súnthesis,eós*, significa "composição"
Análise: do grego *análusis,eós*, significa "dissolução; desligamento, separação" (HOUAISS, 2001).

Totalidade – *síntese primordial*
inorgânica → orgânica

• A essência do ser é sintética. A totalidade é uma síntese, e o ser é a combinação (síntese) em que a totalidade se apresenta num instante de sua fluência universal. A síntese, inicialmente, é o concreto dado pela natureza inorgânica→orgânica.

• O trabalho humano atua na síntese contínua da totalidade, produzindo as abstrações necessárias que se fazem como *separação dos elementos constituintes do concreto dado*. Tal separação é feita "fora do real" e acontece nos espaços humanos produzidos para propiciar essa antecipação do concreto dado (laboratório, ensaio, experiência, jogo,

166

brincadeira, ensino, aula, simulação etc.). Os espaços de antecipação são relações tempo→ espaço humano construídas para a realização das diferentes separações necessárias à vida.

- No interior das relações tempo→espaço de antecipação, o trabalho humano produz a separação dos elementos da síntese concreta. Esta operação se faz como *análise*, condição fundamental para a produção do *concreto pensado*.

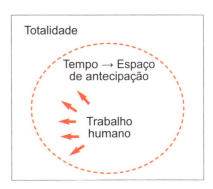

- O concreto dado pelo ser (totalidade que flui) reflete-se no cérebro humano sob a forma de intuição. A intuição é essencialmente sintética. É pura síntese do concreto no organismo animado. Ela fornece à mente a matéria sem massa (as sensações) para os seres humanos produzirem o concreto pensado.

- Esta produção ocorre nos *ambientes de antecipação* (tempo→espaço humano), onde os homens ativam o meio de produção *conversa analítica* para decompor aquela matéria sem massa nos elementos constituintes da totalidade sintética. A conversa analítica separa os elementos combinados no ser, preparando-os para a produção de uma nova síntese, o *concreto pensado*, agora não mais dado ao homem, e sim produzido pelo trabalho para compor a natureza humana.

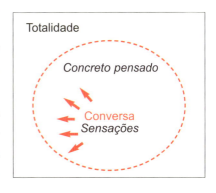

2. A decomposição analítica

A análise é abstrata e sucede a intuição. A intuição não precisa da análise para acontecer, pois é um dado orgânico. Uma vez dada a intuição (e é, na origem, individualmente dada), ela deve converter-se em objeto de conversa, pois é na conversa que os homens trazem as suas intuições individuais para a bancada a fim de identificar, no painel oferecido por todas elas, as qualidades necessárias para a manutenção da vida naquele dado tempo→espaço inorgânico→orgânico. A análise é uma abstração: é um processo eminentemente humano. E, como toda matéria humana, só pode ocorrer por meio de uma base orgânica, ou seja, da intuição. A intuição é instantânea; a análise é infinita e dura o tempo que se quiser ou de que se dispuser para fazê-la. A intuição é determinante; a análise é arbitrária.

A análise abre-se com a síntese dada pelo ser em fluência e captada pela mente por meio da intuição inicial: *síntese→análise.* A separação abstrata das partes que compõem a síntese capturada pela intuição é feita no *tempo→espaço* antecipado à ação, o qual só existe na natureza humana sem massa. Na mente, *e só nela,* estas partes são separadas, pressupondo que constituem a parte mais simples da totalidade, *"a menor partícula que se pode obter desse todo".* Leucipo de Mileto (século V a.C.) chamou-as de *átomos,* os pitagóricos de *mônadas,* Euclides de *pontos,* os biólogos de *células,* os físicos quânticos de *supercordas* e os pedreiros poderiam eleger o *tijolo* como essa unidade na construção de uma parede. Qualquer que seja o nome, ele não designa algo que existe realmente na natureza inorgânica→orgânica, mas tão somente na natureza humana e, mais especificamente, no movimento mental de produção de abstrações: trata-se do atributo da mente de atuar no todo, separando-o em partes menores, identificáveis pelos sentidos, que abstratamente guardam em si as qualidades (ou propriedades) do todo que interessam à mente. Sim, a mente nunca age "desinteressadamente", desprovida de desejo, de forma neutra, como manda o figurino científico. O ser humano, como bom animal que é, sempre olha para o todo buscando nele as qualidades que lhe são significativas. E a vida é sempre o maior significado para o ser vivo, incluindo o humano. O cientista ou pensador "neutro", o matemático "puro", o artista que se interessa apenas pela arte são abstrações tão irreais quanto as mônadas de Pitágoras.

Por movimentar-se num espaço abstrato, a mente não encontrará limites para o seu processo de decomposição. Separará tantas partes quanto queira e encontrará tantas qualidades quantas necessitou no passado, necessita no presente e necessitará no futuro. A análise abandonada à sua própria sorte é inesgotável; jamais se conclui. O paradoxo da imobilidade da flecha formulado por Zenão de Eleia (século V a.C.) descreve com exatidão o caráter inesgotável da análise:

Uma flecha é disparada...

... e segue rumo ao seu destino.

A distância que separa a ponta da flecha do seu ponto de chegada decompõe-se em infinitas mônadas.

Em cada instante, a ponta da flecha ocupa uma mônada.

Como entre uma mônada e outra não existe nada, não se pode dizer coisa alguma acerca de um movimento que se realiza onde nada existe. Logo *o movimento da flecha não existe, mas sim uma sucessão de imobilidades.*

A conclusão sobre a imobilidade da flecha *corresponde à imobilidade inerente à análise:* enquanto a mente produz a análise de uma síntese dada, *não ocorre nenhum movimento real.* Como entre a ponta da flecha e o ponto de chegada "cabem" infinitas mônadas, esta sucessão de imobilidades é infinita e, portanto, a flecha não alcançará o seu destino. Do mesmo modo, a análise vagando pelas infinitas qualidades abstraídas do real também jamais chegará a lugar algum.

3. De Zenão a Zen

Zenão problematizou a análise proposta pelos pitagóricos: ela nos leva ao beco da imobilidade e da inconclusividade. Como vamos livrar-nos destas duas "maldições" da análise: a paralisia e a incapacidade de chegar ao alvo, à síntese? A resposta ao paradoxo grego foi-nos dada pelos ensinamentos asiáticos do Zen.

Zen é a síntese do budismo (filosofia da meditação) com o taoismo (filosofia da harmonia dos contrários).

O mestre Awa Kenzo (Japão, 1880-1939)   O aprendiz Eugen Herrigel (Alemanha, 1884-1955)

Eugen Herrigel, em seu livro *A arte cavalheiresca do arqueiro zen* (1975), oferece-nos detalhado relato do seu aprendizado da "arte sem arte" do arco e flecha. O disparo de uma flecha é uma síntese que o arqueiro (sujeito) faz com base em intensa e profunda preparação (análise) na qual ele identifica em seu corpo as qualidades necessárias para uma interação com o ambiente (a fluência universal) que resulte no objetivo desejado: a flecha atingindo em cheio o alvo. Ele se realiza no interior de um isolado – o arqueiro, o arco→flecha e o alvo – que é dado por uma primeira síntese.

4. A prática é o critério da verdade

Esse isolado realiza-se numa segunda síntese, num plano de ação que implica a materialização do objetivo: a flecha ser disparada e atingir o alvo. Estabelece-se, em primeiro lugar, o princípio de que a preparação não esgota o real; não é possível fazer uma preparação tal que garanta em absoluto o sucesso da ação. Ao contrário, *é a ação que produz a preparação.*

> *Quando o arqueiro zen dispara a flecha, ele atinge a si próprio. Nesse momento mágico, ele se ilumina* (HERRIGEL, 1975, p. 3).

Engels chama esta determinação de princípio *da prática enquanto critério da verdade:*

> *Enquanto adestrarmos e empregarmos bem os nossos sentidos e ajustarmos o nosso modo de proceder aos limites traçados pelas observações benfeitas e bem utilizadas, veremos que os resultados dos nossos atos fornecem a prova da conformidade de nossas percepções com a natureza objetiva das coisas percebidas. Em nenhum caso, segundo a experiência que possuímos até hoje, nos vimos obrigados a chegar à conclusão de que as percepções sensoriais cientificamente controladas originam no nosso cérebro ideias do mundo exterior que, pela sua natureza, diferem da realidade, ou de que entre o mundo exterior e as percepções que nossos sentidos dele nos transmitem medeia uma incompatibilidade inata* (ENGELS, 1958, p. 12).

5. Abstrair a abstração

O segundo elemento da arte cavalheiresca é o *controle do desejo.*

> *O que nos surpreende na prática do tiro com arco e na de outras artes que se cultivam no Japão (e provavelmente também em outros países do Extremo Oriente) é que não têm como objetivo nem resultados práticos nem o aprimoramento do prazer estético, mas exercitar a consciência, com a finalidade de fazê-la atingir a realidade última. A meta do arqueiro não é apenas atingir o alvo; a espada não é empunhada para derrotar o adversário; o dançarino não dança unicamente com a finalidade de executar movimentos harmoniosos. O que eles pretendem, antes de tudo, é harmonizar o consciente com o inconsciente* (HERRIGEL, 1975, p. 9).

O desejo gera a ilusão do sucesso rápido, o principal entrave para que a análise aconteça *com a maior proximidade possível do real.* Esta ilusão implica a superficialidade da análise, com a preparação sendo tratada como mero meio mecânico para chegar ao fim almejado. A ansiedade perturba a análise e a capacidade de percepção das qualidades fundamentais que devem ser combinadas para que o objetivo seja atingido. Para evitar essa ansiedade desestabilizadora, o mestre arqueiro preconiza a *despreocupação com os resultados práticos*. O resultado prático é, inicialmente, uma abstração. Ele só se materializará se a prática combinar as qualidades que o produzem. Então a prática tem de concentrar-se nestas qualidades, e não no resultado. Se e quando contemplá-las, o resultado virá como consequência da prática, e não do desejo. Abstrai-se o desejo abstraindo o resultado; abstrai-se o resultado abstraindo a prática da abstração e focando o concreto que flui naquela.

A análise ocorre no tempo→espaço humano de que se dispuser ou se quiser. Mas o disparo da flecha deve ocorrer no par necessariamente ordenado (tempo, espaço) para que ocorra a intuição sintetizadora do concreto pensado. A identificação do tempo necessário no interior do tempo disponível é a grande questão definidora que emancipa o arqueiro da infinitude da análise e lhe permite realizar o disparo da flecha igualmente necessário.

6. De volta à intuição

Uma vez realizada a abstração, a prática retorna para o seu campo de excelência, onde se inicia toda a produção do humano e, consequentemente, do conhecimento e da técnica: a intuição.

> *No tiro com arco, arqueiro e alvo deixam de ser entidades opostas, mas uma única e mesma realidade. O arqueiro não está consciente do seu "eu", como alguém que esteja empenhado unicamente em acertar o alvo. Mas esse estado de não consciência só é possível alcançar se o arqueiro estiver desprendido de si próprio, sem, contudo, desprezar a habilidade e o preparo técnico. Dessa maneira, o arqueiro consegue um resultado em tudo diferente do que obtém o esportista, e que não pode ser alcançado simplesmente com o estudo metódico e exaustivo. Esse resultado pertence a uma ordem tão diferente da meramente esportista [é muito próxima da "intuição"] que*

> *capta simultaneamente a totalidade e a individualidade de todas as coisas. Essa intuição reconhece, sem nenhuma espécie de meditação, que o zero é o infinito e que o infinito é o zero. E isso não constitui uma indicação simbólica ou matemática, mas uma experiência diretamente apreensível, resultante de uma experiência direta. Psicologicamente falando, consiste numa transcendência dos limites do ego. Do ponto de vista lógico, é a percepção da síntese da afirmação e da negação. É a apreensão intuitiva de que ser é vir a ser e vir a ser é ser (HERRIGEL, 1975, p. 10).*

Não é o pensamento quem cria o conhecimento; é o homem humano que intui e, intuindo, conversa; conversando, cria o conhecimento; conhecendo, cria o pensamento. Todo conhecimento, seja ele qual for, não é produzido pelo homem pensador, e sim pelo homem que quer humanizar-se, que se assume na condição primitiva, do pré-humano querendo ser humano. O pensador só cria conhecimento quando consegue situar-se nesta condição em que abre mão de todo conhecimento formal de que dispõe. É aí que ele entra em contato com a sua intuição, e é esta que identifica o "zero com o infinito", o "eu com a totalidade", o "consciente com o inconsciente". Quem está obcecado pelo resultado não consegue entrar em contato com sua intuição e, portanto, não consegue conversar sobre a prática e praticar com a conversa. Não consegue, portanto, retornar ao concreto para de lá abstrair e produzir o concreto pensado. Não aprende e, daí, não consegue conhecer no sentido profundamente humano da palavra: não consegue viver o conhecimento e, consequentemente, conhecer a vida.

> *O homem é definido como um ser pensante, mas suas grandes obras se realizam quando não pensa e não calcula. Devemos reconquistar a ingenuidade infantil, através de muitos anos de exercício na arte de nos esquecermos de nós próprios. Nesse estágio, o homem pensa sem pensar. Ele pensa como a chuva que cai do céu, como as ondas que se alteiam sobre os oceanos, como as estrelas que iluminam o céu noturno, como a verde folhagem que brota na paz do frescor primaveril. Na verdade, ele é as ondas, o oceano, as estrelas, as folhas (HERRIGEL, 1975, p. 29).*

Aliás, a palavra "resultado" está aqui mal aplicada. Afinal, também é um resultado o que a arte cavalheiresca busca com a sua evitação da ansiedade por resultados. A questão central é: qual o resultado que se busca? O mecânico, centrado na exclusiva competência do acerto no alvo? Ou o humano, desenvolvido no processo em que o homem aprende a mobilizar todas as suas forças e energias criativas, conscientes e inconscientes, para produzir uma síntese, um concreto pensado?

A negação mecânica do humano é intrinsecamente destruidora do humano. Ela massifica as coletividades de trabalhadores, destruindo as relações de comunidade que lhes são inerentes. Esta devastação só é possível em ambiente de classe, onde a comunidade sofre a ruptura classificatória que institui dominantes e dominados, opressores e oprimidos. Nesta fratura, os "vencedores" outorgam-se a si próprios a condição de classe dominante, aquela que se apropria com privacidade da condição humana e impõe à maioria produtora a condição desumana de entes mecanizados.

7. A segunda síntese

A análise é a flecha disparada por Zenão: nunca sai do lugar. Neste tempo→espaço humano, o trabalho humano comporta-se como a flecha no paradoxo da imobilidade de Zenão. No interior da continuidade da fluência, ele faz uma regularidade de infinitos pontos/mônadas.

A intuição é a flecha disparada pelo arqueiro zen, a qual atinge o alvo quando resulta na síntese geradora do concreto pensado. Esta síntese é, consequentemente, de natureza intuitiva. A primeira síntese é aquela em que a mente recorta, no real, o isolado (um determinado complexo) em que vai ser produzido um plano de ação; retirado da fluência universal pelo trabalho humano, este complexo é levado para "fora do real" (oficinas e bancadas da antecipação) para ser analisado (decomposto em suas qualidades de interesse humano). O sujeito objetiva concluir a análise com a produção de um plano de ação coletiva. Mas esse desejo é do sujeito, não da realidade. O retorno do plano de ação à fluência universal não acontece pelo querer consciente do sujeito. Uma síntese intuitiva retirou o isolado da totalidade; somente nova síntese intuitiva levará o isolado, transformado em plano de ação pela análise, de volta para a fluência universal. Esta segunda síntese é tão importante quanto a primeira.

Sem ela não acontecerá a produção do humano, não haverá desenvolvimento da natureza exclusiva da nossa espécie.

Atividade de debate

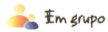

1) Quais são os principais entraves para a realização do controle do desejo via *despreocupação com os resultados práticos* no processo de ensino→aprendizagem?[NR1]
2) De que modo o educador pode superar esses entraves?[NR2]
3) Na aprendizagem do arqueiro zen:
a) Há repetição?[NR3]   b) É mecânica ou humana?[NR4]

Nossas Respostas (NR)

(NR1)
No processo social, o entrave ao controle do desejo começa no próprio sistema capitalista. Baseado na liberação da animalidade (consumo→princípio da força), o sistema cobra *resultados práticos* permanentemente de todos os indivíduos. Essa tensão competitiva contínua tem como justificativa o programa liberal de seleção natural da espécie e transmite-se a todos os subsistemas que compõem a superestrutura capitalista: a burocracia estatal, o sistema escolar, a sala de aula, a família. A disputa permanente pela cadeira do "vencedor" impede, até nas relações mais simples, que as pessoas se tornem capazes de "abstrair do resultado". O burocrata, focado nas dezenas de sistemas de avaliação – Enem, Saresp, Ideb, Saeb,

Enad, Sinaes, Pisa – vive dos resultados que indiquem ser a política escolar por ele representada a melhor e mais "competente" de todas. Daí que as escolas vivem sob a constante pressão para enviar estatísticas positivas ao Banco Mundial. Envolvidos nessa obsessão, diretores e coordenadores pedagógicos pressionam o professor para que este demonstre a competência necessária, isto é, para que seus alunos alcancem os melhores índices nos tais sistemas de avaliação. Mas a maioria dos professores já entendem, por si mesmos, que o fundamental do ensino é o resultado. Não é à toa que esta mesma maioria vive queixando-se dos ciclos escolares, pois com eles o professor perdeu a "autoridade" que tinha sobre os alunos quando dispunha do ameaçador facão da reprovação com repetência. O foco no resultado é tão avassalador, que as correções de provas se resumem ao resultado dos exercícios. O risco vermelho está lá, na resposta errada, com o desconhecimento total do processo desenvolvido pelo aluno, o qual por vezes foi vítima de uma simples distração, equivocando-se num cálculo menor. Para facilitar as coisas, a maioria das provas, principalmente as dos tais sistemas de avaliação, são feitas com testes. Nisso são plenamente apoiados pelos pais dos alunos, que medem a "competência" do professor pelos quilos de cadernos preenchidos por seus filhos. E estes, depois de adestrados pelo sistema capitalista em geral e pelo escolar em particular, passam a exigir dos seus professores o conhecimento total, sem esforço e sem sacrifício, se possível gostoso e rápido. Esse "ensino mágico", que resultaria num aprender rápido e gostoso, quando parece que se tornou real para o aluno, na verdade se manteve na aparência e na superfície do conhecimento. Neste contexto, a própria matemática reduz-se a uma "ciência de resultados". Tudo passa pela "exatidão matemática" e, mais que isso, tudo tem de apresentar resultados bons, "tudo tem de ser número favorável", numa reedição revista e melhorada do lema da escola pitagórica. A estatística torna-se a rainha da matemática e, celebrando a Sua Majestade, inventa-se uma nova disciplina chamada "tratamento de dados".

(NR2)

O sistema capitalista é um "sistema de resultados". Ele funciona de "cima para baixo", como apresentado a seguir:

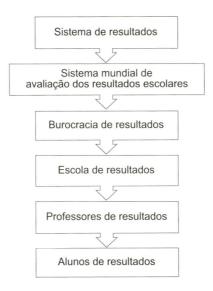

O professor pode (e deve) superar esse entrave, que parece determinante, mas não é; basta tornar-se educador e atuar com o aluno, poupando-o do trauma do resultado. Com essa simples atitude ele desconecta, na sua relação com o aluno, a rede opressiva que vem do processo de reprodução ampliada do capital. Há milhares de formas de fazer isso, pois o sistema não é tão determinante assim e, na relação de sala de aula, ele só se faz presente se o professor o realiza e o transmite para as crianças indefesas.

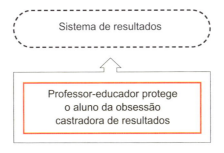

(NR3)
Sim, há repetição

(NR4)
A repetição é mecânica quando implica em automatismo, em alienação do corpo; é humana quando, a prática gera maior consciência do corpo. No caso do arqueiro zem a repetição é humana.

XV

O fazer

---

1. O uso

A atividade do arqueiro, como toda atividade humana que se realiza com a relação matéria inorgânica→orgânica, faz-se na relação entre dois contrários: o equipamento extracorpóreo e o saber usar. Para disparar a sua flecha, o arqueiro:

• pega o arco com a mão esquerda e a flecha com a mão direita;

• encaixa o sulco do fundo da flecha na corda do arco (no seu meio) e tensiona o arco;

• faz a pontaria ao alvo;

• quando sente a pontaria segura, dispara a flecha, soltando-a junto com a corda tensionada.

Essa é a sequência das ações combinadas no disparo da flecha, apresentada de forma descritiva, como uma *receita,* como num manual: trata-se do *saber usar.* Toda e qualquer atividade produtiva inicia-se como uma prática de simples uso.

2. A agilidade primordial

Ao se aprofundarem numa atividade determinada, como a do arco e flecha, os homens conversam entre si sobre suas experiências, suas sensações e intuições:

> *Cada fase se iniciava com uma inspiração, apoiava-se no ar retido no abdome e terminava com uma expiração. Tudo isso era possível porque a respiração se adaptara de maneira natural, não apenas acentuando significativamente as diferentes posturas e os movimentos, mas entrelaçando--os ritmicamente em cada um de nós, segundo as características respiratórias individuais. Não obstante estar decomposto em várias fases sucessivas, o procedimento de cada um de nós dava a impressão de um acontecimento único, que vive de si e em si mesmo e que nem de longe pode ser comparado com um exercício de ginástica, ao qual podem ser adicionados ou substituídos gestos sem que lhe destruam o caráter e o significado. Depois de um ano inteiro de exercícios, ser capaz de estirar o arco de forma espiritual, isto é, vencendo-lhe a resistência sem nenhum esforço, não é um acontecimento excepcional* (HERRIGEL, 1975, p. 36).

Sem conversa franca, direta, livre de mentiras e dissimulações, não há aprofundamento, não há possibilidade de ampliação e generalização da experiência individual, não há como desencadear o movimento humano de aproximação crescente do real:

> *[Conversa entre o mestre Awa Kenzo e o aprendiz Eugen Herrigel; diz o primeiro:] "O senhor pensa que o que não for feito pelo senhor mesmo não dará resultado." "Então, o que devo fazer?" "Tem que aprender a esperar." "Como se aprende a esperar?" "Desprendendo-se de si mesmo, deixando para trás tudo o que tem e o que é, de maneira que do senhor nada restará, a não ser a tensão sem nenhuma intenção." "Quer dizer que devo, intencionalmente, perder a intenção?" "Confesso-lhe que jamais um aluno me fez tal pergunta, de maneira que não sei respondê-la de imediato."*

A conversa leva Eugen a uma conclusão fundamental, a de que a aprendizagem só ocorre se a mente do aprendiz *recuperar a agilidade primordial*:

> *Para que o tiro ocorra de forma apropriada, o relaxamento físico tem que se entrelaçar com o relaxamento psicoespiritual, com a finalidade,*

não só de agilizar, como de liberar o espírito. Temos que ser ágeis para alcançar a liberdade e livres para recuperar a agilidade primordial. Essa agilidade primordial é diferente de tudo o que se entende vulgarmente por agilidade mental. "Deixe de pensar no disparo!", exclamava o mestre. "Assim não há como evitar o fracasso!" "Eu não consigo evitar", repliquei. "A tensão é insuportavelmente dolorosa." "Isso acontece porque o senhor não está realmente desprendido de si mesmo. Contudo, é tão simples... Uma simples folha de bambu pode ensiná-lo. Com o peso da neve ela vai se inclinando aos poucos, até que de repente a neve escorrega e cai, sem que a folha tenha se movido. Como ela, permaneça na maior tensão até que o disparo caia: quando a tensão está no máximo, o tiro tem que cair, tem que desprender-se do arqueiro como a neve da folha, antes mesmo que ele tenha pensado nisso." Apesar de todos os meus esforços de abstenção e de não intervenção, eu continuava a provocar o tiro deliberadamente, sem esperar que ele caísse (HERRIGEL, 1975, p. 58-59).

O que é a *agilidade primordial*? É uma invenção esotérica de algum guru? Algum *software* criado pela Microsoft ou pela Apple? Algum mistério escrito no "código Da Vinci", nas profecias de Nostradamus ou nos "sete protocolos dos sábios de Sião"? Algum dos segredos místicos da escola pitagórica ou da seita dos herméticos? Nada disso: é um instinto inato a todo homem, o qual ele constrange até ocultá-lo de si próprio quando, por fim, consegue mecanizar-se num adulto.

"É preciso manter a corda esticada", explicou o mestre, "como a criança que segura o dedo de alguém. Ela o retém com tanta firmeza que é de admirar a força contida naquele pequeno punho. Ao soltar o dedo, ela o faz sem a menor sacudidela. Sabe por quê? Porque a criança não pensa: "agora vou soltar o dedo para pegar outra coisa". Sem refletir, sem intenção nenhuma, volta-se de um objeto para outro, e dir-se-ia que joga com eles, se não fosse igualmente correto que são os objetos que jogam com a criança."

Mas a escolástica não reconhece a existência da criança: "Nossos alunos não são crianças; estas 'bobagens' de manipular os cordões de numeração, as pedrinhas de ábacos, os cubinhos de Montessori só servem para humilhá-los e infantilizá-los". Essa "pseudosseriedade" é que mata o processo de aprendizagem em seu nascedouro. Ela impede que se apresente e se manifeste a "criança que aprende", que "joga com as coisas", que não tem nenhum constrangimento em revelar, alegremente, a sua inocente ignorância.

Como fazer, se é nesta "santa e bendita ignorância" que se explicita, em total liberdade e sem medo, a sua vontade de aprender?

3. O fazer mecânico

O aprendizado do fazer (*aprender a fazer*) na produção inorgânica inicia-se com o saber usar. Uma vez que este aprendizado não abre mão do resultado final previsto e planejado, ele impede a evolução do ponto de partida do *saber usar* até a *agilidade primordial*. A fixação no resultado final antecipado implica a fixação do ponto de partida no *saber usar*. Esta imobilização cristaliza o *saber usar* no fazer uso. E entre estes dois pontos fixos, o *fazer uso* e o *resultado*, estabelece-se a linha do *fazer mecânico*.

A agilidade primordial é um dado orgânico, inato. Por que ela acaba cedendo à fixação do resultado? Qual força impede que a obsessão pelo resultado não saia de cena *naturalmente*, para que entre a curiosidade ingênua da infância inerente a toda ignorância que se autorreconhece? Trata-se da força primordial da horda, aquela que se faz segundo o princípio da força, legitimado pela seleção natural das espécies. A horda recompensa a força com a função do macho alfa. O resultado fixa-se por força de alguma recompensa: evidência, fama, vitória, dinheiro, mulheres (ou homens; enfim, sexo), poder, prestígio, submissão, drogas, sucesso, *rock and roll* e quejandos. A relação *castigo→prêmio* escraviza o homem no *fazer mecânico,* no qual passa a mobilizar todas as sensações e intuições para realizar a relação *uso→resultado,* em antagonismo à relação *agilidade primordial→humano*. Este processo desumano dá-se com a evitação da conversa e com a promoção do individualismo e do egocentrismo – afinal, todos os outros espécimes são competidores e disputam entre si o prêmio. Quando se aparta do gênero, quando não reconhece os outros indivíduos como semelhantes, o ser torna-se *domesticado*. Cai nessa condição quando passa a negar a sua natureza (orgânica e humana) em nome da liberdade de tornar-se um ser mecânico, programado para atender não mais os chamamentos da espécie organizada na comunidade, mas sim os comandos do patrão ou do senhor. Substitui, assim, a coletividade pela corporação e a humanidade pela profissão.

Minotauro   Centauro   Sátiro   Esfinge   Lobisomem   Sereia

Meio animal, meio humano

O minotauro (touro de Minos) é um monstro, meio homem, meio touro, criado pela mitologia grega, que habitaria um labirinto na Ilha de Creta. Minos, o rei dos cretenses, periodicamente enviava jovens para esse labirinto a fim de serem devorados pelo monstro num ritual de sacrifício aos deuses. São característicos da mitologia grega esses entes que Monteiro Lobato chamou de "meio a meios", mescla de homens com outros animais.

A interpretação corrente é que seriam uma lembrança permanente ao homem da sua dupla natureza, meio orgânico-animal, meio humana. Mais que isso, servem-nos de indicação de que a estrada em que a humanidade transita de uma para outra é de mão dupla: assim como é possível irmos do animal orgânico para o humano, também é possível regredirmos da comunidade à horda. E a regressão é sempre monstruosa: é a barbárie.

Para saber mais sobre o mito, leia o verbete minotauro na enciclopédia Wikipédia no *link* <http://pt.wikipedia.org/wiki/Minotauro>. Acesso em: 5 abr. 2013.

O ordenamento prescritivo detalhado, combinado com os indicativos quantitativos de um fazer, constitui um *algoritmo*. O duplo caráter – *ordinal* e *cardinal* – do algarismo possibilita a produção de relações ordem→quantidade; daí o nome *algoritmo*. O trabalho humano criou a *receita* e o *algoritmo* para *cristalizar* um fazer, de modo que ele possa ser repetido na ação produtiva tantas vezes quantos forem os valores de uso necessários para o consumo. Trata-se do *saber fazer* congelado e registrado na sua forma instantânea e imediata, a qual permite a repetição sem consciência, aspecto mecânico inerente a toda e qualquer atividade do trabalho humano; é a versão mais simplificada do *fazer*.

Palavras-chave

Receita: o verbo latino *capìo, is, cépi, captum, capère* significa "tomar, agarrar, pegar, apanhar, apossar-se, apoderar-se; ganhar, alcançar; chegar a, obter"; dele deriva *recepta,* que significa "tomar novamente, recuperar, reaver".

Algoritmo: deriva de *al-Khuwarizmi,* nome do matemático árabe que no século IX divulgou na Europa o sistema numeral hindu, tornado universal. A palavra *algarismo* tem a mesma origem.

Resultado: deriva do latim *resúlto, as, ávi, átum, áre,* que significa "saltar para trás; retumbar, fazer eco; resistir, opor-se a"

Profissão: deriva do latim *professio, ónis,* que significa "declaração, promessa, anúncio".

Corporação: deriva do latim *corporatìo, ónis,* que significa "corporificação", "reunião de pessoas num só corpo, corpo inanimado, cadáver" (HOUAISS, 2001).

Fazer uso sem saber fazer e sem fazer saber é "saltar para trás" (resultado); é o ato mecânico de recuperar o que já foi feito (receita) na ordem numérica (algoritmo) preestabelecida, é prometer (profissão) compor o corpo sem vida (corporação) que lhe é apresentado como substituto da espécie.

Atividade de debate

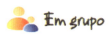

1) Faça a leitura compartilhada do texto seguinte e responda às questões. Os jogadores de basquete **Oscar Schmidt** e **Amaury Passos** ilustram, no esporte, estes dois aspectos – o criativo e o mecânico – que compõem o trabalho humano.

O basquete zen

Antes de dedicar-se ao basquete, Amaury foi campeão sul-americano de natação. Apaixonou-se pelo basquete, cultivando um estilo que se caracterizava pela leveza e elegância e criando dribles como o pique da bola pelas costas, com que se livrava da marcação adversária. Jogava em todas as posições, na defesa e no ataque: pivô, armador e ala.
O reconhecimento veio com sua eleição para jogador mais completo do Mundial de Santiago, em 1959, quando o Brasil se sagrou campeão.

Fui um jogador muito técnico e de muita habilidade. Entrei na seleção brasileira como pivô quando tinha dezoito anos. Então, apareceram jogadores mais altos que do que eu e me tornei ala. Depois de dezesseis anos na seleção, saí como armador. Passei por todas as posições e isso me tornou um atleta mais completo, com mais noção de quadra e de fundamentos.

Existiram coisas ruins que infelizmente se perpetuam. Como a mentalidade dos nossos dirigentes, que encaram o esporte como um meio de vida. Para quem já foi bicampeão do mundo, três medalhas de bronze em Olimpíadas (1948/1960/1964), ver o nosso basquete desabado para onde está é muito triste. Boa parte das atuais estrelas do nosso basquete é de verdadeiras vedetes. Ninguém pensa na equipe, só quer aparecer para o público e exacerbar o individualismo. E, na seleção, tivemos um técnico, Renato Brito Cunha, que é um megalomaníaco, um louco dono da verdade. Por tudo isso é que o basquete brasileiro chegou aonde está, no fundo do poço.

As informações e opiniões de Amaury Pasos foram obtidas nos seguintes links:<http://www.cbb.com.br/Portal CBB/Imprensa/ShowEntrevista/97>; FERREIRA JUNIOR, Neilton de Souza. A transição da carreira dos bicampeões mundiais de basquete: uma análise com base em narrativas biográficas. 2014. Dissertação (Mestrado em Pedagogia do Movimento Humano) – Escola de Educação Física e Esporte, São Paulo, 2014.<http://blogdobirner.virgula.uol.com.br/2009/01/27/a-decadencia-do-basquete-nacional-nao-tem-fim/ http://www1.folha.uol.com.br/fsp/esporte/fk3101200909.htm>;<http://www.esporteessencial.com.br/ entrevista/amaury-pasos-basquete>.

Para Amaury Passos, o basquete robotizado de Oscar empobreceu o esporte e levou muito jogador com potencialidade e criatividade a desistir dessa modalidade.

Informações retiradas dos seguintes links:
<http://www.pericoco.com.br/muito-treino-e-vontade-oscar-schmidt/>;
<http://www.oscarschmidt.com.br/atleta/curiosidades/>;
<https://www.youtube.com/watch?v=OpF9CKrHtRI>.

O basquete mecânico *(de resultados)*

Oscar marcou a sua passagem no basquete pelos arremessos de três pontos. Em sua carreira, contabilizou (sem deixar nenhum de fora) 49.737 pontos em partidas oficiais. Verdadeira máquina de pontuação a longa distância e no lance livre, recebeu o apelido de "mão santa". Para chegar a esta perfeição mecânica e manter-se nela, treinava oito horas diárias, a maioria das quais dedicadas aos arremessos de três pontos. Fazia mil arremessos por dia e só concluía o treino quando acertava vinte consecutivos. Num treino no Flamengo, enfileirou noventa arremessos de três pontos. Numa partida contra o Corinthians (Campeonato Paulista), conseguiu sua maior pontuação num único jogo: setenta pontos. Especializou-se nesse fundamento à custa dos outros, praticando um basquete feio e desajeitado.

Oscar aconselha: "treine, treine e treine. Sou produto de treinamento. Quer ser o melhor na sua área de atuação? Treine muito, mas muito mesmo, e quando estiver bem cansado, treine mais um pouquinho porque esse pouquinho vai te fazer melhor. Este é o melhor conselho de carreira que eu posso dar a alguém. Ninguém me deu esse conselho, mas descobri logo no começo que é necessário. Esta é a grande característica que as pessoas vencedoras têm em comum: todas treinam muito porque sabem que é necessário". (Os 5 conselhos de Oscar Schmidt para ter sucesso na carreira. *Revista Exame* 9/2013).

Tal precisão mecânica fez que se tornasse o atleta preferido dos técnicos que buscavam a vitória a qualquer preço, mesmo em prejuízo da estética e da plasticidade do esporte. Como consequência, os times em que jogava, incluindo a seleção brasileira, eram montados com base numa única tática: preparar a bola para Oscar arremessar dos três pontos. Justificando a enfase no basquete de resultado o atleta completa simulando com as mãos um arremesso: "O nome do esporte é 'bola ao cesto'". Foi ele um basquetebolista cavalheiresco?

O FAZER

a) Qual analogia você pode fazer entre estas duas propostas na quadra com as situações de sala de aula? E com o ensino de matemática?

b) O basquete zen de Amaury Pasos enfatiza a arte, o estilo, a beleza, o drible; propõe o crescimento humano. O basquete de resultados de Oscar propõe a especialização do arremesso, o algoritmo da "bola ao cesto" propõe o sucesso individual. Um é educação; o outro, adestramento. Quais são as implicações da adoção de um ou de outro como princípio para o trabalho de sala de aula?

2) Michael Jordan, jogador da NBA, numa entrevista para a televisão, disse que só jogava o basquete que sabia quando conseguia desligar-se totalmente dos gritos da torcida. Essa habilidade de isolamento em meio à multidão é um atributo do sistema de resultados ou da prática zen? Justifique a sua resposta.

3) Tecnólogos criaram a Robocup, uma espécie de copa onde os jogadores de futebol são robôs. A competição – que ocorreu em Istambul, na Turquia, em 2011 e reuniu quarenta países, totalizando quase 1,5 mil robôs – tem como regra principal a proibição de que os robôs sofram interferência humana durante a partida; os engenheiros das seleções precisam configurar antecipadamente as máquinas para que possam cumprir seu papel no campo. Isso dificulta, pois se torna impossível saber o que o robô adversário vai fazer em campo ou em qual posição ele jogará. Além disso, para comprovar a seriedade do evento, os organizadores pegaram regras oficiais da Fifa e fizeram adaptações, uma vez que os principais astros são máquinas, e não pessoas. Qual modelo de prática

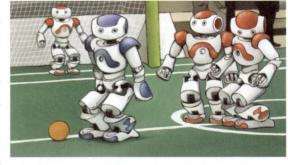

esportiva deve ser adotado para a produção da Robocup: o de Amaury ou o de Oscar? Justifique a sua resposta.

4) Os robôs que "praticam" esporte ainda são muito desajeitados e atrapalhados. Mas os que fazem contas e cálculos, que montam carros e aviões, que projetam casas e máquinas, que fiam e tecem, são o grande sucesso da atual "pós-modernidade". Debata a questão seguinte: há alguma atividade humana repetitiva, algum fazer mecânico, seja mental ou físico, passível de receita ou de algoritmo, que escapará do destino de ser encapsulado num programa que comandará alguma máquina eletronicamente digitalizada? Em caso afirmativo, nomeie-a(s); se não, responda: por que os currículos, não só os de matemática, mas os de todas as áreas e disciplinas, continuam tendo como princípio orientador o sistema de resultados e como núcleo articulador o *fazer mecânico*?

5) A epidemia de LER (lesão por esforço repetitivo) que atualmente assola o mundo do trabalho e do esporte prova que o corpo orgânico do homem não é um mecanismo. "Esportistas" como Oscar, Hortência, Ronaldinho, Gustavo Kuerten e "artistas" como Michael Jackson terminam suas carreiras (às vezes com suas vidas) com o corpo totalmente lesionado, sofrendo dores crônicas atrozes. O mesmo acontece com os trabalhadores que pilotam PCs e outros maquinismos eletronicamente programáveis.

a) Como a programação das máquinas eletrônicas se transfere para o corpo humano?

b) A lesão é apenas osteomuscular? Justifique a sua resposta.

c) Pesquise as consequências psíquicas da redução do corpo humano a um mecanismo.

6) A repetição no basquete de Amaury é mecânica ou humana?

7) A repetição no basquete de Oscar é mecânica ou humana?

8) A repetição humana é educativa? E a mecânica?

9) Pesquise a etimologia das palavras "ensaiar" e "treinar" e responda:

a) A repetição proposta pelo arqueiro zen é "treinar" ou "ensaiar"/

b) E a repetição no basquete de Amaury?

c) E a repetição no basquete de Oscar?

XVI

O saber

1. O saber fazer

O aprender a fazer para a produção do humano tem outros pontos de partida e de chegada que não o par (uso, resultado). O seu ponto de partida é a *recuperação da agilidade primordial*. Nesta estão o *autorreconhecimento na ignorância alegre e desinibida*, a *liberação da curiosidade ingênua de toda e qualquer malícia ou autodefesa*, a *identificação em si mesmo do querer viver sem intenção e sem interesse outro que não seja o de viver*. O ponto de partida do aprender a fazer na natureza inorgânica é o manual do uso. Como a natureza humana não comporta manuais, o ponto de partida nela só pode ser encontrado na relação direta e simples entre as ingenuidades francas do mestre e do aprendiz. Malícia, arrogância, pretensão, interesse individualista e egocêntrico, competição, princípio da força, submissão – qualquer um desses desafetos implica o fim da aprendizagem antes mesmo de ela começar.

A definição do par (agilidade primordial, humano) no *saber fazer* eleva o do estágio mecânico da receita e do algoritmo ao *estágio da arte*. Nele os seres humanos envolvidos percebem os novos detalhes e nuanças da ação até então ocultos, convertendo-os em habilidades que resultam em disparos cada vez mais certeiros, seguros, simples e com uma diminuição crescente da tensão e da dissipação de energia. Este processo em que o ser humano se desenvolve em determinada atividade, identificando sensorialmente as qualidades fundamentais que a compõem e criando a sua forma pessoal e corporal de combiná-las (estilo) para chegar ao resultado desejado, constitui a *técnica*.

Palavras-chave
Arte: deriva do latim *ars, artis*, que significa "maneira de ser ou de agir, habilidade, destreza, perícia, qualidades adquiridas".
Técnica: deriva do grego *tekhnikós, ê, ón*, "relativo à arte, à ciência ou ao saber, ao conhecimento", "arte manual, artesanato" (HOUAISS, 2001).

O ser humano que trabalha determinada atividade produtiva, atribuindo-lhe significado, inevitavelmente o faz no âmbito da relação *arte→técnica*, ou seja, desenvolvendo o *saber fazer* que lhe é inerente. Ao se libertar da determinação (ou obsessão) do resultado, passa a desenvolver a relação *arte→técnica* que o levará a outro resultado não previsto no plano de ação do saber usar: o *fazer saber*. Partindo da *agilidade primordial* e praticando a *arte→técnica* do saber fazer, o homem torna-se produtor de saber (*fazer saber*), humanizando-se.

E esse desenvolvimento implica uma transformação contínua da receita e do algoritmo, gerando pares ordenados (*receita, algoritmo*) que registram o processo técnico em seus instantes mecânicos. O *saber fazer* é um movimento contínuo da relação *arte→técnica* que pode ser capturado em cada um dos seus momentos instantâneos pelos pares ordenados (*receita, algoritmo*) de modo análogo à filmagem de um movimento: o movimento é um real contínuo e o filme é o registro deste movimento por meio de fotos sucessivas (fotogramas ou quadros). Assim como o filme é a ilusão do real, a receita e o algoritmo (o aspecto mecânico) são a ilusão da técnica e da arte da produção.

Os fotogramas no filme e as receitas e algoritmos do projeto mecânico (geralmente, num equívoco, chamados de *técnicas*) são as mônadas do real, refletindo assim a incapacidade humana de representação mental da totalidade em sua continuidade e fluência universais.

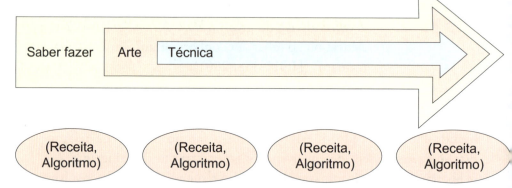

O movimento do saber fazer realiza-se numa continuidade que se aproxima crescentemente da fluência da totalidade universal. O movimento mecânico, componente do saber fazer, quando destacado dele, perde continuidade e apresenta-se em fragmentos instantâneos, as chamadas mônadas, que podem ser identificadas como pares ordenados componentes de uma análise. Esta análise, equivocadamente chamada de técnica, é, na verdade, tecnologia: o *fazer mecânico* abstraído, em "cápsulas", do *saber fazer*.

Atividade de debate

1) Faça a leitura compartilhada do texto "O basquete de resultados e o basquete zen". Nele, um dos autores deste livro narra a sua experiência como jogador de basquete para ilustrar o saber fazer.

O basquete de resultados e o basquete zen
Luciano Lima

Reza a mitologia capitalista que somente a competição consegue arrancar o melhor de um homem. E que só é possível manter ativa esta usina de riqueza chamada trabalho à custa de prêmios e "vantagens materiais". Sem estes, diz a lenda, o trabalho é apenas castigo. A origem dessas máximas é a ideologia liberal: a única fonte da evolução da espécie é a luta pela seleção natural. Para entrar numa competição, o indivíduo precisa visualizar um estímulo; e mais, este estímulo precisa ser mais interessante que o risco da derrota. O desafio, este incrível fator de progresso, só é encarado em duas situações alternativas: ou sob grave ameaça, quando não há outra saída, ou quando o desejo pelo prêmio é irresistível.

Devo dizer que, ao longo dos meus 67 anos de vida, nunca vi a confirmação dessas teses: nem na minha própria vida, nem na vida das pessoas com quem convivi e cujas histórias conheço significativamente. É claro que a televisão, o cinema, o jornal escrito e falado, a pseudoliteratura trazem muitos exemplos de "homens de sucesso", de vencedores. Geralmente são artistas ou jogadores famosos, presidentes, governadores, deputados, banqueiros, industriais, gente ganhadora de Oscars e Prêmios Nobel, *VIPs* eleitos "homens do ano" e que tais. Mas como não tenho a mínima ideia do que fizeram fora da ribalta, de como foi a sua vida longe dos holofotes, evito pôr a mão no fogo por eles, pois, como dizia o cronista carioca Sérgio Porto, "não quero ser chamado de maneta". Mas há uma história minha, a única com final feliz que conheço, cuja moral é exatamente inversa à do capital: só com o fim da competição é que pude encontrar o melhor de mim. E, por isso, tive a felicidade de eu mesmo pôr um ponto-final, coisa que nunca mais consegui fazer nas outras infindáveis e incontáveis histórias que vivi e continuo vivendo até hoje. Foi um tremendo sucesso, ainda que não tenha sido tema de nenhuma manchete, de uma capa de revista, nem tenha sido noticiado no *Jornal Nacional*. O seu silêncio foi tão estrondoso, que até hoje repercute nos meus ouvidos, ainda que tenha acontecido 45 anos atrás.

Meu pai gostava muito de basquete. Militar, ele o praticava nas bases aéreas onde servia e já tinha trabalhado comigo alguns fundamentos e habilidades desse esporte. Aos doze anos, levou-me até o Clube de Regatas Tietê para me inscrever no quadro de militantes do esporte. Corria o ano da graça de 1960, e a prática esportiva era predominantemente "amadora". O ralo do chamado profissionalismo ainda era muito pequeno e mal comportava a "paixão brasileira" chamada futebol. Logo, gente como João Havelange, apoiada no Golpe de 64, "corrigiria" tal limitação, ampliando o ralo até torná-lo uma gigantesca vala comum onde seriam sepultados todos os esportes não só do Brasil, mas do mundo inteiro.

Passei a treinar na categoria "mirim", quando fui recebido com extrema hostilidade pela equipe. O espírito corporativo dos "veteranos" era impenetrável. Humilhações, gozações, boicotes constituíam o tecido "humano" do meu cotidiano. A hierarquia estava nos detalhes, desde a portaria, que só me deixava entrar no clube com a autorização do técnico, até a equipe técnica, que, simplesmente, me desconhecia. A distorção que esse ambiente provocava na personalidade dos atletas, todos meninos, era evidente: a grande maioria posava de estrelinhas, "mascarados", na gíria da época.

Diante dessa competição devastadora, a minha reação era de total insegurança. Eu era muito disciplinado e determinado. Treinando bastante os fundamentos do basquete, o *jump*, a "bandeja", o "passe", o "lance livre", a condução de bola, a "briga pelo rebote", consegui, em um ano, alcançar bom nível técnico. Mas quando era posto à prova, a insegurança prevalecia e a habilidade cedia lugar a erros primários. Certa vez, jogando contra o Palmeiras, por falta de jogador, o técnico viu-se obrigado a pôr-me como titular. Era o último jogo do campeonato municipal, e o nosso adversário vinha invicto para, no jogo contra nós, vestir a faixa de campeão impecável, sem nenhuma mancha de derrota. Entrei em quadra com a função de marcar o melhor jogador deles, Valente, um pivô cestinha do campeonato. E o fiz de modo implacável, antecipando o recebimento de bola, travando o seu giro rumo à cesta, deixando-o totalmente sem espaço dentro do garrafão. Para escapar da minha marcação, Valente saiu do pivô e passou a fazer a ala. Mas esta não "era a dele" e ele se apagou totalmente na partida. Com o seu melhor jogador anulado, o Palmeiras encolheu-se e o nosso time cresceu: os nossos jogadores entusiasmaram-se, a nossa torcida passou a vibrar e eu... bem, eu me apavorei. A angústia apoderou-se de mim. Com as mãos tremendo, implorei ao nosso técnico, Valdir Pagan, que me sacasse da quadra. "De jeito nenhum; você é fundamental no time." Chegamos, então, ao momento decisivo do jogo: faltavam 26 segundos para o término da partida, que estava empatada, e tínhamos a posse de bola. A jogada estava "cantada": gastaríamos o tempo até faltarem cinco segundos, quando o técnico gritaria "agora" e a bola deveria ser passada para o nosso melhor arremessador, o Naninho, que tentaria um "chute" de fora do garrafão. Incapaz de raciocinar, pus tudo a perder com um passe cruzado, que foi cortado pelo adversário e propiciou um contra-ataque que definiu a partida.

Doutra feita, a Federação Paulista promoveu um torneio estadual de lance livre. O representante do Tietê foi decidido numa disputa interna, que ganhei com uma média de nove acertos em dez arremessos. Nos meus treinos subsequentes de preparação, alcancei várias séries 10/10 e julguei-me pronto. Mas que nada. No dia D, o ginásio lotado de espectadores, quadra cheia de atletas representantes de times, e eu ali, suando, tremendo e pensando com os meus botões: "Isto não vai dar certo." Como, de fato, não deu. Chamado pelos juízes, dirigi-me até a cabeça do garrafão, peguei a bola, olhei para a cesta e ouvi um grito da torcida: "Estamos com você, Luciano." Foi o suficiente para eu "ficar sem mim". Obtive a minha pior marca: foram nove "bicos", um acerto e uma saída "à francesa".

O ambiente de competição sem educação no Tietê não me ofereceu nenhum ponto de apoio para a superação da minha insegurança. Ao contrário, a tal exigência permanente de resultados desequilibrava-me nos momentos decisivos, que se me apresentavam sempre como questões de vida ou morte. A ponto de, quando passávamos à frente no marcador numa partida, apoderar-se de mim uma incontida e paralisante pena do adversário: parecia-me que os estávamos matando.

O Clube Tietê tem um vizinho chamado Clube Esperia. O rio separa-os

Na época, chamava-se Floresta. O seu técnico Pedroca era discreto e gentil. Os seus atletas jogavam com alegria e beleza. O seu banco de reservas estava sempre lotado: enquanto os demais times traziam de cinco a seis suplentes, eles traziam de quinze a vinte. O time não tinha estrelas, ainda que muitos de seus jogadores apresentassem uma técnica apurada. As belas jogadas que produziam não eram "de efeito": aconteciam naturalmente, sem intenção, "como a neve que se acumula e escorrega de uma folha de bambu que não se mexe". Ao final de uma temporada, resolvi ir conhecer os treinos do Floresta.

Ao chegar lá, fui recebido como um rei. Os jogadores que eu tinha aprendido a respeitar como adversários – Chebel, Mexirica, Alemão (Wagner) – abraçaram-me,

Pedro Genevicius (Pedroca.)

deram as boas-vindas e levaram-me ao Pedroca, que discretamente sorriu, cumprimentou-me e apresentou-me ao grupo. A acolhida fraterna foi um "choque": cadê a competição, o corporativismo, os mascarados, a patota dos veteranos? Iniciou-se o treino: aquecimento e coletivo. Percebi que não havia reservas nem titulares. Duas categorias, infantil e mirim, ocupavam três quadras com seis times que Pedroca formou, mesclando mais velhos com mais novos, veteranos com calouros e habilidosos com "grossos". Esta formação tinha uma intenção que configurava o coletivo: os mais velhos cuidavam dos mais novos, evitando choques violentos, os veteranos enturmavam os calouros e os habilidosos ensinavam os fundamentos e as técnicas aos "grossos". Ao contrário do que acontecia no Tietê, as diferenças eram ativadas para a combinação, para a harmonia, para a produção do "terceiro incluído", e não para o antagonismo e a exclusão do terceiro. A competição, no Floresta, era emulativa, educativa; no Tietê era mecânica, corrosiva, destrutiva.

Enquanto jogávamos nas quadras, Pedroca ia de uma a outra sem perceber-mos. No fim dos coletivos, ele conversava com cada formação. E então víamos que nada lhe tinha passado despercebido. Nenhum detalhe lhe escapava. Mais tarde, quando comecei a dar aulas, entendi o seu método. Tal como o mestre da arte cavalheiresca, Pedroca praticava a *fluência natural*. Ele não acreditava em táticas e estratégias, em jogadas ensaiadas e em esquemas milagrosos. Seu método era muito parecido com o de Telê Santana, técnico de futebol que posicionava os seus jogadores no campo buscando o que cada um tinha de melhor, ao contrário de Parreira, o inventor de "quadrados mágicos" e quejandos. Feito isso, os próprios jogadores criavam as suas jogadas, os seus ensaios, os seus estilos e as suas combinações. Jamais passaria pela cabeça de Pedroca teleguiar e manipular um jogador, como Vanderlei Luxemburgo fez com o meia Ricardinho no Corinthians, colocando-lhe no ouvido um ponto de escuta para passar-lhe instruções durante o jogo.

Nestes treinos no Floresta, participei de uma *coletividade esportiva* em que fui educado não pelo técnico Pedroca, mas pela fluência humana que ele conseguiu emancipar das cadeias da ruptura social das classes naquele pequeno espaço na cidade de São Paulo. Nesta fluência, faz-se um *continuum* que materializa, para cada um dos múltiplos aspectos humanos, o fluxo da animalidade para a humanidade, da inconsciência para a consciência: nos fundamentos da modalidade esportiva, nas relações de fraternidade, na desigualdade individual e na unicidade de cada ego, nas características etárias diferenciadoras. Enquanto objeto da análise científica, cada um desses aspectos tem sido objeto de vários projetos de pesquisas e tema de uma quantidade enorme de livros teóricos, sem que o "resultado" seja alcançado. Mas a coletividade, núcleo articulador de toda e qualquer ação educativa, produz o tão decantado "resultado" procurado na prática do trabalho, na própria fluência do humano na totalidade universal. E o faz sem regras, normas, gráficos e fluxogramas: basta combinar todas as qualidades identificadas – velho→novo, habilidade→imperícia, conhecimento→desconhecimento, experiência→inexperiência, tolerância→intolerância, humildade→estrelismo, humanidade→animalidade – em contradições harmônicas, produtoras de terceiros incluídos.

A horda (seleção natural das espécies) faz-se com base na relação de dominação em que o forte, em qualquer aspecto da atividade grupal, *vence* o fraco. No sentido antagônico, faz-se a coletividade, vínculo fundamental da comunidade, na relação combinatória em que o forte, em toda e qualquer atividade humana, *compensa* o fraco. O princípio da compensação estrutura todas as relações humanas da coletividade, tanto as que são visíveis e conscientes quanto *as que não são visíveis e, por isso, são inconscientes*. Estas últimas, muito mais numerosas, abrangentes, intensas e fecundas, contam muito mais do que as conscientes. É a sua orientação que decide os rumos da espécie. Na relação *comunidade→coletividade,* a poderosa determinação do inconsciente é orientada para a humanização da espécie. Já no sistema de resultados, é o princípio da força que prevalece, orientando até mesmo o inconsciente. É nessa "orientação" que reside o caráter nefasto e devastador deste sistema. O resultado visível e imediato do "sucesso" oculta e dissimula o resultado realmente decisivo para a espécie: o da sua desumanização.

Decidi: o Floresta era o meu lugar; dali não sairia. Fincaria a minha bandeira naquela margem do rio e de lá não arredaria pé. Triste engano. Passei dois meses treinando muito mais que basquete: eu treinava *coletividade.* Quando fui tratar na Federação da minha transferência para o Floresta, fui informado de uma norma que desconhecia: ao se transferir de clube, o jogador não poderia participar de competições oficiais por dois anos. Chamavam isso de "estágio probatório", inventado para evitar que os jogadores que se revelassem em determinado clube fossem imediatamente "garfados" pelos chamados clubes grandes, aqueles que já começavam a praticar o tal "profissionalismo": Palmeiras, Corinthians e Sírio. Tratava-se de uma tentativa de resistência contra essa praga que já começava a minar o basquete paulista. Feita contra o fluxo da barbárie, ela me pegou quando eu queria sair de suas garras. Treinar basquete sem participar do Campeonato Paulista era um absurdo, para mim era impensável. O mito da competição oficial ainda me dominava e, assim, vi-me na impossibilidade de permanecer naquela coletividade. Retornei, triste e desanimado, para o meu inexorável Tietê. Eu ainda não sabia, mas não voltei o mesmo. Só muito mais tarde é que soube que o garoto inseguro, humilhado, impotente, que tinha atravessado para a outra margem do rio, retornava para o velho leito modificado, crescido, humanizado, mais seguro no basquete e na vida.

Clube de Regatas Tietê, 1963
Da esquerda para a direita: Djó, Benetti, Zé Antônio, Luciano, Naninho, Krika, Batistão, Miguel, Pinduca (Ricci) e o técnico Valdir Pagan.

Equipe de basquete do Clube Esperia 1964 – *Da esquerda para a direita (em pé):* Pedro Tieppo, Ayrton Gemignani Geraldo, Zeca, Massinet Sorcinelli, José Mário Tieppo, Aldo Roselli, Antônio Leandro. *Da esquerda para a direita (agachados):* Pedro Genevicius (Pedroca), Eriveldo, Eugênio Chieregatti, Alexandre Gemignani, Roberto Jorge Chebel e Wagner Carulli (Alemão).

Foto e legendas gentilmente cedidas por André Fraccari Bertin, coordenador do Arquivo Histórico do Clube Esperia.

Hoje sei que Pedroca foi muito mais que um técnico de basquete: foi um educador que formou seres humanos por meio desse esporte. Ele "armou" muito mais que um time de basquete: compôs uma *coletividade* que tinha como base o basquete *educativo*. Em 1992, li um artigo seu na revista *Corpo* (nada a ver com a homônima atual) que confirmou tudo o que vivi naquele tempo. Havia um pensamento por trás daquele procedimento fino, elegante, discreto, que parecia distante, mas se fazia incrivelmente presente. Pedroca tinha uma concepção humana do homem, viveu uma opção educacional e elaborou importante teoria sobre a prática do esporte educacional. Infelizmente perdi o artigo e nunca mais encontrei nenhuma referência daquela interessantíssima revista.

Assistindo de novo ao "filme" daquele período na tela do tempo, concluí que os dois meses de participação na coletividade esportiva por ele construída provocaram incrível desenvolvimento da minha personalidade. Parece que sentimos as grandes felicidades do mesmo modo que as grandes dores: anestesiados. Diante dos sofrimentos insuportáveis, o nosso sistema nervoso atua anestesiando os nossos sensores. E como "o que dá para rir, dá para chorar", o que abafa a grande dor acaba também por abafar a grande alegria. Hoje percebo que aqueles dois meses de coletividade esportiva foram de grande felicidade para mim. Ia treinar com grande alegria. Mas não atinava na grande felicidade que vivia então. A anestesia dos sentimentos intensos impedia-me de avaliar o momento em que vivia. Só no balanço da vida é que a mudança, em sua real dimensão, revela-se a nós. Mas aí os personagens "passaram": Pedroca passou sem ter ouvido o meu reconhecimento pelo crescimento humano por mim experimentado graças à coletividade esportiva que este educador produziu e manteve durante décadas, navegando contra a corrente do sistema "profissional" e de resultados que levou o esporte em geral, e o basquete em particular, ao buraco desumano e ao atoleiro lamacento em que se encontram hoje.

Quando fiz a travessia de volta para a margem "tieteense", fi-lo apenas na natureza *inorgânica→orgânica*. Na natureza humana, permaneci na margem "florestana". Atuando novamente com a camiseta vermelha, nunca mais experimentei em quadra os surtos de insegurança que pontuaram minhas participações anteriores. Encontrei a "mão certa" do *jump*, do lance livre e da bandeja e com ela tornei-me cestinha do time. Para minha surpresa, notei que os meus parceiros de time não mais me humilhavam nem boicotavam. Concluímos o último Campeonato Paulista de que participei, em 1967, como vice-campeões da categoria "cadete", tendo como técnico o generoso "seu Martins", grande em tudo: em tamanho, bondade, respeito, humanidade e ingenuidade. O campeão foi, justamente, o Floresta.

Cestinha e titular do time; vice-campeão paulista; respeitado pelos parceiros e pelo técnico: senti que já não tinha o que fazer ali. O basquete perdera o interesse para mim e abandonei-o, partindo para outras lutas. Pus naquela história o meu ponto final. Foi a única história da minha vida com começo, meio e um fim decidido por mim, pela minha livre e espontânea vontade. Encerrei-a nem vencedor nem perdedor. "Apenas" como uma pessoa melhor. *É o que basta para nós, os seres humanos.*

2) O sistema de resultados apregoa que a coletividade não forma craques; que estes são, primeiro, "inatos" e, depois, produzidos em "laboratórios especializados". Na coletividade de Pedroca, formaram-se: vários basquetebolistas que serviram à Seleção Brasileira: Marcel, Menon, Moutinho, os irmãos Radvilas e Mindaugas, Ubiratã e outros.

a) Onde há a maior probabilidade de formação de mais jogadores habilidosos: no sistema de resultados ou na coletividade? Explique por quê.

Marcel   *Menon*   *Radvilsa e Mindaugas*   *Ubiratã*

b) Qual a diferença entre a individualidade destacada, formada, na coletividade e o sucesso produzido pelo sistema de resultados?
c) Que inferências podem ser feitas desse relato ao considerar a sala de aula?
d) Onde se aprende mais matemática: no sistema de resultados ou numa coletividade pedagógica? Explique sua resposta.

XVII

O erro

1. A solidão primordial

O erro não é uma tragédia. É condição de existência da espécie. É a "normalidade" da vida humana e constitui o seu cotidiano. Segundo o *Dicionário Houaiss* (2001), a palavra *erro* vem do "verbo latino *erro,as,ávi,átum,áre,* 'vagar, andar sem destino'". Nesta etimologia, revela-se a condição primordial orgânica de todo indivíduo da espécie. Como animal que não conversa com os outros, o homem mantém-se, como os outros animais, mudo e surdo em relação à espécie, "vagando sem destino". Incapaz de comunicar-se com o gênero, o indivíduo não passa de uma "mônada": permanecerá incapaz de ordenar o universo em sua totalidade e, portanto, nas partes (isolados) em que ele (o indivíduo) se anima e se movimenta. Esta é a "solidão primordial" a que estão condenadas todas as espécies e todos os homens que não conversam. Na condição inicial de surdo-mudo, o indivíduo permanecerá andando sem rumo, um "erro ambulante". Os homens

Mais que uma "metamorfose ambulante" (Raul Seixas), somos um "erro ambulante". A metamorfose que parecemos ser não se deve a uma pretensa liberdade total (liberal) e a uma falta de compromisso geral que nos permitem fazer tudo o que "der na telha". A nossa "metamorfose permanente" deve-se ao fato de sermos um "erro contínuo". Toleramos esta mudança permanente em nós mesmos e nos outros porque sentimos que todos estamos vivendo no erro primordial que os católicos chamam de "pecado original". Este erro não pode ser erradicado, mas sim *superado continuamente.*

Não errar não é acertar. Viver não é acertar ("viver não é preciso" – Fernando Pessoa): é lutar contra o erro. Superar um erro não implica o acerto eterno; implica saltar para um novo erro, mais profundo e abrangente.

Vivemos no erro e isso não é uma fatalidade: é a felicidade de sermos humanos (*errare humanum est*).

Metamorfose ambulante (Raul Seixas).

A canção está disponível no *link*: <http://www.youtube.com/watch?v=9j5Jhpd1H98&feature=player_embedded#!>. Acesso em: 30 abr. 2013.

conversam para criar conceitos e ordenar o universo e, assim, superar a condição de "só ser animado". O trabalho humano produz a comunidade materializando a relação *tempo→espaço* necessária para que cada um dos seus indivíduos converse com o gênero e se ponha sob sua proteção e cuidado. É a comunidade que possibilita ao indivíduo desenvolver o autorreconhecimento do seu "eu" até a condição humana que o emancipa da vulnerabilidade da solidão primordial. Este sentimento de proteção e cuidado constitui o afeto, o princípio ativo da comunidade.

2. A imutabilidade do eu

Em antagonismo à comunidade, a horda estrutura-se com base no princípio da força; nela a solidão primordial inerente ao autorreconhecimento do "eu" será "superada" pelo princípio da força. A vulnerabilidade original do homem solitário produz o medo, que o impelirá à guerra de todos contra todos, característica da horda. Lutando contra os seus semelhantes, o indivíduo substitui (ou "compensa") o medo da individualidade solitária pela adrenalina liberada na guerra do indivíduo contra o coletivo. Nela a oposição do eu à totalidade e à espécie é aguçada até tornar-se um antagonismo. O "eu sozinho" é afirmado até cristalizar-se, até tornar-se "imutável". Forma-se, assim, o primeiro mito de sustentação do liberalismo: a *imutabilidade do eu.* Todo o mundo nasce como é; e este ser, uma vez dado à luz, já está pronto e acabado e será sempre o mesmo até o seu último suspiro.

Também conhecido como "síndrome de Gabriela" ("eu nasci assim, eu cresci assim, eu sou mesmo assim, vou ser sempre assim"), esse mito constitui o núcleo da barbárie capitalista, justificada com base no princípio da seleção natural do salve-se quem puder. No individualismo liberal, o erro é sempre o "mau resultado" (ou resultado "indesejado") culposo (ou "doloso") produzido por algum "perdedor". Erro é sinônimo de "perda", e essa identidade impede a *abstração do resultado,* a qual constitui o núcleo da arte cavalheiresca. Ela só é possível na prática do ensino→aprendizagem que, em si, ocorre na relação *tempo→espaço* humano

> *Modinha pra Gabriela* (uma personagem criada por Jorge Amado em *Gabriela, cravo e canela*).

produzido pela comunidade; não cabe na relação *professor→aluno* voltada para a mecanização do corpo humano na prática da instrução programada.

3. O mito da infalibilidade

O fazer implica erro. Mas o sistema de resultados pretende a "abolição" do erro. Como o erro é inerente à produção, não pode ser abolido pela simples ordem do senhor. "Resolve-se" a questão decretando que "errada" é a realidade. "Resulta" desse sistema a dominação da aparência (a produção sem erros) sobre a essência (a produção com base nos erros), o controle do real pelo virtual. O sistema de resultados desenvolve-se no culto ao mito da infalibilidade, o qual se faz como decorrência inevitável do mito da *imutabilidade do eu: imutabilidade do eu→infalibilidade.*

O mito da infalibilidade tem um papel importante na ruptura da comunidade e sua divisão em classes: o vencedor é "infalível", o perdedor é intrinsecamente um errado. A sua negação do erro implica a negação do próprio trabalho e está na base da teoria das "elites": os que não erram constituem a elite; e os errados, a massa. Daí o culto do indivíduo evolui para o culto da personalidade, gerando os *VIPs* ("very important people"), os *self-made men* (homens que se fizeram por si próprios), os "vocacionados para o sucesso", seres "especiais", eleitos para missões "especiais". Disso para os "super-homens" é um pulo. E eis que surgem Hércules, Sócrates, Pitágoras, Alexandres e Carlos Magnos, Arthurs e seus cavaleiros, Ricardos Corações de Leão, Hitler e sua "raça" superior, damas de ferro chamadas Margareths ou beldades com curvas sinuosas chamadas Marilyns, Elvis Presleys, Batmen e Beatles.

4. O trabalho "sumiu"

A produção de todos os fundamentos humanos e de todas as suas relações, bem como a produção de todos os valores de uso *sem exceção,* passam pela comunidade, visto que ela é, em si, a superação da horda. A única "modernidade" que passa pela horda (liberdade animal) é o valor de troca (liberdade mercantil). Mas isso não é problema para quem tem ao seu lado Mandrake, que, num simples passe de mágica, faz o trabalho "sumir".

Como o trabalho não pode ser abolido da natureza humana, pois é a sua única fonte, a sua negação implica sua simples ocultação. Ficamos assim com uma duplicidade que escamoteia o real: as idas e vindas, os sucessos e fracassos e, principalmente, a série de erros que culmina com o resultado somem da tela. Nela "Mandrake" só deixa aparecer a novela das oito com sua gente "chique", com os seus problemas vazios e artificiais. A vida sai da ribalta. Todos os holofotes voltam-se para focar o sucesso esterilizado e desinfetado de todo suor e sangue, de toda luta de classes, da opressão e exploração de milênios. Vão para o ralo as muitas tristezas e os infinitos sacrifícios dos reais produtores da vida e do gênero. É certo que estes não fazem nenhuma questão de aparecer no "fantástico *show* da vida". A imensa alegria do fazer o humano basta-lhes. O drama humano faz-se porque é essa normalidade humana que abre caminho para a falsificação de Mandrake. Para quem já sabe o truque e conhece o segredo da magia, a prestidigitação não tem nenhum efeito. Mas para a inocência dos ingênuos, dos que acreditam no que veem, o efeito é devastador. É sobre estes que os magos e bruxos constroem seu sistema de resultados para, com ele, se tornarem proprietários privados da produção humana. Essa é exatamente a função do sistema de resultados: *Não importa a cor do gato, desde que cace ratos.*

Textos escogidos de Deng Xiaoping (1975-1982). Beijing: Ediciones em Lenguas Extranjeras, 1984.

Não importa o processo coletivo que produziu determinado *saber fazer* e que constitui o seu núcleo articulador. Sem atenção humana, a atividade corpórea do trabalho é abstraída dos seus aspectos culturais, artísticos e afetivos. Deixa de ser trabalho e reduz-se a dispêndio de força de trabalho. O reconhecimento da coletividade em relação à atividade produtiva individual faz-se por meio da conversa. Sem conversa não há matéria humana na atividade física que resulta em determinado valor de uso. Este é o verdadeiro conteúdo do *tripalium,* o trabalho abstraído do humano que o impulsiona, dirige e conclui. Tal abstração reduz o *trabalho* a *castigo*, a ponto de estas duas palavras se tornarem sinônimas no escravismo greco-romano.

Trabalho deriva do latim *tripalĭum* (três paus), "instrumento de tortura composto por três estacas ou mourões" (HOUAISS, 2001). A origem da palavra corresponde à forma de trabalho dominante no escravismo europeu, que, ao contrário do asiático (coletivo), era individual. Do latim falado pelos escravistas romanos é que se originou a nossa língua portuguesa e palavras como "trabalho". Na Europa, o escravismo individual implicou a dupla ruptura entre a cidade e o campo e entre o trabalho manual e o intelectual. A palavra "trabalho" foi criada nesse contexto de trabalho escravo individual apartado da atividade intelectual e quebrado em dois contrários antagônicos: os escravismos rural e urbano. Contaminada por essa sua origem, a palavra está carregada de um conteúdo que não se refere à produção das condições gerais de existência da espécie. Esse conteúdo, por exemplo, era desconhecido dos nossos Tupi antes de os portugueses trazerem o seu "trabalho" misturado com a pólvora dos arcabuzes e estalando na ponta dos chicotes. Desconhecemos se os nossos indígenas criaram alguma palavra que designasse o trabalho em sua dimensão produtora do humano. Essa possível ausência de nome não significa, como reza o preconceito colonialista, que os integrantes das comunidades produtivas primitivas fossem "preguiçosos", que desconhecessem o trabalho. Eles o desconheciam na sua versão escravista. Mas, na sua versão comunista de produção e reprodução das condições de existência da espécie, eles não só o conheciam, como o praticavam 24 horas por dia. Prova disso é a sua existência numerosa e dispersa pelo território brasileiro quando da chegada dos bárbaros europeus em suas naus. O "equívoco" da sobrevivência sem trabalho escravo foi logo corrigido pelo colonizador europeu em todos os continentes em que aportou – América, África e Ásia. O "trabalho", como egípcios, chineses e hindus entendiam na alvorada de suas civilizações, não é o mesmo que Platão e seus discípulos contemplavam do alto do seu ócio na Academia. Temos aqui um conflito etimológico que tem originado muita confusão no campo do significado. Usamos *trabalho* com o significado atribuído por Marx e Engels: é o movimento da comunidade em que a humanidade produz a si própria e as suas condições de existência. Trabalho substantivo, sem nenhuma adjetivação, é fundamento humano, conceito universal à espécie. Os outros "trabalhos", como a atividade mecânica, referem-se ou a parcelas constitutivas desse trabalho universal, ou a processos de reprodução do sistema de classes, como o trabalho-castigo escravista europeu. Ao contrário do trabalho universal, condição de existência da natureza humana, estes outros "trabalhos" devem vir adjetivados para evitar a confusão etimológica. O trabalho na concepção platônica de oposição ao ócio (trabalho intelectual), de atividade manual indigna e concernente aos escravos, deve ser nomeado com o adjetivo que denota seu aspecto fragmentário e desumano: trabalho escravista europeu ou, como usamos neste livro, *trabalho abstrato*. Marx chamou a atenção para este aspecto etimológico da palavra: há um trabalho, o trabalho humano, que produz valores de uso; e há o seu oposto, o trabalho desumano, que só produz valor de troca:

> a determinação do valor [de troca] pela quantidade de trabalho despendido na produção da mercadoria [não é] a determinação dos valores das mercadorias pelo valor do trabalho. [...]. O trabalho, enquanto representado no valor da mercadoria, só conta como dispêndio de força de trabalho [que nada tem a ver com o] sacrifício de ócio, liberdade e felicidade. [Trata-se de] uma função normal da vida. [...] A língua inglesa tem a vantagem de possuir duas palavras distintas para designar esses dois aspectos diferentes do trabalho. O trabalho que gera valores de uso e se determina qualitativamente chama-se "work", distinguindo-se assim de "labour", o trabalho que cria valor [de troca] e que só pode ser avaliado quantitativamente (MARX, 1968, p. 57).

5. A relação liberal

Para o liberalismo, a produção da individualidade com base no coletivo não passa de "constrangimento". O corpo humano animado em combinação fraterna com outros corpos humanos seria, em si, opressivo e "castrador". É neste constrangimento que Freud identifica o "mal-estar da civilização" – segundo ele, a fonte última de todas as neuroses. As consequências liberais dessa concepção são inevitáveis:

- *o conceito liberal de liberdade* – liberdade é o indivíduo realizar plenamente as suas pulsões;
- *o conceito liberal de opressão* – todo constrangimento à animalidade e ao princípio da força é opressivo;
- *o conceito liberal de "perdedor"* – "perdedor" é o indivíduo que comete erros;
- *o conceito liberal de "vencedor"* – "vencedor" é o indivíduo que é infalível;
- *o conceito liberal de "individualidade solitária"* – todo homem é solitário e todas as suas decisões fundamentais são solitárias; a companhia da espécie, a conversa com o gênero, a fraternidade e o afeto são ilusões "sem futuro", meras infantilidades primitivas.

> *O futuro de uma ilusão* (Freud, 1927). Para Freud, a cultura e a civilização não constituem matéria, não têm existência real, não passam de ilusões.

Não há uma linha em toda a obra de Freud sobre o afeto. Mal e mal ele toca na questão da fraternidade (em *Totem e tabu*), mais como um fato bizarro e ilusório do que como uma matéria concreta. A matéria e a natureza humanas, para o criador da psicanálise (e para todo o pensamento liberal), não existem. No universo da psicopatia, em que inexiste o afeto, qualquer diferença de desenvolvimento humano em algum aspecto das relações fundadoras é interpretada à luz do princípio da força. Inverte-se, assim, o seu sentido humano e produz-se o *poder sobre-humano*, isto é, a opressão de um homem sobre outro homem. Este "poder" é a única matéria que o liberalismo concebe como realidade nas relações entre os homens.

O liberalismo faz-se como relação entre dois mitos: a imutabilidade do eu ("eu nasci assim") e a infalibilidade inata (o fulano "genial"). Trata-se de duas premissas que não têm existência no real humano. A "combinação" entre elas só é possível como antagonismo gerador do real desumano fundamentado na exclusão do terceiro inerente ao trabalho humano, isto é, na *exclusão do erro*.

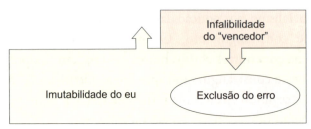

A liberdade do liberalismo é a do indivíduo em sua animalidade. Para o vencedor, a liberdade do macho alfa; para o perdedor, sobra a liberdade de tentar sempre passar para o lado oposto, de em alguma coisa tornar-se macho alfa; até lá, a saída é disputar as migalhas que caem da mesa dos poderosos, transmitindo assim o princípio da força para toda a teia das relações sociais. A liberdade animal interessa ao capital por causa da prevalência do princípio da força. Só tem liberdade o "vencedor" da horda; só o macho alfa (leia-se, a classe dominante) dispõe da liberdade animal em sua plenitude.

> O fracasso dos projetos pessoais que sucumbem ao princípio da força é a principal causa dos surtos de violência que assolam as universidades dos Estados Unidos. Os filmes *Tiros em Columbine* (Michael Moore) e *Fúria pela honra* (Shi-Zheng Chen) mostram que a decisão dos atiradores de chacinar os colegas é tomada quando mergulham no horror da solidão primordial que os domina ao perceberem que as vias "institucionais" da ascensão social lhes estão definitivamente bloqueadas.

6. Na companhia da espécie

Um ser humano que conversa com outro conversa, simultaneamente, com todo o gênero. Assim como "não há amor sozinho" (Vinicius de Moraes, *Primavera*), também não há conversa só a dois. Grande invenção, a fofoca: é impossível manter uma conversa só no limite dos dois participantes. Nenhuma conversa "morre nos dois". Senão, não é conversa, mas conspiração. Realistas são aqueles que declaram de antemão: "Se é para guardar segredo, não me fale." Na comunidade não há segredo, pois ele é incompatível com a comunidade. Onde se faz segredo, faz-se conspiração;

e onde se conspira, faz-se a ruptura da comunidade. Nela não há fofoca porque não há segredo. E não há segredo porque não há mentira. Nas relações de classe, é comum confundir ignorância com mentira. Na comunidade, tal confusão é impossível de acontecer. Se alguém fala algo que não aconteceu, não o faz porque quer falsear a realidade, mas simplesmente porque a ignora. É esse caráter de ausência absoluta de segredos e mistérios nas relações entre as pessoas que faz da comunidade a grande companhia de todos os seus indivíduos, mesmo quando estes não estão fisicamente presentes nela.

O erro não tem nada a ver com a mentira e tudo a ver com a ignorância, a mais perdoável das falhas humanas (Marx). A mentira elude o real, a matéria-prima do trabalho humano. Já a ignorância a revela por meio do erro. Makarenko (1983) afirma que o furto é o mais devastador inimigo da coletividade. A mentira é o furto da conversa.

A principal consequência da mentira é o descontrole que ela provoca no interior das coletividades. Uma mentira, por pequena que seja, gera o afastamento das pessoas da realidade de suas relações. O controle que os seres humanos têm das suas relações é muito frágil e não suporta nenhuma falsificação intencional, por menor e mais inocente que ela pareça ser. A mentira confunde-se com a falsidade inconsciente inerente às sensações e esteriliza totalmente a atividade produtiva da comunidade e da coletividade.

Para enfrentar a terrível e insuportável solidão primordial, o indivíduo tem duas possibilidades antagônicas. Uma é a companhia protetora e afetiva do gênero sob a forma de comunidade; a alternativa é a adrenalina da autoafirmação na luta pela ascensão a macho alfa pelo princípio da força. A primeira faz-se

> O diretor de cinema Asghar Farhadi (Irã, 1972-) produziu dois filmes, *Procurando Elly* e *A separação*, cuja temática principal são os efeitos destrutivos da mentira nas relações humanas:
>
> *Sempre se acreditou que os mais horríveis episódios são resultados das escolhas mais horríveis. Mas no mundo moderno, às vezes pequenas escolhas, ações e decisões podem levar a péssimas e terríveis consequências. Acredito que a mentira é um dos instrumentos do mundo moderno, mas não a aprecio do ponto de vista moral. Quando me deparo com mentiras, tento entender sobre quais condições e pressões a pessoa está sendo obrigada a mentir. Em* Procurando Elly, *o grupo de pessoas mente para manter a sua vulnerável e instável condição e sua relativa paz de espírito. Ele conta pequenas mentiras e tem que lidar com terríveis consequências e sua relativa paz é destruída* (Farhadi, em entrevista à revista *2001* – jul. 2012).

pela franqueza, respeito e conversa. A segunda faz-se pela mentira, conspiração e falsificação permanente. A arma mais poderosa com que o liberalismo conta contra a comunidade é a mentira. O seu uso provoca a substituição da fraternidade pela desconfiança mútua e generalizada. Faz-se, assim, a solidão na multidão característica das chamadas "metrópoles". Um ser humano apanhado na armadilha da mentira conspirativa dificilmente resiste ao cinismo. E, ao se entregar à malícia, opta "automaticamente" pelo liberalismo, pelo sistema de resultados, pelo princípio da força, pela opressão do homem pelo homem.

7. Tentativa e erro

Na comunidade, o erro tem autoria; mas esta não implica culpa. Ao contrário, o erro é necessário como aprendizagem do "acerto", que nunca é absoluto. Não há acerto sem erro e vice-versa: todo erro implica um acerto e a recíproca é verdadeira. É na prática contínua com a relação *tentativa→erro* que se verifica a diminuição gradual do erro inerente a todo resultado da ação produtiva do trabalho humano. A alternativa erro→acerto é pura abstração; no real humano, o trabalho opera com a relação tentativa→erro. Esse é o sentido da afirmação seguinte de Caraça: *Se não receio o erro, é porque estou sempre disposto a corrigi-lo* (LUSOGRAFIA, 2013). O acerto é o nome que se dá à correção contínua e inesgotável do erro original.

> *Certo* deriva do latim *certus,a,um,* "decidido, resolvido, fixado, determinado, seguro, experimentado, firme". A etimologia da palavra demonstra-nos que o "certo" não é um dado *a priori,* antecipado, mas sim uma decisão, uma resolução, uma determinação permanentemente construída e estabelecida com base na experimentação, ou seja, depois de muito erro.

A comunidade é produzida como tempo→espaço humano em que *errare humanum est.* O erro constitui a base do humano e, portanto, da comunidade. Na comunidade, *o erro dá certo.* Não há outra via para chegar ao "certo", que, em última instância, não passa de uma "decisão coletiva". A exigência liberal do "acerto puro" (sistema de resultados) tem apenas uma finalidade: ocultar o trabalho humano que produz a cultura e o humano. Sem a referência coletiva do trabalho, o caminho fica desimpedido para a promoção da apropriação privada da produção coletiva e para a afirmação do programa "salve-se quem puder e que vença o mais forte" (seleção natural elevada à condição de ideal "humano").

Atividade de debate

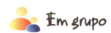

1) Faça a leitura compartilhada do texto a seguir:

Ano de 2002; na quadra joga o quinteto do Flamengo, capitaneado por Oscar Schmidt. No ataque, o ala Caio Cazziolato, jogador de nível de seleção brasileira, recebe a bola, entra no garrafão adversário e converte um arremesso de meia distância. Imediatamente é sacado do time pelo técnico Miguel Ângelo da Luz. "A bola de ataque é para ser servida para o Oscar", adverte o técnico. Naquele instante, Caio decide abandonar o basquete. Essa classificação "profissional" em estrelas e coadjuvantes está presente em todas as atividades do trabalho humano aprisionado pelas relações capitalistas. No futebol, ela é descarada. Uma vez definido pelos donos da grana quem é o "craque", só ele joga e faz gol; só ele ganha o foco da rádio e da televisão; só ele é elogiado pelos comentaristas como aquele que "desequilibra"; só ele se torna bilionário.

Caio Cazziolato no Flamengo

Fora da "elite dos vencedores", todos os demais são coadjuvantes, os chamados "cabeças de bagre". A mistificação capitalista do sucesso apresenta o esporte como produto dessas "estrelas". Inverte, assim, a ordem das coisas: não é o esporte que faz o jogador; é o jogador que faz o esporte. Mas o mito não muda o real: é a prática coletiva do futebol, do trabalho, da ciência, da técnica, da arte, da cultura, mesmo quando não reconhecida, que faz o chamado "talento". E não faz um, mas vários. O problema é que no sistema de resultados não

Os "donos da bola": o argentino Tevez e Ronaldo "Fenômeno", no Corinthians; Romário, no Fluminense; Neymar, no Santos

há vagas para muitos "vencedores". Quando há muitos, não há nenhum. Se muitos são bons, tudo é luz e as estrelas não contrastam com a escuridão. Não há estrelas, e os egos inflados descem às dimensões reais das suas grandezas humanas e já não se fazem "super-homens". Um "super-homem" só se faz quando milhares (ou mesmo milhões) de homens são arrastados à condição infra-humana. É na horda de sub-homens que se faz o "super-homem", o macho alfa, o "vencedor". Para que um suba, milhares devem descer, servindo de escada ao ascendente. O principal resultado do sistema de resultados é a cristalização do antagonismo *vencedor→perdedor,* que implica o humano como terceiro excluído. Já a coletividade educativa não passa por tal antagonismo, dado que se realiza pela relação *educador→educando,* que tem no humano o seu terceiro incluído.

a) Atualmente há alguma atividade humana não determinada pelo antagonismo *vencedor→perdedor?* Exemplifique.

b) Quais as implicações contraeducacionais (principalmente em sala de aula) dessa determinação?

c) Retome os versos da canção *Pois é, pra quê?* (Capítulo X) e faça uma nova leitura para responder: *Pois é, pra que o sucesso?*

2) Debata, à luz da negação do erro implícito ao sistema de resultados, o relato que segue:

Faltam 20 segundos para terminar a partida Brasil x Cuba. Vale a classificação para a final. O Brasil ganha pela diferença de dois pontos e tem a posse de bola. Basta garantir esta posse enquanto o tempo se esgota. O passe lateral é feito para o pivô Gérson Victalino. Livre de marcação, o jogador lança-se em direção ao garrafão adversário, salta para "enterrar", mas atrapalha-se e acerta o bico do aro. A bola sobra para os cubanos, que, em contra-ataque, empatam a partida e depois a ganham na prorrogação. Fim de carreira para Gérson: nunca mais foi convocado para a seleção; nunca mais jogou em time "grande". Passagem direta do paraíso dos vencedores para o inferno dos perdedores, sem direito à escala no "purgatório" dos bem-intencionados.

3) Interprete a seguinte frase de Michel Eyquem de Montaigne (França, 1533-1592): "Quem ultrapassa o fim, comete o mesmo erro que quem não o atinge."

XVIII

A coletividade

1. Coletividade e educação

Ao contrário do que reza o senso comum escolar, não é o indivíduo que educa. A educação é função das sucessivas coletividades que se formam no ambiente do educando: a familiar, a de amizade, a de vizinhança, a escolar e a de sala de aula. Em cada uma delas, os seus componentes relacionam-se como educadores, sendo um deles o *educador→articulador* (que pratica a educação contínua, consciente e planejadora). No caso que vimos no Capítulo XVI ("O saber"), na prática esportiva no Clube Floresta, o treinador Pedroca desempenhou essa função. Já no Clube Tietê, tal função permaneceu vaga. Normalmente é esta última situação que vemos nas diversas coletividades que compõem o ambiente de vida das pessoas: a ausência total de educadores articuladores e, mal e mal, a presença muita fraca de *educadores→circunstanciais* (que praticam a educação descontínua, inconsciente, espontaneísta e imediatista).

Com o escravismo europeu, a relação asiática mestre→discípulo é reduzida à relação pedagogo→aluno. O *Dicionário Houaiss* (2001) informa que *pedagogo* é o nome (*paidagógós,oû*) que os escravistas gregos davam ao "escravo encarregado de conduzir as crianças à escola" (conjunção das palavras *paîs,paidós,* "filho, filha, criança", e *agógós,ós,ón,* "que guia, conduz").

O escravismo europeu é individual; o escravo opera totalmente desvinculado e apartado da sua comunidade. Já o escravismo asiático é coletivo. Cada escravo atua integrado física e imediatamente à sua comunidade e coletividade de origem. Aí o "escravo que conduz as crianças"

A COLETIVIDADE

não é *pedagogo* e sim *guru* (em sânscrito, "pessoa grave", o mestre espiritual, pessoa que orienta ou aconselha). Enquanto o "pedagogo" conduz as crianças ocultando a sua comunidade de origem, o "guru" o faz explicitando a sua condição original de educador→articulador da comunidade. O máximo que cabe ao "pedagogo" é operar como um *educador circunstancial*.

Ainda que a arte cavalheiresca aparentemente se faça na relação entre dois indivíduos, estes se educam porque compõem uma comunidade e produzem a comunidade porque se educam. O "pedagogo" visa única e exclusivamente ao "resultado" escolhido, determinado e imposto pelo sistema de resultados. A classe dominante impõe o "método": que o resultado seja arrancado por "saque", ou seja, totalmente apartado da comunidade (furtado, roubado ou "latrocinado"). Obtém-se, com essa exigência, um estreitamento tal da relação professor→aluno, que esta acaba por tornar-se um filtro por onde é impossível passar a comunidade, a coletividade, o trabalho e, consequentemente, a educação. Pelo canal só passa o "resultado" predefinido, num quadro de violência, de "contraeducação".

Já o "guru" atua num canal mais amplo que o do resultado, o que dá alguma chance para que a educação aconteça e, com ela, a orientação do trabalho mais próximo da fluência universal. No escravismo europeu, "programa-se" o indivíduo contra a comunidade; no escravismo asiático, é a coletividade que educa, mesmo quando só estão na relação o mestre e o seu discípulo. Aí eles se individualizam como participantes da comunidade.

> O *Código Penal Brasileiro* tipifica o saque principalmente em três categorias: *Furto* (art. 155): Subtrair, para si ou para outrem, coisa alheia móvel; *Pena* – reclusão, de 1 (um) a 4 (quatro) anos, e multa. *Roubo* (art. 157): Subtrair coisa móvel alheia, para si ou para outrem, mediante grave ameaça ou violência a pessoa [ou não], ou depois de havê-la, por qualquer meio, reduzido à impossibilidade de resistência; A *pena* prevista para este crime é de reclusão, de quatro a dez anos, e multa. *Latrocínio* (art. 157, §3º, in fine): Configura-se o latrocínio sempre que o roubo tenha sido o objetivo do crime de homicídio, pouco importando que este seja praticado antes, durante ou depois da subtração (TJMG-Rec. 1.135 – Rel. Des. Alencar Araripe – 2º C. Crim. – J. 18.11.49 – Un.) (RF 133/269).

O professor pedagogo não pode ser educador. Como alguma coisa ele tem de ser, resta-lhe tornar-se um *vencedor*. Do mesmo modo que em todas as atividades produtivas que funcionam sob o sistema de resultados, a programação escolar é "tocada" à custa de prêmios: um posto qualquer de "submacho" alfa, algum sucesso.

2. O modo asiático de produção de classes

O sistema de resultados e sua ocultação do trabalho não são intrínsecos à natureza orgânica do homem, como afirma o liberalismo. Ainda que tenham base instintiva, não são instintivos nem inatos. São datados historicamente e fizeram-se como características do modo europeu de produção de classe. São "resultados" das particularidades históricas e geográficas da gênese desse modo de produção.

A divisão da humanidade em classes resulta sempre de uma guerra e mantém-se enquanto a guerra permanece. Guerra e luta de classes são contrários idênticos. Os modos asiático e europeu, ainda que produtores de classes, fazem-no com base em distintas rupturas classificatórias da comunidade, em diferentes princípios de classificação: a guerra na Ásia gerou a classificação em coletividades; na Europa, em individualidades.

O conceito *civilização hidráulica* foi cunhado por Karl August Wittfogel (Alemanha, 1896--1988) em seu livro *Despotismo oriental: um estudo comparativo do poder total* (New Haven: Yale University Press, 1957).

O modo de produção asiático fez--se nas civilizações hidráulicas há dez mil anos – Egito, Babilônia, Suméria, China, Índia etc. O adjetivo *hidráulico* qualifica o foco do trabalho coletivo nessa região do mundo: os sistemas de irrigação que prolongam os grandes e perenes rios que cruzam as regiões desérticas habitadas pelos povos asiáticos.

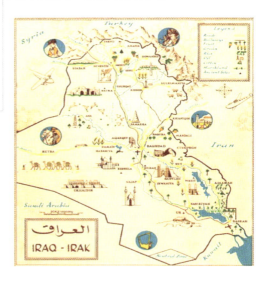

A COLETIVIDADE

Na Mesopotâmia nasceram as primeiras cidades-Estados da história, formados por diversos povos:

- sumérios;
- acádios (ou babilônios);
- assírios;
- caldeus;
- hititas.

Há sete mil anos os sumérios estabeleceram-se na região entre os rios Tigre e Eufrates, a qual chamaram de Mesopotâmia ("terra entre rios"), e formaram comunidades agrícolas.

Enquanto na Mesopotâmia se formavam as primeiras civilizações hidráulicas,

processos semelhantes passaram a desenvolver-se, no mesmo tempo histórico, em outros espaços geográficos da região:

Na China, com o Rio Yang-Tsé, na Índia, no entorno do Rio Indo, e no Egito, com o Rio Nilo.

O escravismo asiático teve como causa desencadeadora a necessidade dramática de irrigação para a formação de amplas áreas de plantio. Para realizar essas gigantescas obras, os Estados asiáticos escravizavam determinado povo e obrigava-o ao trabalho coletivo necessário àquele projeto. Povos inteiros tornavam-se uma única classe trabalhadora, sem, no entanto, perder a sua ordem interna. Ainda que seja um modo de produção de classes que se realize como opressão e exploração do trabalho, o asiatismo não promove a regressão à horda, a guerra de todos contra todos. Possibilita assim a preservação da origem produtiva do humano. Por isso ele observa, atento, o corpo humano em atividade. E o faz com a sensibilidade de Lao-Tsé: identificando as combinações dos contrários que liberam o terceiro incluído, que geram a harmonia, a leveza, a paciente e tolerante recriação humana da fluência universal na qual a tentativa e o erro constituem as principais forças produtivas.

Foi na Ásia (incluído o Oriente Médio) que aconteceu a *revolução neolítica* (CHILDE, 1942): a síntese de toda a produção humana feita pela comunidade que resultou na gênese da produção nas naturezas inorgânica e orgânica. A criação da agricultura, da pecuária e da indústria possibilitou a produção dos valores de uso orgânicos e inorgânicos fundamentais que emanciparam a natureza humana dos limites da coleta. A produção, para os asiáticos, não surge como um resultado vindo do nada, mágico, mas como síntese de processos de trabalho. Para eles, trabalho não é castigo: é a captação da fluência universal pelo gênio humano coletivo e sua resultante orientação para a satisfação das necessidades vitais. A produção da coisa não está apartada da produção do humano, e ambos constituem o fundamento do trabalho, que, portanto, não é sacrifício, e sim "uma função normal da vida" (MARX, 1968, p. 57).

É um povo inteiro que é escravizado, que tem em sua cultura e civilização determinada habilidade coletiva. A escravização visa mobilizar essa habilidade coletiva para a produção de uma grande obra. Assim, as relações internas desse povo são preservadas como força produtiva. Forma-se o povo-classe:

> *[O povo-classe] se constitui na história como um grupo social que tem uma função econômica determinada. A noção de classe absolutamente não contradiz a noção de povo. Porque se conservaram como classe social, mantiveram algumas de suas particularidades religiosas, étnicas e linguísticas. Esta identidade entre a classe e o povo (ou etnia) está longe de ser excepcional nas sociedades pré-capitalistas. As classes sociais aí se distinguem com muita frequência, por um caráter mais ou menos nacional ou étnico. 'As classes inferiores e as classes superiores... não são, em vários países, senão os povos conquistadores e os povos subjugados de uma época anterior. A etnia dos invasores formou uma nobreza ociosa e turbulenta... A etnia invadida não vivia das armas, mas do trabalho.' 'Diferentes classes podem adquirir um caráter étnico específico. Por outro lado, o encontro de etnias diferentes, cada uma das quais tendo se especializado numa determinada ocupação, pode ter como resultado que cada uma das etnias ocupe uma posição social diferente no seio da mesma comunidade. Pode acontecer que a etnia se torne classe.' 'Como as barreiras entre as diversas classes são reforçadas no período pré-capitalista, acontece frequentemente que as diferenças nacionais persistam por muito tempo. Elas se manifestam antes de mais nada na diversidade linguística. A língua do povo conquistado era rebaixada ao nível de um falar popular desprezado e a língua dos conquistadores tornava-se a língua das pessoas de 'boa sociedade'* (LEON, 1981, p. 21).

3. O modo europeu de produção de classes

O escravismo europeu iniciou-se há 2.500 anos com a formação do império macedônico-grego. A sua guerra era essencialmente de saque, resultando no escravismo individual que fratura não só a ordem e a cultura dos povos dominados, como também suas relações de parentesco. O modo de produção europeu não se fez apenas à parte do asiático, mas, principalmente, contra ele: sendo produtores, os povos orientais tinham sempre o que ser saqueado. Não foi à toa que os primeiros impérios europeus se formaram na fronteira mediterrânea com os Orientes Médio e Próximo. Por outro lado, os "bárbaros" (estrangeiros, em grego) europeus atacavam povos que lhes eram superiores em civilização e cultura e que só podiam ser submetidos pela ferocidade, visto que, na conversa, os vencidos ganhavam sempre. Daí o caráter muito mais agressivo da escravidão perpetrada pelos vencedores europeus, obrigada a cortar os laços de comunidade até o limite do indivíduo.

Dessa essência saqueadora emergiu tanto a ocultação do trabalho quanto o sistema de resultados que caracterizam o modo europeu de produção de classes até os dias atuais. Enquanto o mestre da arte cavalheiresca observa, atenta e cuidadosamente, o corpo e a mente do arqueiro na sua atividade, os mestres das artes nada cavalheirescas (Platão, Sócrates e outros) atêm-se aos resultados – segundo eles, inatos às pessoas, pois todos já nasceriam sabendo sem saber que sabem. Como se vê, o tal "jeitinho" e a malandragem apregoados como apanágios brasileiros têm mais de 2.500 anos e foram-nos trazidos pelas caravelas cabralinas. Afirmar que o saber e o fazer saqueados dos orientais são "verdades eternas" que já se veem em cada homem nascido é puro "171". Para os asiáticos, o saber está fazendo-se no fazer; para os europeus, o saber já existe sem o fazer, sob a forma de "resultado". O asiático olha para o arco e flecha e vê um movimento de produção do humano; o europeu olha o arco e flecha e calcula quantos inimigos poderá matar com eles. O asiático inventa a pólvora e produz com ela fogos de artifício e diversão. O europeu saqueia a pólvora asiática e faz com ela espingardas, revólveres, bombas e canhões.

Estelionato (art. 171 do *Código Penal*): Obter, para si ou para outrem, vantagem ilícita, em prejuízo alheio, induzindo ou mantendo alguém em erro, mediante artifício, ardil, ou qualquer outro meio fraudulento: *Pena* – reclusão, de um a cinco anos, e multa. É certo que nestes 2.500 anos os europeus evoluíram muito e já não aceitam, na "pós-modernidade", este argumento do conhecimento inato quando se trata de defender a propriedade privada de suas patentes, muitas das quais continuam sendo saqueadas dos povos subjugados. Os princípios ativos da indústria farmacêutica, as técnicas eletrônicas, os *softwares* e que tais deixaram de ser saberes "inatos" que podem ser "paridos" por qualquer mente por meio da maiêutica; hoje são encarados como direitos sagrados da propriedade intelectual e, como tais, protegidos, cuidados e sacramentados por todo um aparato jurídico e policial que dá várias voltas em torno do planeta. Temos aí um mistério a ser resolvido pelos pesquisadores do genoma: quando, onde e como o código genético humano mudou? Na época de Sócrates, todos os conhecimentos desenvolvidos pelos egípcios e babilônicos poderiam ser revelados em qualquer cérebro dotado de alma por meio do diálogo dirigido. Para a turma da Academia (Platão), todo homem trazia dentro de si um "deus", pois sabia de tudo o que ocorria no universo. Muitos séculos depois, os ingleses concluíram que não era nada disso e que os homens, ao nascer, sabem das coisas tanto quanto um jegue. Atualmente, chegou-se à conclusão de que sabem do que é bom para nós tão só a Apple, a Ford, a Medley, a Nestlé, a Monsanto, a Ciba-Geigy, a Squibb, a Microsoft, a Westinghouse, a IBM e quejandas. Mudou o homem ou mudaram as necessidades dos machos alfas? É um mistério...

4. O liberalismo

O asiatismo, ainda que opressor, despótico e explorador, mantém em seu sistema de classes-povos o *tempo→espaço humano necessário* para que o afeto se mantenha nas relações produtivas da comunidade oprimida. Essa sobrevivência da comunidade no bloco da opressão do Estado mantém, na memória coletiva, o afeto como a única força produtiva existente no universo; é ela que gera todas as outras. O "tocar-se com o outro" é exclusividade humana; e é ela que possibilita o "tocar com o outro". É uma produção do trabalho humano que acontece como superação da horda pela ativação da fraternidade para o constrangimento do princípio da força.

Não foi por acaso que a teoria do comunismo científico nasceu na Europa, nas nacionalidades mais agressivas (Inglaterra, França e Alemanha), e desenvolveu-se na prática na Ásia (ex-URSS, China, Coreia e Vietnã). Por um lado, naqueles três países, o primeiro se revelou o produto mais acabado do modo europeu de produção de classes: o sistema mais destrutivo e predador do humano em sua máxima agressividade, o capitalismo em sua etapa imperialista e em sua versão fascista. Por outro, o modo asiático de produção de classes é muito mais próximo da comunidade que o europeu; ele não subsiste sem a comunidade. Já o europeu se faz como parasita (predador) da comunidade; vive do saque permanente que realiza contra ela. No norte da Europa (Inglaterra), foi feita a síntese da prática do saque permanente, a qual recebeu o nome de *capitalismo*. Foi no norte mais ao norte (Alemanha) que se fez tanto a síntese da síntese capitalista (o nazismo, o capitalismo na sua forma mais "pura") e a sua contrassíntese, o comunismo científico (Marx e Engels). Ao contrário dos povos europeus, que ao longo da história se beneficiaram do saque promovido por suas classes dominantes, foram os povos asiáticos que mais atribuíram sentido às teorias dos dois revolucionários alemães.

O modo de produção europeu, com o seu marco zero fixado no saque dos povos, desconhece o afeto. Deste desconhecimento forma-se a evitação: ninguém pode tocar-se com o outro porque o outro simplesmente não existe. Se existe, não é semelhante, não é humano. A propriedade privada de um homem sobre o corpo de outro homem fornece-lhe o mote liberal: cada um é cada um e que vença o melhor. Qualquer impedimento a essa lei suprema da natureza é um atentado à "liberdade individual", é um constrangimento insuportável ao direito de cada um ser o que é. O modo europeu de produção de classes é liberal em si porque desconhece o afeto; e é liberal contra as comunidades primitivas (os nativos americanos e africanos) e contra o asiatismo porque não reconhece (e nega) o afeto que neles se faz como fundamento das relações entre os indivíduos.

Sendo uma síntese do modo europeu de produção de classes, o liberalismo não alcança

A COLETIVIDADE

a educação. A educação é o aspecto do trabalho que produz e reproduz o ser humano. É, portanto, aspecto constituinte da comunidade. O liberalismo é o elogio da individualidade contra a comunidade. O campo educacional é-lhe, portanto, inalcançável e invisível. O máximo que o liberalismo alcança é o "resultado". Impedido e impedindo-se de conceber o trabalho que produz aquele determinado resultado, o liberalismo produz a sua contraeducação baseada na programação do homem, na redução do movimento corpóreo ao seu aspecto mecânico. Uma vez feita esta redução, vem a segunda parte que fecha o sistema: a algoritmização do movimento mecânico com a sua consequente "depuração" de toda e qualquer "impureza" humana. A contraeducação está na essência liberal do modo europeu de produção de classes.

A palavra *comunidade* designa a ordenação que a espécie faz das relações entre os seus indivíduos para superar a horda e o princípio da força. O seu princípio ativo é a fraternidade, que engendra a prática da compensação: aquele que é "forte" em determinada habilidade ou atividade compensa o fraco, que, por sua vez, compensa o outro numa habilidade ou atividade em que as condições de "fraco e forte" estejam invertidas (VYGOTSKY, 1987). A comunidade é a ação coletiva de cooperação e de autocuidado permanente necessária para garantir a sobrevivência da humanidade, quando ela já não é possível no quadro da seleção natural das espécies. A crise dramática e final da horda ocorre quando o equipamento corpóreo e orgânico da espécie está esgotado pelo aguçamento da luta entre as espécies pela ocupação dos refúgios. No século XIX, a luta de classes na França levou o conceito de socialismo até o programa do *comunismo científico*, que propõe a emancipação da comunidade das travas destrutivas da horda ativadas pelo capitalismo mediante a técnica e a ciência. A Comuna de Paris (1870) foi a primeira tentativa histórica de realização do programa comunista. A reação feroz que liquidou essa tentativa revolucionária do proletariado parisiense gerou, no campo etimológico, uma distorção do significado da palavra *comunidade*. Para esvaziá-la do seu conteúdo histórico e abrangente, os contrarrevolucionários passaram a utilizá-la para designar a vizinhança paroquial de uma igreja, definida como o "centro pastoral de um rebanho". Nesta distorção, a *comunidade* seria uma exclusividade dos pobres (os "deserdados", o "povo de Deus"), necessitados da esmolas e da compaixão daqueles que têm recursos. Daí o uso atual para designar as favelas e a periferia largada das cidades capitalistas. No nosso texto, utilizamos o seu significado original, abrangente e ontológico, sobretudo porque não existe outra palavra que designe o principal fundamento humano gerador da fraternidade necessária para superar a horda e marcar a origem do humano. Não há outra palavra que nomeie esse aspecto fundador da humanidade. A ausência do conceito não é casual. Proposital, ela faz parte da luta de classes que os liberais movem contra a humanidade e o trabalho. O esvaziamento do significado humano das palavras, símbolos e signos que constituem a linguagem é o principal objetivo do liberalismo nesse importante aspecto do trabalho humano. Semelhante tentativa não é puramente semântica, mas ontológica: substitui-se, na palavra *comunidade,* o seu significado fraterno geral pelo restrito aos pobres a fim de apagá-la da memória da espécie. Em seu lugar fica a tal "opção pelos pobres", que subentende a "opção pelos ricos". Com as bênçãos do liberalismo, a produção do humano, que na comunidade verdadeira é obrigação geral de todos, na comunidade paroquial torna-se simples questão de opção pessoal, de "foro íntimo", a sacrossanta "liberdade individual".

Atividade de debate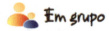

1) Qualquer ser humano com o mínimo de afeto desenvolvido sabe quanto é difícil a produção do humano, quanto é profundo e instável o produto do trabalho educativo e, em contrapartida, quanto é fácil desfazer o que foi feito no *tempo→espaço* humano, quanto é fácil destruir essa relação. Produzir o humano requer a mobilização de toda a comunidade de toda uma coletividade; já para desencadear a regressão à horda, o retrocesso na educação, a perda de um valor humano e a demolição de uma coletividade, basta a ação individual desagregadora num momento de crise e de desânimo na comunidade. Quais as consequências de chamamentos do tipo "liberdade individual", "liberdade de escolha", "liberdade de expressão" e das suas práticas no trabalho de educação e de produção?

XIX

Produção e reprodução

1. O resultado

> **Palavras-chave**
> **Resultado:** do verbo latino *resúlto,as,ávi,átum,áre,* que significa "saltar para trás; saltitar; retumbar, fazer eco; não concordar com, não caber em, não se ajustar com; resistir, opor-se a".
> **Informação:** do latim *informátìó,ónis,* "ação de formar, de fazer, fabricação; esboço, desenho, plano; ideia, concepção; formação, forma".
> **Dado:** lat. *dàtus,a,um* lit. "dado, entregue" (HOUAISS, 2001).

A sociedade está baseada no *sistema de resultados*; com ela e por ela estão a escola, a sala de aula, o currículo de matemática, a formação do professor, o seu método e planejamento de aula e a expectativa dos alunos e dos seus pais. Mas o que é o "resultado"? É "saltar para trás, não caber em, não se ajustar com; resistir, opor-se a". O resultado do "resultado" é a manutenção do que já existe. "Saltar para trás" é bom quando é preciso "ser preciso". Mas isso nem sempre é preciso, principalmente no que se refere à educação e à aprendizagem. Nestes casos, quem está educando e quem está aprendendo precisam "saltar para a frente", para aquilo que lhes é novo, desconhecido. Neste salto é preciso "não ser preciso", pois se trata não de manter o que existe, e sim expandir e aprofundar o que existe até novo *tempo→espaço* mais amplo, que não existia anteriormente.

O liberalismo baseia-se no sistema de resultados exatamente porque, com ele, evita a educação e a aprendizagem. O compromisso liberal é com a manutenção da ordem necessária à reprodução ampliada do capital. No *tempo→espaço* liberal, "saltar para a frente" é bom apenas no cemitério do trabalho morto, quando ocorre a produção de tecnologia. No *tempo→espaço* do trabalho humano, o que importa é "saltar para trás". Para o liberalismo, a única forma de trabalho existente é o trabalho mecânico, meramente repetitivo, abstrato, que apenas reproduz o gabarito definido pelo capital via mercado mundial como "padrão universal".

2. Dado e informação

O resultado não dá em árvores nem brota do chão. É produto do trabalho humano, de determinada atividade corpórea voltada para determinado fim. O resultado é um "fim" antecipado, inicialmente, por corresponder a uma necessidade vital da espécie. Em seu fundamento, a ação produtiva ocorre com o sistema nervoso central comandando e ativando sobretudo a relação *olhos→mãos*: os olhos observam e as mãos manipulam, operando diretamente com o objeto de trabalho.

- Vai começar determinado trabalho (re)produtivo. O trabalhador chega ao seu posto de trabalho. Ele já traz, antecipado em sua mente, o resultado final do trabalho que vai realizar. Com base nessa finalidade previamente definida, ele ativa os órgãos dos sentidos, numa mobilização do corpo para a realização de uma tarefa específica. O organismo do homem será comandado por sua mente para ordenar ativamente uma parte separada do universo, abstraída da totalidade, destacada da fluência inorgânica e orgânica. Essa operação requer uma sensibilização, uma disciplina de todo o corpo que chamaremos de *concentração*.

- Disciplinado, o trabalhador passa em revista o ambiente em que vai atuar. Ativa os olhos, sobretudo, e os demais sentidos (tato, gosto, olfato e audição) secundariamente, fazendo um "pente-fino" do entorno em vista do "fim" (resultado) que já traz em mente; esta operação preparatória leva o nome de *observação*; nela o trabalhador reduz--se à condição de *observador*. Com essa atividade, ele produz o *isolado*.

- A observação comprometida com um fim remete diretamente à análise da matéria que será transformada. Com esta análise, o trabalhador produz os *dados* disponíveis para a atividade produtiva, para a ação das mãos.
- Com base nesses dados, o cérebro elabora uma informação, a combinação dos dados orientadora da ação que o corpo do trabalhador realiza.
- Para a próxima reprodução, essa informação converter-se-á no comando que o sistema nervoso central disparará para o corpo em geral e as mãos em particular.
- Esse comando mobiliza e dirige o corpo e, principalmente, a relação *olhos→mãos* para o "fazer" que, finalmente, produzirá o resultado da ação.
- Por fim, o trabalhador dá o "salto para trás", a *avaliação*, comparando o resultado obtido pela sua ação produtiva com o resultado-fim estabelecido previamente.

3. Produção e reprodução

Até aí temos a descrição analítica de um trabalho (re)produtivo, que opera no "sistema de resultados". A concepção liberal de trabalho só vai até este ponto. Nele estão, na ponta terminal, os senhores do juízo final do capital, com seus cronômetros, tabelas e gráficos e toda a parafernália de "tratamento da informação". Para a turma do "controle de qualidade", que fará o julgamento mercantil do produto, o resultado é uma informação que precisa de tratamento. Converte-se, assim, em dado que, por sua vez, será "tratado" para gerar nova informação orientadora do próximo processo reprodutivo.

Se o produto estiver dentro do "desvio→padrão", então a operação "deu certo" e ele será enviado para o mercado mundial. Se não "deu certo", retornará (salto para trás) até o ponto da linha onde é possível a correção, sendo a reciclagem total (sucateamento) o limite.

No liberalismo, a vida dos mortais para aí, na atividade puramente reprodutiva. Mas a vida humana não se detém nesse ponto. Todo o processo de trabalho que ocorreu até então é apenas a preparação, a introdução do trabalho humano. Este realmente começa a partir do instante em que se chega ao resultado obtido. Para o educador e, por consequência, para o educando, este "resultado almejado" é apenas um dado entre muitos: os movimentos do corpo, a sua combinação, as sensações experimentadas, a recapitulação de cada momento, de cada instante, a captura das emoções e, principalmente, a recuperação da "agilidade primordial", da percepção do inconsciente, da preensão da mão da criança, da fluência simples da folha que cai.

Enquanto o "sistema de resultados" remete para um salto atrás, a educação e, principalmente, a aprendizagem remetem para o "salto à frente". Neste busca-se, no resultado obtido, não a repetição mais próxima possível do previsto, mas sim as diferenças, mesmo as mínimas. O pressuposto reprodutivo é a repetição do padrão estabelecido, a imitação *ipsis litteris*. Já o pressuposto produtivo é a modificação tanto no objeto (na coisa) quanto no sujeito (no humano). Nele a relação *objeto→sujeito* implica, necessariamente, um par ordenado inédito, original, único e pessoal, intransferível a outra atividade humana. É com base no pressuposto produtivo que se inicia o trabalho educativo, aspecto inerente ao trabalho humano que determina o seu caráter educativo. O trabalho reprodutivo é tão necessário quanto insuficiente para que aconteça o trabalho produtivo.

Até o resultado *finalidade/comando,* temos o trabalho reprodutivo, repetitivo, abstrato, alienado, condicionador, programador, que remete para trás e é, portanto, antieducativo. É com ele que Oscar fez o seu sucesso na "bola ao cesto". Dele para a frente, temos o trabalho produtivo, útil, educativo. É com ele que o mestre Pedroca educou seus estudantes atletas na arte cavalheiresca do basquete de Amaury.

Educação e trabalho não são processos diferenciados. A educação ocorre no interior do processo de trabalho. É o seu aspecto humano. Sem ela o trabalho é rompido, bloqueado e reduz-se a atividade desumana, mecânica. O trabalho que se realiza sem educação é alienado. O que ocorre com educação é trabalho integral. Não existe educação fora do campo do trabalho. "Trabalho educativo" é, portanto, um pleonasmo. Todo trabalho é produtivo (um passo à frente) e reprodutivo (um passo para atrás). O trabalho só reprodutivo é trabalho mecânico, abstrato. O trabalho produtivo é intrinsecamente reprodutivo. Não há produção sem reprodução. E a reprodução sem produção só é obtida por meio da ruptura do trabalho nos dois contrários: o manual e o intelectual.

4. A ruptura entre trabalho manual e trabalho intelectual

A correspondência entre produção e reprodução no interior do trabalho humano realiza-se diretamente na comunidade. Quando esta se rompe, dividindo-se em classes, o produto-resultado, como ocorre a todos os produtos do trabalho humano, passa a ser mediado pela classe dominante. Esta se situa como intermediária entre a reprodução e a produção, rompendo-as por meio da fratura entre trabalho manual (ou "puramente" reprodutivo) e intelectual (ou "puramente" produtivo). Tal ruptura foi levada a efeito pelo escravismo individual implementado pelo modo europeu de produção de classes. Aos escravos fica o trabalho reprodutivo sem nenhum átomo do produtivo; aos senhores fica o monopólio do trabalho produtivo, como se este pudesse desenvolver-se desvinculado do primeiro. É impossível tanto os escravos serem apenas trabalhadores reprodutivos quanto os senhores e seus intelectuais serem apenas produtivos. A integralidade do trabalho humano passa ao largo do controle da classe dominante e faz-se na correspondência reprodução→produção, ainda que esta seja ocultada pela ideologia daquela. Embora se façam como produto do trabalho integral, os avanços do conhecimento, do fazer, do saber, do saber fazer e do fazer saber emergem, à luz da sociedade de classes, como produto da genialidade, criatividade e liderança dos Pitágoras, Platões, Euclides, enfim, dos representantes da "elite", dos vencedores e dos "machos alfas" constituintes do Estado que subjuga a comunidade e o trabalho humano.

5. Causa e efeito

A relação *causa→efeito* centraliza e formata a mente humana e todo processo psíquico que nela ocorre, incluindo o pensamento. Ela deriva da natureza reflexiva da conexão do organismo animado, em geral, e do homem, em particular, com a fluência universal. Esta conexão é função do sistema nervoso.

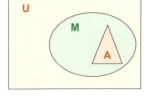

• Está o organismo animado A vivendo adaptado ao seu ambiente M na fluência universal U.

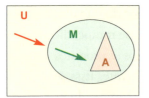

• A totalidade é fluente, está em contínua variação. Determinada variação incide no organismo animado: este fenômeno chama-se *causa*.

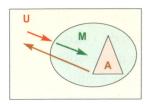

• Os organismos animados, entre os quais o homem, são dotados de um sistema nervoso cuja função é captar a *causa* e produzir no corpo um reflexo, um movimento orgânico que combine o organismo com a variação vinda do meio, a qual, por sua vez, se originou na totalidade fluente. Este movimento do organismo busca restaurar o equilíbrio necessário à continuidade da vida no ambiente e chama-se *efeito*.

Semelhante conexão chama-se *reflexo,* faz-se de forma instantânea e tem como cenário o inconsciente. Ainda que seja instantâneo, é um movimento de *totalidade*; é o organismo animado "integrando-se" na totalidade a cada instante. Trata-se do modo pelo qual a continuidade orgânica ocorre no interior da continuidade da fluência universal. O termo "integrando-se" está entre aspas porque o seu uso aqui é de puro efeito didático e muito pouco tem a ver com o real. A aparência é que o organismo animado está "correndo" atrás da fluência, quando, na verdade, a essência é que ele está apenas "sendo" na totalidade fluente. As palavras "combinação", "adaptação", "seleção" dos seres vivos descrevem o fenômeno na sua aparência, e a sua decomposição em *causa* e *efeito* sugere esse "tempo" que não existe no real. O real é instantâneo e é atributo exclusivo do inconsciente. A aparência da relação causa→efeito é um artifício que a consciência desenvolve para analisar a vida. É o que ela alcança do reflexo instantâneo que ativa, continuamente, todo o organismo para "responder" à fluência por meio de uma "combinação" que possibilite a continuidade da vida nas condições determinadas pelo ambiente.

A consciência é uma tartaruga que procura acompanhar os múltiplos relâmpagos que continuamente ocorrem no inconsciente. Ao caráter instantâneo dessas infinitas faíscas elétricas que assolam o inconsciente, a milenar tartaruguinha só pode opor o seu lento e pesado passo: a análise, que sempre será um esquema, uma aproximação grosseira e primitiva do real. O máximo que ela consegue é um simulacro do real, que parece pouco, mas é muito quando comparado ao quase nada que os outros organismos animados conseguiram desenvolver. O esquema que segue foi feito para ajudar a visualizar esta relação entre a consciência-tartaruga e o inconsciente-faísca geradora do conhecimento:

- Inicialmente, tem-se um ser animado no interior da totalidade universal. A fluência contínua desta incide no sistema nervoso do ser, gerando uma tempestade de sensações chamada de *inconsciente*.

- No interior do oceano em tempestade de relâmpagos e faíscas sensoriais faz-se uma pequena tartaruga, chamada *consciência,* que vagueia, buscando encontrar-se na fúria universal.

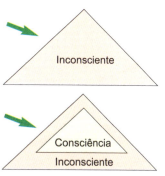

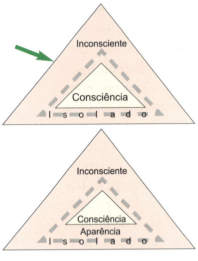

- É impossível lidar com a totalidade em sua tempestuosa fluência universal. Sabiamente a tartaruga cria em torno de si um *isolado*, que tanto a protege do caos total quanto lhe permite atuar com o método "uma coisa é uma coisa, outra coisa é outra coisa".

- Diz o ditado que "o sapo pula por necessidade e não por boniteza". A tartaruguinha também cria o *isolado* não por amor à arte, mas para sobreviver. No seu interior a consciência produz, entre ela e a essência universal que se apresenta caótica, uma ordem chamada *aparência*.

- Graças a esta dupla camada protetora *isolado→aparência*, a variação universal não incide diretamente na tartaruguinha; ao atravessar a tempestade inconsciente, ela é filtrada e atenuada pelo *isolado→aparência* e chega à consciência amenizada a tal ponto, que permite que esta faça uma parada, encare o que está sentindo, analise e produza a *causa*.

- Nesta relação *tempo→espaço* humano gerada como *isolado→aparência* no interior da conexão *instante→totalidade*, a variação total converte-se numa informação que passará a orientar a animação da tartaruguinha, que, assim, produz o *efeito*.

Entre a causa e o efeito, a consciência interage com a conexão *instante→totalidade*, de cuja essência a própria consciência se afasta e se protege por meio da relação *isolado→aparência*. Protegida, a consciência pode aproximar-se da essência por meio da análise, num movimento chamado *ontologia*.

O trabalho humano produz, assim, a relação *aparência→essência* que se materializa na natureza humana, na aparência, por meio da casca oca, formal, *causa→efeito* e, na essência, por meio do conteúdo *ontologia→ aproximação contínua do real*.

A relação *causa→efeito* é esquemática. É, portanto, vazia de conteúdo. Em si, não diz nada, não informa coisa alguma. Mas é a única que a consciência criou para lidar com a inalcançável fluência universal. Há dois perigos na sua utilização: são os contrários subestimação e superestimação. O liberalismo utiliza-se dos dois para cortar o trabalho humano em suas partes constituintes – as atividades manuais e as intelectuais. De um lado temos a superestimação, a apologia da relação *causa→efeito*, resultando numa mistificação e numa falsificação permanente do real. Nesta condição, ela é usada como conteúdo, como essência, como chave universal para decifrar todos os enigmas e mistérios da natureza. Este é o sentido que o programa liberal lhe atribui, para gerar o *sistema de resultados*, cuja função é reduzir o trabalho ao seu aspecto reprodutivo.

De outro lado, temos o perigo da sua subestimação, da sua desvalorização: a relação *causa→efeito* é só reprodutiva, não faz avançar o conhecimento, não serve para nada. Este equívoco é muito comum nos gabinetes e escritórios da "elite", nas seitas pitagóricas das fraternidades que se julgam acima dos mortais e no seio da burocracia. É o princípio platônico que distancia o intelecto da manipulação e é importante instrumento ideológico para a realização da ruptura liberal entre o trabalho intelectual e o manual.

Assim como a produção pressupõe a reprodução, a ontologia pressupõe a *causa→efeito*. O equívoco não está na reprodução e na relação *causa→efeito* em si; está na sua ruptura liberal com a produção e com a ontologia. A reprodução sem produção, a "síndrome de Oscar", torna-se um contra-trabalho; a *causa→efeito* sem a ontologia torna-se um positivismo, um pragmatismo franco-anglo-saxão. A arte cavalheiresca de Pedroca, o princípio educativo faz-se com a produção desenvolvida com base na reprodução, com a ontologia que continua a *causa→efeito*.

Atividade de debate

Faça a leitura compartilhada do texto que segue.
No livro *The Gordian knot: political gridlock on the information highway*

(*O nó górdio: impasse político na estrada da informação*), de Neuman, W. Russell, Mcknight, Lee e Solomon, Richard (Cambridge, MA: MIT, 1999), um dos autores, Richard Solomon, professor de teoria da comunicação da Universidade da Pensilvânia, estudioso da história das ferrovias, faz o seguinte relato:

A anca equina e o ônibus espacial

O ônibus espacial ianque (*space shuttle*) utiliza dois tanques de combustível sólido (SRB – solid rocket booster) fabricados pela Thiokol, em Utah. Os engenheiros que os projetaram queriam fazê-los mais largos. Do ponto de vista da segurança e do abastecimento, seriam mais eficazes tanques maiores, com maior capacidade. Por que tiveram de restringir as suas dimensões? Porque havia a limitação dos túneis das ferrovias por onde seriam transportados. Estes túneis tinham suas medidas baseadas na bitola da linha, de 4 pés e 8,5 polegadas.

A bitola das ferrovias (distância entre os dois trilhos) nos Estados Unidos é de 4 pés e 8,5 polegadas. Como se chegou a esse número?

Essa era a bitola das ferrovias inglesas, e foram os engenheiros ingleses os mesmos que projetaram as ferrovias ianques. Por que usavam essa medida? Porque os fabricantes dos vagões e locomotivas eram os mesmos que produziam as carroças. Os trabalhadores, a linha de cooperação manufatureira, os postos de trabalho, o ferramental e os padrões usados na fabricação das carroças foram os mesmos que passaram a fabricar as locomotivas a vapor e os seus vagões.

E por que tinham essa medida? Porque essas estradas foram abertas pelo Antigo Império Romano, quando de suas conquistas, e tinham as medidas baseadas nas antigas bigas romanas. E por que as medidas das bigas tinham esse padrão? Porque foram feitas para acomodar dois cavalos.

Por que as medidas de 4 pés e 8,5 polegadas foram padronizadas para as carroças? Porque a distância entre as rodas das carroças deveria caber nas estradas antigas da Europa, que tinham essa medida.

A parte corporal mais larga de um cavalo é a sua anca. A fabricação de uma biga romana estabeleceu o padrão de ajuste às duas ancas equinas. Assim foram estabelecidas as medidas de 4 pés e 8,5 polegadas como padrão imperial romano, e este se manteve até a exploração espacial dos dias de hoje. Chamaremos esta relação causal que se estende da anca do cavalo até o tanque de combustível do ônibus espacial de *bitola estreita*.

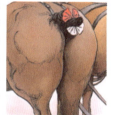

Responda às questões seguintes:
1) Utilizando diagramas, represente num desenho esquemático a relação causal da *bitola estreita*.[NR1]
2) Quem a produziu?[NR2]
3) E onde ela se materializou?[NR3]
4) Tomando cada par *causa→efeito,* houve erro em algum deles? Qual?[NR4]
5) Tomando a relação como um todo, houve um erro? Qual?[NR5]
6) O real inorgânico dela resultante é um erro? Qual?[NR6]
7) Onde ocorreu o erro?[NR7]
8) Vamos chamar este grande erro composto de resultados certos de *erro da bitola estreita*.
a) Este é um erro apenas "ferroviário"? Justifique a sua resposta.
b) Por que o traseiro do cavalo permaneceu como padrão para veículos de transporte por quase dois milênios e, por sua vez, o *design* dos carros muda a cada ano?
c) Por que o *design* das pessoas (roupas, cortes de cabelo, sapatos, joias etc.) muda em cada estação?
d) Por que manifestações artísticas como música e dança mudam em cada canal (seja de TV aberta, seja a cabo)?
e) Por que mudaram as mães, os pais, o namoro, o casamento nas últimas três décadas?
f) Por que existem "erros" corrigidos em segundos – por exemplo, algumas promessas eleitorais – e outros que resistem por milênios sem nenhuma correção?

Nossas Respostas (NR)

(NR1)
A relação causal pode ser representada pelo seguinte diagrama:

(NR2)
A relação causal foi, em cada elo, produzida pelos técnicos do período histórico considerado. Ela foi produzida na natureza humana pelo trabalho.

(NR3)
Ela se realizou ou se materializou na natureza inorgânica (das estradas, bigas e bitolas).

(NR4)
Não houve nenhum erro; cada causa gerou o efeito correto (o "resultado certo") no par.

(NR5)
Houve dois erros: o primeiro, universalmente humano e inerente a todo isolado: *ele é sempre limitado.* O segundo erro é o mais sério e, em si, fonte do desumano: a crença (ou tabu) que estabelece que a rede causal é ontológica, reflete diretamente o real e sua essência, e é, em si, fonte de conhecimento.

(NR6)
O real inorgânico, seja resultante da ação do homem ou não, não é errado nem certo: é apenas e tão somente *real.*

(NR7)
O erro ocorreu no encolhimento do humano em relação ao desumano: o primeiro cedeu espaço e o segundo avançou na fraqueza daquele.

XX

O pressuposto

1. A incerteza

A totalidade universal em sua fluência contínua é o único dado absolutamente objetivo que a mente encontra na natureza. A partir deste ponto de partida, todos os outros dados são produtos da animação do ser homem em seu movimento vital de sobrevivência. Todos os próximos dados serão extraídos daquela totalidade pelo interesse do sujeito em manter-se vivo e satisfazer suas necessidades.

Palavras-chave

Necessidade: do latim *necessìtas,átis,* "inelutável, inevitável, destino, fatalidade, indispensável".

Instinto: do latim *instinctus,us,* que significa "excitação, impulso, movimento, picar, furar, ser pontudo, marcar com ferro rubro ou instrumento pontudo, aguilhoar, incitar, induzir, estimular, atiçar, impelir, instigação, incentivo, animação; irritação, exasperação".

Prazer: do latim *placèo,es,cùi* ou *cìtus sum,placére,* "agradar, ser agradável, parecer bem, ser do agrado de".

Desejo: do latim *desèdium, desidìa,ae,* "estar sentado, permanecer sentado", mas com evolução semântica para "ócio", donde *desidìa*, com acepção de "inércia, indolência, repouso" (HOUAISS, 2001).

Entre a totalidade universal e a animação do ser, abre-se um espaço de permanente incerteza sobre o que é real e o que é interesse do animal atuando por sua própria vida individual.

O dado primordial, aquele extraído em estado bruto da totalidade, constitui um primeiro "isolado", um recorte que o sujeito faz no universo com base em suas necessidades, interesses e intenções. O isolado já é, em si, subjetividade, pois está determinado pela animação do observador/operador. A objetividade absoluta, só existente no dado "em si", enquanto ele ainda não o é para o sujeito, cede lugar à objetividade relativa (que chamamos de "objetividade subjetiva") assim que se constitui o isolado. No interior deste isolado faz-se a linha causal *dado→informação,* desenvolvendo-se como expansão do isolado, como aprofundamento e ampliação da "objetividade subjetiva" original. Esta, em seu desenvolvimento, torna-se cada vez mais subjetiva e menos objetiva, à medida que se distancia da totalidade universal que forneceu o "dado primordial". Quanto mais a cadeia se distancia da objetividade absoluta, maior é a incerteza e maior é o erro inerente ao primeiro isolado.

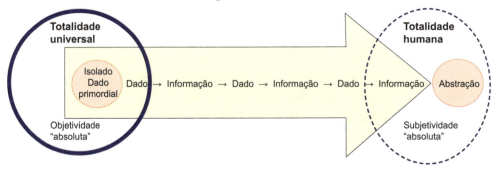

2. A incerteza universal

O observador, que em seguida se torna operador, é, do começo ao fim da cadeia causal, um organismo animado com interesses vitais. Seja Einstein, seja Zé da Silva, ele inicia a cadeia ou se inicia nela sempre movido pelos interesses vitais e sempre a partir de determinada informação que, de alguma forma, o anima como possibilidade de satisfação de necessidades.

O PRESSUPOSTO

O interesse individual está sempre presente na montagem de uma cadeia causal, seja no seu início, seja em cada um dos seus nós. Não importa se o observador é um psicopata ou um ser humano: é ele quem determina a informação que interessa. A informação, portanto, está sempre "contaminada" e determinada pelo observador e *nunca é neutra*. Ocorre na natureza humana algo semelhante ao que ocorre na relação entre o observador e o fenômeno quântico na natureza inorgânica. No mundo subatômico, o físico Heisenberg estabeleceu o *princípio da incerteza*: *O observador sempre interfere no objeto observado devido à natureza da matéria inorgânica e da luz, implicando num grau de incerteza inerente aos resultados de sua observação.*

> Para conhecer mais o princípio da incerteza, consulte os seguintes *links*: <http://pt.wikipedia.org/wiki/Princ%C3%ADpio_da_incerteza_de_Heisenberg>; <http://www.brasilescola.com/fisica/principio-incerteza.htm>. Acesso em: 18 abr. 2013. E para ter uma primeira biografia do físico alemão que o enunciou, consulte o *link*: <http://pt.wikipedia.org/wiki/Werner_Heisenberg>. Acesso em: 18 abr. 2013.

Há sempre um erro na observação do mundo quântico, que se amplia à medida que aumenta o comprimento de onda emitida pelo observador ou pelos seus instrumentos. Não existe, portanto, nada "exato" na natureza. Nenhum resultado, nenhuma ciência, nem mesmo a matemática, são exatos: dois mais dois são "exatamente" quatro porque os homens assim combinaram:

> *Nem sempre 2 mais 2 são 4. O 3 não vem necessariamente depois do 2. A criança pode chegar muito bem ao topo da escada sem subir metodicamente todos os degraus (águias não sobem escadas!); e eu, sem contar as cabeças, sou capaz de dizer se falta uma ovelha no meu rebanho. Você levanta os braços ao céu: essas afirmações, todas empíricas, contradizem e perturbam toda a sua pedagogia matemática, aparentemente científica. O que acontecerá quando provarmos, com fatos, que se pode aprender a ler sem nunca se ter estudado os elementos componentes das palavras e das frases; que alguns problemas complexos podem ser resolvidos por outras vias diferentes daquelas, excessivamente graduais, previstas nos seus livros; que as crianças são capazes de pintar um quadro comovedor sem terem seguido os cursos que, até então, tinham o monopólio da preparação para a arte; e de nos surpreender com o seu sentido poético, antes mesmo de conhecerem uma única regra de gramática, de ortografia ou de*

métrica. Se isso é verdade – e é –, é porque existem, para o conhecimento e a cultura, alguns caminhos que não são ensinados e seguidos pela escola (FREINET, 1985, p. 73).

Os técnicos de engenharia aeroespacial lidam há décadas com um erro recorrente na determinação da trajetória das naves que ultrapassam a órbita de Júpiter. Aparece uma aceleração centrípeta em direção ao Sol, o inverso do que se esperaria (a força gravitacional diminui sempre com a distância)... Calculam, calculam, pensam ter chegado ao número certo e, na próxima viagem, o erro repete-se em ordem de grandeza. E os deuses entreolham-se perplexos: "Onde erramos?" Para saber mais sobre as anomalias depois da órbita de Júpiter, sugerimos os *links*: <http://pt.wikipedia.org/wiki/Anomalia_das_Pioneers>; <http://www.ccvalg.pt/astronomia/noticias/2005/07/26_pioneer.htm>. Acesso em: 18 abr. 2013.

Os números são exatos em relação a si próprios, nas relações produzidas com eles e para eles. Nas relações entre a matemática e a totalidade universal não existe nenhuma exatidão. Todo cálculo, todo resultado dependem dos dados que o observador utiliza. O resultado, qualquer que ele seja, só é exato em si. Mesmo se, num modelo ideal, uma operação corpórea ou manual for rigorosamente repetida, o resultado, também rigorosamente, não será o mesmo. Nenhuma operação se repete plenamente porque ninguém se *banha duas vezes no mesmo rio* (HERÁCLITO).

A humanidade de Heisenberg permitiu que a física saísse das experiências cósmicas fantásticas de Einstein e descesse à Terra. Nela, identificou-se uma incerteza universal na conexão do observador (natureza humana) com a matéria quântica (natureza inorgânica). O princípio da incerteza abriu caminho para que a ontologia fosse até o universo subatômico, até então só acessível à seleta confraria dos "gênios". Graças à humanidade de um desses gênios, os deuses aceitaram o que qualquer operário ou camponês já sabia na sua lida diária com as vis coisas mortais: há sempre um erro original na observação humana das conexões naturais.

Na natureza humana, o homem animado conecta-se com o ambiente por meio da criação de isolados. A necessidade que o anima determina antecipadamente a natureza desse isolado. Daí o caráter universalmente intencional (e interesseiro) do corte realizado. Qualquer que seja ele, sempre conterá um erro de origem, pois a intenção dirigirá o observador para determinadas qualidades, as necessárias, tornando desprezíveis (ou "invisíveis", "insensíveis") as outras propriedades da matéria, as que não implicam qualidades necessárias. O observador sempre focará o que lhe é interessante e sempre se desviará do que não é. Quanto maior for o comprimento da "onda" causal desencadeada a partir do primeiro isolado, maior será o erro (ou a incerteza do resultado) desenvolvido ao longo da relação. O princípio da incerteza pode ser estendido da natureza inorgânica quântica à humana desde que se mantenham em mente as diferenças fundamentais entre elas. Fica, assim, confirmada a universalidade do princípio da incerteza de Heisenberg, segundo o qual a matéria observada, também na dimensão quântica, já está distorcida e modificada pela presença e ação do observador. O "dado" é tão dado quanto o observador, e este é o limite universal da objetividade.

A impossibilidade humana de acesso à objetividade absoluta não implica sua inexistência. Enquanto "real em si", ela existe independentemente dos interesses e necessidades do organismo animado. Mas não é alcançável pela subjetividade porque, no primeiro toque desta, realizado no "dado primordial", a objetividade "subjetiva-se". A consciência de sua existência não é inútil ou bizantina. Ela fornece o impulso e o sentido para a ontologia, da mesma forma que uma pessoa pode consultar uma bússola para orientar-se sem que seja obrigada a chegar a um dos polos magnéticos da Terra.

A utilização do princípio da incerteza de Heisenberg como modelo para a compreensão dos processos humanos é uma faca de dois gumes: do outro lado do fio humano há o corte desumano. Na natureza inorgânica não existem classes sociais, a hegemonia do capital financeiro, o mercado capitalista. Na matéria sem vida, os *quarks* não dependem de vender sua força de trabalho a outros *quarks* para sobreviver, não podem construir-se como *quarks* com base em sua atividade. Mas isso não é limite para a psicopatia e o seu objetivo final de converter todo trabalho humano em trabalho morto. A regressão à horda só é possível no âmbito de uma regressão total do universo, numa espécie de *Big Crunch* ("grande colapso", teoria que afirma a possibilidade futura de o universo, por efeito da atração gravitacional, começar a contrair-se até entrar em colapso, numa inversão do *Big Bang*). Nela a vida retornará à morte e o orgânico ao inorgânico. E tudo começa com o humano tornando-se mecânico. Para estabelecer a "ciência" dessa regressão, a mecânica quântica tem cedido espaço à metafísica quântica tal qual a mecânica clássica cedeu espaço à sua metafísica correspondente, construída em torno do princípio da incerteza. Para quem tem como *pressuposto* que o mercado capitalista é natural, está inscrito na natureza orgânica e na natureza humana, e que o mercado capitalista é uma determinação ontológica do ser humano, não custa nada reinventar esses princípios "naturais" com base no princípio da incerteza de Heisenberg.

3. Dado e informação

Tome-se a relação abstrata *causa→efeito* em sua versão *dado→informação*. Os dados tratados sintetizam-se numa informação.

Na cadeia causal, a informação que resultou de determinado tratamento de dados converte-se em dado a ser tratado para a produção de nova informação. A informação entra como dado em outro tratamento, que resulta em outra informação. Numa relação, o registro faz-se como informação; o mesmo registro, em outra relação, pode constituir um dado. A condição de dado ou de informação depende da posição relativa do registro no tratamento.

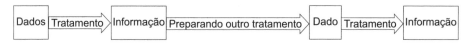

A expressão "tratamento da informação" *pressupõe* que a informação já foi produzida e agora é apresentada como "dado". O *pressuposto*, aquela entidade misteriosa, invisível e muda, sem cheiro e gosto, que paira no ar, é que comanda o dado e a informação. É ele que impõe que o dado seja dado, e não informação, e vice-versa. Mas o pressuposto é dado pela imposição de quem o produziu àquele que o produtor quer dominar. O dado, portanto, nunca é neutro, isento de intenção. Mesmo o dado "dado" diretamente pela natureza inorgânica. É dado a quem quer recebê-lo; e quem quer recebê-lo já está à sua procura. Assim, antes do dado, está o recebedor, procurando-o. O universo está todo dado para quem inicia uma busca. Mas o buscador procura nele o que lhe interessa. Somente o dado da totalidade é "isento" e independe do operador ou observador. Já o segundo dado, aquele que interessa, já está "contaminado" pela intenção do "procurador" ("quem procura acha"). O dado, portanto, é sempre uma informação, pois só o dado que compõe a totalidade universal e ainda não foi "procurado" é "isento" de subjetividade e de interesse.

4. O pressuposto

O segredo misterioso que relaciona o dado com a informação é o *pressuposto*. Trata-se de uma "imatéria" (seja lá o que isto for) que acompanha a "matéria" sem ter sequer um átomo ou *quark* em sua composição. Como o boitatá, é um ser que é sem ser. É preciso desvendar esse mistério que paira no ar e revelar a sua natureza material para escaparmos do fogo que sai das suas ventas.

> **Boitatá** (Os Angueras)
> Ouça a canção no *link*:
> <http://www.angueras.com.br/boitata.mp3>.
> Acesso em: 18 abr. 2013.
>
> É boi, é boitatá, donde vem o que será?
> É cobra não sendo cobra, é fogo não é.
> Faz sombra não sendo sombra, caminha, mas não tem pé.
> É boi, é boitatá, donde vem o que será?
> Não chore, china medrosa, guarda teu pranto, piá,
> Que ao chegar a luz do dia vai-se embora o boitatá.
>
> Para conhecer a lenda do boitatá, entre no *link*:
> <http://www.lendas-gauchas.radar-rs.com.br/boitata.htm>.
> Acesso em: 18 abr. 2013.

O "procurador" sai à cata de dados armado de uma idealização do que procura. Caso contrário, não estaria à procura. Esta ideia inicial que o anima chama-se *pressuposto*. O *pressuposto* é o primeiro isolado que dá partida a uma cadeia causal. Trata-se de informação que alguma vez já foi dada. A cadeia causal expressa-se na relação *dado→informação*, que, por sua vez, se realiza na tríplice relação *pressuposto→suposto→posto*.

> *Suposto* deriva do latim *supposìtus,a,um*, que significa "posto debaixo, que está abaixo; subordinado, inferior; dado, estabelecido" (HOUAISS, 2001).

Nela o *pressuposto* determina o *suposto*, que determina o *posto*. A informação gera o *pressuposto*, que anima o organismo a procurar dados *supostos*, os quais, encontrados, se tornam *postos*, isto é, convertem-se em um isolado da totalidade objetiva absoluta. A análise do posto fornece os dados que serão tratados para produzir a informação desencadeadora da expansão da rede causal para um novo ciclo *pressuposto→suposto→posto*. Todo este processo realiza-se sob a incerteza inerente ao pressuposto, que é sempre a determinação interferente realizada pelo observador sobre o objeto que vai observar.

> *Posto* deriva do verbo latino *póno,is,posívi* (depois *posùi*), *positum,ponère*, "que indica a ação chegada a seu termo" (HOUAISS, 2001).

Atividade de debate

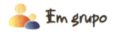 Em grupo

1) A *Gestalt* ou *psicologia da forma* propõe que as diferenças de *pressupostos* na primeira abordagem de um mesmo objeto determinam as diferenças nas cadeias causais que a partir deles serão desenvolvidas. Ao fazer o corte do isolado, os órgãos dos sentidos esculpem um todo no interior da totalidade universal. Fazem-no nas diferentes maneiras que correspondem aos diferentes pressupostos que trazem no consciente e, principalmente, no inconsciente. Esse todo gerado impõe-se às partes que o formam de tal modo que será sempre maior que a simples soma delas. As imagens que produzem a chamada ilusão de óptica são usadas para ilustrar esse princípio. Conforme o pressuposto, a visão será orientada para ver uma ou outra forma no mesmo desenho.

Para saber mais sobre a *Gestalt*, consulte o *link*: <http://pt.wikipedia.org/wiki/Gestalt>. Acesso em: 18 abr. 2013.

Na imagem ao lado, o observador poderá ver um idoso ou um casal com um filho de colo. O pressuposto (ou a "predisposição") que predominar na orientação da visão constituirá o ponto de partida da rede causal que será desenvolvida em seguida.

a) Além da ilusão de óptica, existem também as ilusões de "áudio", de "toque", de "gosto" e de "odor"? Dê exemplos.

b) As "ilusões" são produzidas pelos sentidos ou pela mente?[NR1]

c) O pressuposto está no real ou na psique?[NR2]

d) A ilusão é o pressuposto?[NR3]

e) O pressuposto está no objeto ou no sujeito?[NR4]

f) Quais as consequências dos pressupostos na conversa? Quando eles aprofundam o entendimento? E quando eles obstaculizam?[NR5]

g) O que significa "conversar entre pares"?[NR6]

h) O que você faz quando percebe que você e seu interlocutor estão baseados em pressupostos muito diferentes? E quando os pressupostos se antagonizam?[NR7]

i) Numa situação de tortura, como se relacionam os pressupostos?[NR8]
j) Como a questão do pressuposto interfere na aula? Como você trabalha com ela em sala?

2) A psicanálise freudiana define a neurose como um pressuposto inconsciente que a mente criou para lidar com determinado contexto. A vida posterior leva a psique a novas elaborações, mas o pressuposto permanece, depositando-se cada vez mais fundo no inconsciente. De lá, oculto à razão, ele passa a atuar no aparelho psíquico, perturbando-o e desordenando-o. A psicoterapia faz-se na "caça" a este pressuposto, no oceano do inconsciente, por meio do diálogo maiêutico por livre associação do paciente com o psicanalista. Uma vez encontrado, ele poderá ser administrado pela consciência, que, tendo ciência da sua etiologia neurótica, poderá pensá-lo e neutralizar os seus efeitos emocionais desordenadores e desagregadores.

a) O pressuposto inconsciente é, em si, mau? Ou bom? Justifique a sua resposta[NR9]
b) A caça ao pressuposto é exclusividade da psicanálise? Ela tem aplicação no processo de ensino→aprendizagem de todas as linguagens e ciências?[NR10]
c) A palavra é um pressuposto? Debata a relação existente entre a palavra e o pressuposto.[NR11]
d) O número é um pressuposto?[NR12]
e) Debata a diferença e a identidade entre os significados das palavras *pressuposto*, *tabu* e *estimativa*.[NR13]

Nossas Respostas (NR)

(NR1)
Os sentidos refletem o real, e a mente combina as imagens "sensacionais" segundo o pressuposto que a orienta, produzindo as ilusões.
(NR2)
O pressuposto está na psique, mas tem consequências no real. Estas derivam da ação do organismo, que se animará orientado pelo pressuposto.
(NR3)
Não, a ilusão é o produto do pressuposto.

(NR4)

Está em ambos, na relação que se faz entre estes dois contrários.

(NR5)

O pressuposto é um atributo individual e pessoal semelhante à impressão digital e ao código genético. Não existem dois pressupostos iguais. Eles aprofundam o entendimento quando a busca deste está presente na composição dos pressupostos que conversam. A obstaculização ocorre quando ela já está presente (pressuposta) nos pressupostos. Nos dois casos, o do entendimento e o do desentendimento, é o "pressuposto do pressuposto" que determina o rumo da conversa. O "pressuposto do pressuposto" é a resultante que se faz no encontro de pressupostos num mesmo ponto, o "ponto da conversa".

(NR6)

A conversa entre pares não se caracteriza pela proximidade de pressupostos. Não é determinada pelo pressuposto igual, mas sim quando o "pressuposto do pressuposto", por mais que estes últimos se diferenciem, é predominantemente de busca do entendimento.

(NR7)

Pressupostos diferentes podem ser desenvolvidos no sentido da combinação; isso ocorre quando produzem o terceiro incluído. Pressupostos antagônicos produzem a exclusão do terceiro; a insistência neles inevitavelmente leva ao conflito.

(NR8)

A relação é de aniquilamento.

(NR9)

Nem mau nem bom, o pressuposto é um dado do real orgânico animado. Uma das dinâmicas mais importantes da comunidade é a "caça coletiva" aos pressupostos, sejam eles bons ou maus, neuróticos ou não. A conversa é o meio de trabalho que os seres humanos desenvolvem em comunidade para jogar luz sobre todos os pressupostos que se vão depositando no inconsciente. À medida que se revelam, revela-se, com cada pressuposto, a sua significação, e o seu possuidor (ou possuído) poderá julgá-lo livremente se é bom ou mau e, mais do que isso, *quando* é bom e *quando* é mau. É interessante os seres humanos pensarem por que uma atividade coletiva, a "caça ao pressuposto emocional", se tornou um assunto de especialistas da psique, a ser tratado

entre quatro paredes por um "profissional" que pratica os rituais druídicos de iniciação e quase não se diferencia de um confessor.
(NR10)
A caça aos pressupostos é um fundamento humano e, portanto, educativo e inerente a todo processo de ensino→aprendizagem. A sua ausência ou carência é claramente um sintoma de mecanização do trabalho e de alienação do humano.
(NR11)
A palavra não é o pressuposto, mas o seu veículo por excelência. Do ponto de vista da cultura, as palavras vão tendo os seus significados modificados pelos povos. Do ponto de vista da história, a classe dominante busca impor os seus pressupostos à classe dominada, manipulando esses significados. A palavra povo (*Volk*), na boca de Hitler, implica um pressuposto antagônico ao que implica quando emitida pelos atores de Brecht. Fazemos, neste nosso livro, a caça ao pressuposto nas palavras, utilizando o arsenal etimológico oferecido por Houaiss (2001) em seu Dicionário da Língua Portuguesa.
(NR12)
Do mesmo modo que a palavra, o número não é um pressuposto, mas um veículo importante para ele. A mistificação numérica ("os números não mentem jamais") é muito usada para ocultar os pressupostos de manipulação e falsificação do real. Pesquisas de opinião, de popularidade de políticos, de intenções de voto, bem como a fabricação de índices de desempenho econômico, de emprego, de qualidade de vida, são tidas como reais apenas porque vêm expressas em algarismos hindu-arábicos. Os números, assim como as palavras, "não mentem jamais". Quem mente são os que os manipulam para enganar os povos e conspirar contra a humanidade.
(NR13)
As três palavras designam processos mentais que lidam com o desconhecido, numa variação que vai da consciência à inconsciência. A estimativa é eminentemente consciente; na ponta contrária está o tabu, eminentemente inconsciente. Entre estes dois contrários, mediando-os e variando entre eles, está o pressuposto, amálgama incerto e imponderável de uma pitada de consciência com um tonel de inconsciência.

XXI

A mecânica

1. O humano e a mecânica

O pressuposto universal da natureza humana é a comunidade. O princípio ativo da comunidade é a combinação, o terceiro incluído, a contradição harmônica, a síntese de múltiplas determinações. A comunidade, ao mesmo tempo produto do trabalho humano e a principal condição de sua existência, configura-se materialmente na natureza humana por meio da *coletividade,* uma relação *tempo→espaço* humana determinada histórica e geograficamente. Por meio da comunidade, a espécie agrega-se, superando a seleção natural, produzindo e reproduzindo a natureza humana. A comunidade como pressuposto é a condição universal da existência e sobrevivência da espécie.

Agregar: do latim *aggrègo,às,àvi,àtum,àre,* "reunir, juntar, associar, congregar, agregar" (HOUAISS, 2001).

O sistema de classes estabeleceu-se na espécie há 8 mil anos, tendo como princípio ativo o antagonismo, a exclusão do terceiro, a fratura analítica, a desagregação permanente da espécie. O seu pressuposto universal é a ruptura da comunidade. Trata-se de um "pressuposto no pressuposto": uma vez dada a comunidade, com o seu efeito agregador e produtivo, ativa-se no seu interior o sistema de classes, com o seu efeito desagregador e reprodutivo. Como bom parasita que é, o sistema de classes não tem condições de existir senão sugando um organismo vivo – no caso, a comunidade. Sem esta, ele se extingue.

A comunidade dinamiza-se sob a determinação dos fundamentos humanos. Aí está a sua condição produtiva: graças à produção dos fundamentos humanos – afeto, infância, juventude, conversa, maturidade, mater-paternagem, educação, enfim, todos os aspectos constituintes da natureza humana –, a humanidade ordena-se para produzir na natureza inorgânica→orgânica.

O sistema de classes dinamiza-se sob a determinação das três leis da mecânica de Newton (a chamada *mecânica clássica*), pois são elas que possibilitam a ruptura da comunidade em hordas. A fratura da humanidade em porções que alimentam a desumanidade é ato eminentemente mecânico, semelhante ao praticado nos matadouros de bois. Ressalve-se que a mecânica não tem nenhuma responsabilidade pelo uso que os desumanos fazem dela. É, apenas, uma conexão inorgânica. A matéria inorgânica caracteriza-se pela fluência contínua e pela ausência de vida. A atividade mecânica é um aspecto do trabalho humano passível de ser transferido do corpo orgânico da espécie para o corpo inorgânico, sob a forma de equipamento extracorpóreo. Enquanto estiver no corpo orgânico, a atividade mecânica é trabalho vivo. Uma vez objetivada no prolongamento não orgânico do corpo humano, transforma-se no que Marx chamou de *trabalho morto,* em virtude de sua natureza eminentemente inorgânica.

É nessa conversão do trabalho vivo em trabalho morto que o sistema de classes se instala no organismo pulsante do trabalho humano. Trata-se de um flanco vulnerável em que a psicopatia se instala para promover o princípio da força por meio da retomada da seleção natural como programa liberal para a existência da espécie. Desta forma, o sistema de classes movimenta-se numa teleologia que

Para a leitura de uma biografia resumida de Newton e dos elementos gerais da sua mecânica (incluindo as suas três leis), sugerimos o acesso ao *link:* <http://pt.wikipedia.org/wiki/Isaac_Newton>. Acesso em: 18 abr. 2013.

Teleologia: doutrina que identifica a presença de metas, fins ou objetivos últimos guiando a natureza e a humanidade e considera a finalidade como o princípio explicativo fundamental na organização e nas transformações de todos os seres da realidade; teleologismo, finalismo. Inerente ao *aristotelismo* e a seus desdobramentos, fundamenta-se na ideia de que tanto os múltiplos seres existentes quanto o universo como um todo se direcionam, em última instância, a uma finalidade que, por transcender a realidade material, é inalcançável de maneira plena ou permanente. Também caracteriza o *hegelianismo* e seus epígonos, para quem o processo histórico da humanidade – assim como o movimento de cada realidade particular – é explicável como um trajeto em direção a uma finalidade que, em última instância, é a realização plena e exequível do espírito humano (HOUAISS, 2001).

Esta é uma palavra muito usada como "pressuposto" para tudo na "pós-modernidade" exatamente porque não significa nada. Tal como "protagonismo", "apoderamento", "cidadania", "direitos humanos", "políticas públicas", "desenvolvimento sustentável" e tantas outras, trata-se de uma pérola liberal usada para ocultar o conteúdo de classes da sociedade capitalista e para eludir o fundamento que estabelece o trabalho humano como origem de toda a riqueza da espécie. Rocha Barros, em seu texto *A dialética e a teoria da ciência*, informa que "paradigma" é um *"esquematismo de Thomas Kuhn"* (1922--1996; físico estadunidense que se dedicou à história e filosofia da ciência), o qual identifica *"uma cristalização, algo com certa permanência"* que não corresponde aos processos da natureza nos quais *"as combinações se fazem e se desfazem rapidamente, como por exemplo, na teoria das partículas elementares, em que existe um verdadeiro 'turbilhão' de ideias teóricas, conceptualizações se desenvolvendo rapidamente e se superando"* (ROCHA BARROS, 1997, p. 197). Será que este "turbilhão" é uma característica apenas da física teórica ou – o que é mais certo – de todo o processo de produção do humano? Paradigma é engessamento do pensamento.

lhe é própria: ele se apropria, seja da mecânica clássica, seja da mecânica quântica, para realizar a regressão da espécie

- da comunidade para a horda;
- do trabalho humano para o "trabalho" morto;
- da vida para a morte;
- da natureza humana para a natureza inorgânica.

2. A inércia mental

O *pressuposto* obedece à primeira lei de Newton, também conhecida como *princípio da inércia*: *todo corpo permanece em seu estado de repouso, ou de movimento uniforme em linha reta, a menos que seja obrigado a mudá-lo por forças impressas nele.*

Convertida para a mecânica desumana, a aplicação da primeira lei da mecânica contra a natureza humana gera o *princípio da bitola estreita,* que leva este nome em homenagem à criatividade reacionária da engenharia imperial romana:

Toda cadeia causal permanece em seu estado de repouso, ou de movimento uniforme em linha reta, a menos que seja obrigada a mudar seu pressuposto por forças impressas nele.

A bitola estreita permanecerá limitando de forma crescente a vida enquanto for mantida como pressuposto. A teoria do "paradigma" informa que a bitola estreita tem de ser seguida ainda que constranja a vida. Em seu favor vem a "síndrome de Gabriela" aplicada à realidade: "O mundo foi sempre assim e assim sempre será". Ambos são corolários da primeira lei da mecânica desumana. Se não aplicarmos o primado do humano contra todos os paradigmas e síndromes, as múltiplas *bitolas estreitas* que têm a sua origem na ruptura da comunidade permanecerão *ad aeternum* constrangendo o humano do mesmo modo que as margens "comprimem" os rios.

Do rio que tudo arrasta, diz-se que é violento. Mas ninguém chama violentas às margens que o comprimem (Bertolt Brecht).

As estradas imperiais romanas eternizam-se sob o efeito da inércia mental produzida pelas bitolas estreitas. Do mesmo modo eternizam-se a classificação dos homens em elites e massas, o Estado, as cidades monstruosas descoladas da natureza orgânica, o infanticídio, o abandono da juventude e todas as múltiplas bitolas estreitas que surgem a partir do seu marco zero universal: a ruptura da comunidade em classes. O sistema de classes é regressão permanente da comunidade à horda. Na recuperação do humano, deve-se acompanhar esta regressão até o seu pressuposto universal – a ruptura classificatória –, mas não parar aí. Com mais um passo regressivo chega-se à fonte universal do humano, a comunidade, o pressuposto da fraternidade como condição de existência da espécie no seio da seleção natural. É preciso ir até o pressuposto da comunidade, aquele que antecede a ruptura da humanidade em classes, para, então, escapar da inércia que aprisiona a vida em múltiplas *bitolas estreitas* nas quais é constrangida a movimentar-se de forma retilínea e uniforme ou, no máximo, com variação uniforme.

Atividade de debate (I)

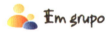

O ônibus espacial é um exemplo de como uma cadeia de resultados certos compõe um erro maior que a simples soma de pares *causa→efeito*. Confirmando o princípio fundamental da *Gestalt*, o *todo errado* transcende a simples soma dos vários acertos que o compõem. O drama humano não reside no volume dos tanques do *space shuttle*. O problema são as cadeias de "acertos" que resultam nos erros finais e inexoráveis que remetem à aniquilação da espécie. Estes erros finais e fatais constituem verdadeiras bombas de extermínio ou, como gostam de chamar os liberais tecnocratas, "armas de destruição em massa". Assim como desenhamos a cadeia causal de acertos que gerou o erro da *bitola estreita*, identifique e represente as cadeias causais que geraram as seguintes "armas de destruição em massa":

1) A cadeia de resultados certos que implicou o erro atômico, a produção da bomba atômica.[NR1]

A MECÂNICA

2) A cadeia de resultados certos que implicou o erro urbano, a produção da bomba urbana, a cidade "taylor-ford-toyotista".[NR2]

3) A cadeia de resultados certos que implicou o erro tecnológico, a produção da bomba tecnológica, a automação do humano (automatismo desumano).[NR3]

4) A cadeia de resultados certos que implicou o erro infanticida, a produção da bomba de destruição em massa da infância, da adolescência e da juventude.[NR4]

5) Debata e critique as seguintes afirmações:

a) O pressuposto de toda a *cadeia causal de bitola estreita* é a guerra. A biga e a estrada romana foram concebidas para as necessidades imperiais de um Estado que está em guerra permanente contra toda a humanidade. O modo europeu de produção de classes em seu estágio escravista individual pensava o mundo à luz da logística, das necessidades de tânatos, da guerra que move contra a espécie.

b) A *bitola estreita* não é um fenômeno apenas ferroviário. É, essencialmente, um processo desumano que se faz e se propaga com base em rupturas ocorridas nas relações de comunidade. O pressuposto que a gerou, a biga romana, é um equipamento de guerra, de ruptura da comunidade. E assim ocorre com as bombas atômica, urbana e tecnológica.

c) As *bitolas estreitas* são mecanismos de desagregação que terminam em bombas anti-humanas. Para desarmá-las, é preciso ir até os pressupostos que as desencadearam e fechá-los completamente. Esse fechamento só é possível com o seu esvaziamento total de conteúdo e significado.

3. Princípio da força

A segunda lei da mecânica de Newton estabelece que *a mudança de movimento é proporcional à força motora aplicada e se direciona na mesma reta desta força e tem seu sentido.*

A aplicação da segunda lei da mecânica contra a natureza humana gera a segunda lei da mecânica desumana, que Freinet chamou de *princípio→ prova de força* ou, simplesmente, *princípio da força.*

> *A escola foi sempre uma prova de força. Diz-se que os policiais veem sempre um delinquente em potencial em cada pessoa de que se aproximam. Os pedagogos*

veem primeiro, na criança, o inimigo que poderá dominá-los, se eles não o dominarem. Como todos nós fomos formados nessa prova de força, nós a supomos natural e inevitável. Ela é oficial e os regulamentos que excluem os castigos físicos autorizam uma variedade infinita de práticas disciplinares [...]. Se você adotar a prova de força com as crianças, já perdeu de antemão. Salvará a fachada e conseguirá silêncio e obediência, ainda com a condição de se manter sempre vigilante para evitar gestos de troça ou uma rasteira (FREINET, 1985, p. 109).

O liberalismo é "pragmático" no sentido anglo-franco-saxão; ele se alimenta de informações que fundamentam decisões desumanas e orientam o princípio da força, imprimindo-lhe racionalidade. Ao contrário do que afirma o senso comum, a razão e a força não são contrários antagônicos. A razão pode ser desenvolvida para orientar o princípio da força e o princípio da força pode servir para a imposição de determinada razão. A relação *razão→força* é poderosa e gera o *poder sobre o humano,* antagônico ao *poder ser humano* gerado na relação *afeto→força,* que constitui o princípio ativo da comunidade. A relação *razão→força* é um fundamento da teoria de estratégias – os tais "jogos de guerra" tão queridos dos matemáticos da linhagem de John Nash, como se guerra não fosse extermínio humano, mas simples jogo, tal qual sugerem os atuais massacres perpetrados pelo ar por mísseis, aviões tripulados e não tripulados, helicópteros apaches que disparam a vinte quilômetros do alvo etc. Para o que dispara a morte, o genocídio não passa de um *videogame* ativado na tela do PC; para quem recebe os disparos, o jogo é pura e insensata barbárie que cai do céu azul como raios enviados por Zeus, do alto do Olimpo, contra os simples mortais. Na sala do Estado-Maior, sobre a mesa dos generais, a guerra é um jogo de estratégia e tática cujas regras foram sistematizadas por Von Clausewitz. Certamente a matemática produzida para tais "jogos" nasce contaminada na origem. Desumana na origem, permanecerá assim até que a "morte os separe", descolando a matemática do desumano.

John Forbes Nash Jr. (EUA, 1928-2015), contemplado com o Nobel de 1994. Cf. <http://pt.wikipedia.org/wiki/ John_Forbes_Nash>. Acesso em: 18 abr. 2013.

Carl Phillip Gottlieb von Clausewitz (Alemanha, 1780-1831). Cf. <http://pt.wikipedia.org/wiki/ Carl_von_Clausewitz>. Acesso em: 18 abr. 2013.

Atividade de debate (II)

 **Em grupo**

1) Debata a função "pedagógica" do *videogame* na banalização da guerra.
2) Debata a função "pedagógica" do *videogame* na conversão do esporte de movimento corpóreo em simples digitação (movimento de cliques digitais) de algoritmos.

4. Ação e reação

O pressuposto universal da natureza humana é a comunidade; a sua animação fundamental é a ação. O pressuposto universal do sistema de classes é a ruptura da comunidade e a consequente regressão à horda; a sua animação fundamental é a *reação*. Para o sistema de classes, o conteúdo ideal (e universal) da relação *causa→efeito* é a conexão *ação→reação* constituinte da matéria inorgânica. Trata-se da terceira lei de Newton ou terceiro princípio da mecânica: *a toda ação corresponde uma reação de mesma intensidade, mesma direção e em sentido contrário.*

Se algo for disponibilizado para ser dado, mas ninguém oferecer-se para recebê-lo, a doação não acontecerá. O dado completa-se no recebimento. Para a *Gestalt*, o mesmo dado pode ser "recebido" de várias formas diferentes. E a terceira lei de Newton diz-nos que a toda ação corresponde uma reação. Combinando os dois princípios, temos a seguinte formulação: *Determinado objeto pode ser concebido mentalmente de várias formas; mas duas delas, contrárias entre si, sempre estarão presentes, gerando isolados igualmente contrários – uma concebida para a* ação*; e a sua contrária concebida para a* reação.

Este princípio determina uma contradição primordial que marca a humanidade em sua origem: entre a *ação humana* e a *reação desumana*. Um problema não se apresenta na objetividade absoluta, mas sim nas várias cadeias causais que se formam a partir dela. E estas cadeias movimentam-se na natureza humana por duas vias contrárias: a comunidade ou a ruptura da comunidade em hordas (ou classes). Para quem se apresenta o problema: ao humano ou ao desumano? Ainda que fundamental, tal resposta não está dada previamente. É preciso saber se o problema é humano ou desumano. Se é desumano, carece mentir contra a mentira, produzir contrainformação. Se é humano, demanda dados para produzir informações.

Enquanto proposta determinada de ordenação do universo, a informação permanece subjetividade. Ela se torna objetiva quando resulta em comando, em ação concreta do ser animado no seio da totalidade universal, buscando ordená-la. Se o problema for desumano, a informação resultará numa ordem desumana; se for um problema apresentado por seres humanos a seres humanos, implicará a produção de uma ordem humana.

A problematização feita na comunidade implica uma solução intrinsecamente humana e muito mais próxima do real do que a feita na regressão à horda, na perspectiva da seleção natural. Em ambas, são os interesses individuais que animam os indivíduos na sua busca de dados e informações. A diferença não está na ausência ou presença de interesses individuais ou mesquinhos, e sim no "tratamento" que eles recebem. Na coletividade, a orientação acontece pelo princípio da comunidade: os dados "interessantes" são trazidos para a conversa e, na roda, são vivamente debatidos, comparados e combinados, compondo o interesse coletivo. Na regressão à horda, a orientação é a seleção natural: os dados são "expostos", omitidos ou ocultados conforme os interesses da classe cuja dominação resulta da fratura da comunidade; e, no interior dessa classe, conforme os interesses de cada indivíduo.

O resultado que mais interessa ao liberalismo é a ruptura da comunidade e sua manutenção em cadeias causais, ou seja, processos reativos. A ação humana é o núcleo articulador e impulsionador da comunidade. A reação desumana é o núcleo que desarticula a comunidade em favor do sistema de classes, o qual, nos dias de hoje, alcançou a sua forma mais desenvolvida, o capital. A reatividade é a permanência da regressão à horda no quadro de desenvolvimento das forças produtivas. O ideal, para o sistema de classes, é a generalização da reatividade numa situação de inércia permanente.

Em ambas as vias, no sentido da comunidade ou da regressão à horda, o "resultado" nunca será um "acerto exato", visto que este não existe na natureza humana, ela própria contínua aproximação do real. Mas as forças produtivas do humano são muito mais fecundas e amplas na coletividade orientada pela comunidade do que quando submetidas ao princípio da força.

A aplicação da terceira lei da mecânica contra a natureza humana gera a terceira lei da mecânica desumana, que Marx chamou de *princípio da luta de classes*: *"A história da sociedade até os nossos dias é a história da luta de classes"* (*Manifesto comunista*, 1848). Daí que: "A toda ação humana corresponde uma reação desumana de mesma intensidade, mesma direção e em sentido contrário."

Família burguesa, ciência burguesa, técnica burguesa, inddústira burguesa... nada disto. A burguesia não tem nenhuma proposta ou modelo de mundo que não seja o liberalismo, a seleção natural, a competição universal. Desse princípio ativo resulta um caráter puramente reativo e operacional. O capital não é uma proposta de humanidade e de humano, uma civilização, uma cultura. É apenas uma operação que transita de menos capital para mais capital, de menos força para mais força, de menos seleção natural para mais seleção natural, de menos competição orgânica para mais competição orgânica.

Atividade de debate (III)

A relação causal é um artifício de ocultação do desconhecimento que o ser humano tem de si próprio.

Trata-se de uma metáfora da existência animada do homem no universo. Ele, o homem, é um mistério que transforma causas em efeitos.

Atividade de debate (IV)

1) Faça a leitura compartilhada do texto "Guerra e humanidade", debatendo as questões nele contidas.

Guerra e humanidade

A espécie "homem inteligente" existe como múltiplas conexões inorgânicas e orgânicas. Esta é a sua *objetividade absoluta*. No interior desta faz-se o pressuposto humano, a *comunidade*, que gera na totalidade universal um isolado amplo, a *natureza humana*, constituída como totalidade humana possível no interior da fluência universal.

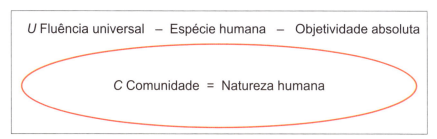

Por ação de um ou vários homens, determinada conexão da natureza *inorgânica→orgânica* – a seleção natural das espécies em seu *princípio ativo de força* – é ativada contra a comunidade, em repetição regular, constituindo uma *relação* chamada *guerra*.

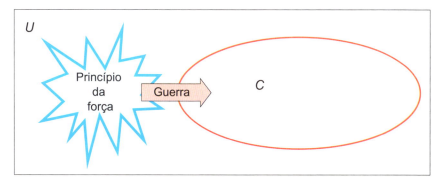

O "resultado" dessa operação é a ruptura da comunidade em hordas (classes) para que a horda que promove o princípio da força se constitua em *classe (ou horda) dominante*.

A transformação da conexão *seleção natural*, componente da totalidade objetiva absoluta, numa relação (isolado) chamada *guerra* faz-se como *pressuposto* – um movimento que ocorre na natureza *inorgânica→orgânica* obedecendo à primeira lei da mecânica desumana, o princípio da *inércia mental*: enquanto não houver a ação de outra força, o efeito da força da seleção natural das espécies permanecerá como movimento retilíneo e uniforme.

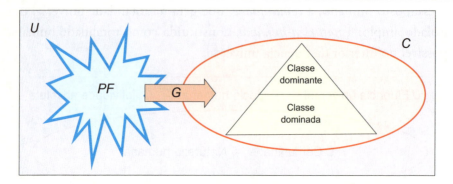

a) Retomando a relação causal da *bitola estreita* de que tratamos no Capítulo XIX: qual foi o pressuposto que a desencadeou?[NR5]

b) Identifique o princípio da inércia mental nesse movimento.[NR6]

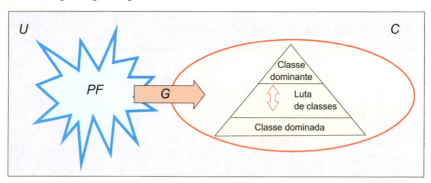

Com a permanência dessa força naquele ponto/isolado entra-se no domínio da segunda lei da *mecânica desumana* ou no *princípio da força*. Enquanto estiver sob a ação da força, o isolado terá a sua variação determinada proporcionalmente pelo grau, direção e sentido dela: o movimento gerado será uniformemente variado pela atuação dessa força.

A mudança de movimento é proporcional à força motora aplicada e se direciona na mesma reta desta força e tem seu sentido.

A essência do liberalismo é a reação, e o seu método de trabalho é o da bitola estreita. Para disfarçar o seu reacionarismo, o liberalismo posa de "pós-moderno" (antes era só "moderno"; mas precisou acrescentar o "pós" porque o "moderno" já estava desgastado).

2) Faça a leitura compartilhada do texto "Comunidade, coletividade e sociedade" e, em seguida, ponha-o em debate.

Comunidade, coletividade e sociedade

Coletividade é a configuração específica, temporal (histórica), espacial (geográfica) e material da comunidade cuja finalidade única e permanente é a sobrevivência e o desenvolvimento da humanidade. O seu princípio ativo é a *fraternidade*. Duas ou mais pessoas são fraternas quando conversam entre si e estabelecem uma relação contínua de mútua confiança e respeito.

Associação é a configuração específica de horda determinada por um objetivo comum imediato. O seu princípio ativo é a *competição*. Duas ou mais pessoas são associadas quando dialogam entre si e estabelecem uma relação causal datada e limitada pelo objetivo comum, que, uma vez alcançado, implica o fim da sociedade. Os contrários *coletividade* (comunidade, fraternidade, conversa, afeto) e *associação* (horda, individualismo, comando, princípio da força) são polos antagônicos alternativos permanentes das relações entre os homens; o primado de um significa a sujeição do outro. Trata-se de uma contradição antagônica e que, portanto, implica a exclusão do terceiro. Espontaneamente, isto é, organicamente, a contradição tende à horda. Somente sob a ação do trabalho humano mobilizado, organizado, consciente e explicitamente comprometido com a coletividade é que a contradição pode ser operada no sentido da comunidade.

Nossas Respostas (NR)

(NR1)

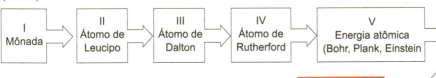

I – A Unidade rompe com o todo e diviniza-se, dando origem a todo o universo.

II – A menor porção indivisível e permanente da matéria inorgânica.

III – A menor porção indivisível de um mesmo elemento da natureza inorgânica.

IV – Formado de um núcleo com prótons e nêutrons em torno dos quais orbitam os elétrons.

V – A energia atômica mantém o átomo estável; a fissão atômica libera esta energia.

Para ter mais informações sobre o tema, consulte os *links*:
<http://pt.wikipedia.org/wiki/M%C3%B4nada_(gnosticismo)>;
<http://pt.wikipedia.org/wiki/M%C3%B3nade>. Acesso em: 21 jun. 2013.

(NR2)

| I Cidade-estado | → | II Cidade imperial | → | III Cidade comercial | → | IV Cidade industrial | → | V Cidade circulação | → |

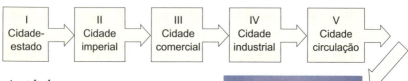

I – A cidade rompe com o campo e passa a dominá-lo.

II – A cidade torna-se o centro do império.

III – A cidade torna-se a unidade do comércio.

IV – A cidade torna-se uma indústria.

V – A cidade torna-se uma fábrica com circulação contínua *on-line*.

(NR3)

| I Máquina corpórea | → | II Ferramenta | → | III Transmissão | → | IV Motor | → | V Comando digital eletrônico |

I – O corpo humano torna-se uma máquina para outro homem.

II – A ferramenta torna-se extracorpórea.

III – A transmissão torna-se extracorpórea.

IV – O motor torna-se extracorpóreo.

V – O comando mecânico torna-se extracorpóreo.

(NR4)

I – Criança sem infância na roça.
II – Criança operária sem infância.
III – Criança abandonada na rua.
IV – Criança depositada na escola.
V – Criança nas "redes sociais".

(NR5)
O pressuposto foi a guerra. O Império Romano produziu a biga e as estradas para o seu trânsito nos territórios ocupados em função da logística, das necessidades da guerra que movia contra os povos e a humanidade.
(NR6)
Uma vez generalizada, a guerra foi "naturalizada"; tornou-se um fenômeno aceito como "normal" e inerente à natureza da espécie.

XXII

A agilidade primordial

1. O movimento do conhecimento

A cultura faz-se e expande-se na espécie por meio de redes causais que emergem de múltiplos pressupostos.

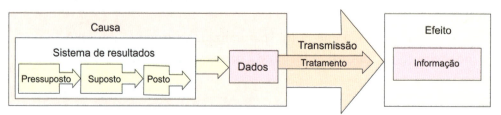

O trabalho humano precisa fazer a "caça aos pressupostos" no interior da cultura. A sua identificação e explicitação são decisivas para que as coletividades os avaliem ou como tradição, fundamentos da civilização, ou como anacronismos, obstáculos que travam o desenvolvimento das forças produtivas e ameaçam a própria espécie. Isso é feito por meio de um trabalho arqueológico que inverte o sentido *causa→efeito* para *efeito→causa*.

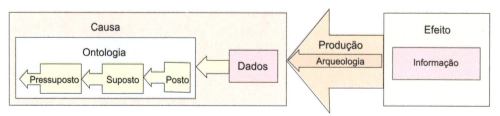

A arqueologia escava as camadas superpostas no sentido inverso ao da relação causal, produzindo a relação factual (relativa ao efeito) que busca o pressuposto desencadeador da cadeia *causa→efeito*. É a arqueologia que conduz a ontologia até o seu campo de atuação (a coisa como ela é), situado cada vez mais próximo do que poderia ser uma objetividade absoluta. É a arqueologia que "desnuda o rei". A relação *arqueologia→ontologia* possibilita que o trabalho humano supere o seu aspecto mecânico e reprodutivo para realizar-se como produtor da natureza humana.

> Esta expressão deriva do conto *A nova roupa do rei*, de Hans Christian Andersen (1837). Consulte o *link*: <http://pt.wikipedia.org/wiki/a_roupa_nova_do_rei>. Acesso em: 18 abr. 2013.

Com exceção do "dado primordial", todos os outros são dados informativos ou informações dadas. Para um sujeito situar-se no movimento *dado→informação→dado→informação...* e recuperar a objetividade mais próxima da absoluta (a absoluta, em si, não lhe é acessível), deve fazer suas escavações arqueológicas até encontrar o "dado primordial", o primeiro isolado feito na totalidade universal. A partir daí conseguirá elaborar o movimento conceitual (dado→informação→dado→informação...) que se fez do dado primordial até a abstração em sua configuração atual na natureza humana. Esta é a máxima objetividade que obterá e, realmente, ela não é pouca coisa. O movimento conceitual é fundamental para que ocorra a relação ensino→aprendizagem em qualquer área do conhecimento e linguagem no interior do movimento educativo.

2. A escavação

Gordon Childe descreve a escavação como metodologia de busca dos dados primordiais, que constituem o principal objeto da arqueologia:

> *[onde] as sociedades foram obrigadas a viver no mesmo lugar durante muitas gerações sucessivas as palhoças de juncos ou de barro se arruinavam o tempo e novas estruturas eram levantadas sobre as ruínas [...] os destroços acumulados chegaram a formar uma elevação regular, ou tell. Os vales e as planícies litorâneas da Grécia, os planaltos da Ásia Menor (Turquia) e do Irã, as estepes da Síria e do Turquestão apresentam milhares dessas elevações. Na Ásia Menor e no Irã, no alto desses morros é possível*

mesmo reconhecer frequentemente um "horizonte histórico": níveis de ruas e pavimentos de casas sobre os quais permaneceram objetos mais ou menos da época de 3000 a.C. Calculada a partir desse nível, a profundidade dos depósitos subjacentes dá uma ideia aproximada da idade da aldeia mais antiga do local. Em Tepe Sialk, no limite ocidental do deserto persa, próximo de Kashan, as ruínas de dezessete grupos de palhoças de barro, sucessivas e colocadas umas sobre as outras, formaram por volta do ano 3000 a.C. um conglomerado de aproximadamente vinte e oito metros de espessura. Essas palhoças duram, no Irã de hoje, cento e vinte e cinco anos. Mesmo que atribuamos às suas correspondentes históricas apenas setenta e cinco anos de duração, teremos que colocar o primeiro povoado mais ou menos no ano 4300 a.C. Em Tepe Gawra, próximo de Mossul, vinte e seis camadas de construções que se haviam sucessivamente transformado em ruínas formaram uma impressionante elevação de quase trinta e cinco metros de altura. Speiser calcula que as primeiras camadas datem de sete mil anos atrás. Em Ras Shamra (Ugarit), na costa setentrional da Síria, os restos acumulados em dois mil e quinhentos anos, a partir de 3000 a.C. tinham mais de sete metros de espessura. Sob essa camada havia quase doze metros de ruínas pré-históricas, que na mesma proporção nos fariam remontar a quase oito mil anos (CHILDE, 1942, p. 55).

De forma semelhante, as relações causais constituem *tells* – elevações regulares formadas de destroços acumulados de estruturas superpostas historicamente – na superfície tanto da psique coletiva quanto da psique individual. Em ambas, as relações causais geram processos de alienação, ou seja, de distanciamento do real e de estranhamento do sujeito. Na psique coletiva, a alienação assume a forma principalmente de tabus – cristalizações inconscientes de cadeias causais determinantes ou proibitivas. Na psique individual, a alienação assume a forma de neurose, que, segundo Freud, é a contrapartida do tabu na dimensão do psiquismo do indivíduo (FREUD, 1996). No tabu e na neurose, a alienação é uma cadeia causal que se formou no inconsciente a partir de uma ruptura primordial. Esse colapso emocional afasta-se do consciente de forma crescente numa sucessão de estruturas de *causa→efeito* que se superpõem e tornam cada vez mais difícil o acesso da consciência à causa desencadeadora do distúrbio.

Assim como a arqueologia, a educação precisa utilizar-se do método da escavação para fazer o caminho inverso ao da etiologia do tabu (na dimensão coletiva) e da neurose (na dimensão pessoal). A caça dos pressupostos primordiais é fundamental para que a educação evite a perpetuação das bitolas estreitas e promova as emancipações pessoais e coletivas dos engessamentos que elas provocam. A escavação camadas adentro é condição fundamental para que a educação chegue até o tempo→espaço humano liberado do sistema de resultados, dos preconceitos, dos pressupostos falsos e desumanos, dos esquemas maliciosos e das couraças de autodefesa que os egos costumam desenvolver contra os ataques da psicopatia dominante. É nesse tempo→espaço composto de dados e pressupostos primordiais que educandos e educadores poderão praticar livremente a agilidade primordial que constitui o pressuposto universal da ação educativa.

3. Agilidade e pressuposto primordiais

A arte cavalheiresca define a *agilidade primordial* (a simplicidade infantil) como princípio educativo da relação ensino→aprendizagem. Educador e educando penetram na zona de aprendizagem quando praticam a agilidade primordial, quando infantilizam a sua relação, permitindo que ela se impregne da ingenuidade e curiosidade desarmada das crianças ainda não chicoteadas pela escolástica. Desde o primeiro momento em que vê a luz, no instante em que nasce no interior da ruptura da comunidade de classes, o homem já está sujeito à mecânica desumana e à aplicação dos seus três princípios – inércia, força e reação. É inserido, assim, em múltiplas *bitolas estreitas,* pois todas as atividades sociais que passará a desenvolver acontecem pela via das bitolas da largura da anca do cavalo. Enquanto permanecer condicionado e programado nestas bitolas, o homem não se educará nem aprenderá. Só se condicionará e se programará mais ainda. A educação precisa retirá-lo delas para que a aprendizagem aconteça. E a agilidade primordial é alcançada quando a educação realiza as escavações propostas por Childe nos vários *tells* acumulados pelos milênios de ruptura da comunidade em classes. Elas devem prosseguir até que se alcance o *dado primordial*, o pressuposto da comunidade fraturado pelo desumano para ceder espaço ao estabelecimento do pressuposto desumano da guerra de todos contra todos da seleção natural das espécies. É nesse ponto que o educador encontrará o homem desarmado, sem malícia, ingênuo, impulsionado pela curiosidade em sua máxima intensidade, cujo único interesse é viver a plenitude da condição humana. É quando atinge a conexão *agilidade primordial→dado (ou pressuposto) primordial* que o trabalho humano desencadeia o seu aspecto educacional, fundamento principal da natureza humana e da existência da espécie nas condições de superação da seleção natural.

4. A escolástica e a velhice precoce

A escolástica é contra a simplicidade infantil. Aceita-a – com o nariz atravessado e fazendo muito esforço – mal e mal nas salas de aula das creches, da escolarização infantil e dos primeiros anos do chamado Ensino Fundamental. Depois dos cinco anos de idade, a prática da *agilidade primordial* é definida pela pedagogia como "infantilização" nefasta. E faz isso não por reconhecimento da infância como princípio educacional, mas porque a toma como "mal necessário", como algo que vem no *kit*, sendo a primeira tarefa da escola extirpá-la da criança. A função da escola é, segundo essa "arte anticavalheiresca", eliminar o mais cedo possível a infância da criança para que os pequenos "amadureçam", isto é, envelheçam precocemente. Segundo essa perspectiva, quando vê alunos, em qualquer idade, brincando e jogando em sala de aula, sentencia-se: "Ensino é coisa séria" e – enquanto recolhe das carteiras os barbantes, as pedrinhas, as varetas, os cubos de madeira – ordena que se abram os cadernos e livros na página tal e se façam os duzentos exercícios repetitivos que caíram no exame vestibular e ali estão listados.

Ao contrário da "pedagogia" dos machos alfas, a arte cavalheiresca pratica a educação quando estabelece que a *agilidade primordial* (a simplicidade infantil) é princípio educativo *válido para todas as idades,* do nenê recém-nascido ao idoso centenário. A infantilidade da criança, do adolescente, do jovem, do adulto e do idoso é condição *sine qua non* de aprendizagem, é fundamento humano.

5. As linguagens infantis

WINNICOTT, Donald Woods.
O brincar e a realidade.
Rio de Janeiro: Imago, 1975.

Winnicott define a cultura como um espaço humano essencialmente infantil. As brincadeiras, os jogos, as manifestações artísticas (desenho, pintura, dança, música etc.), a conversa, a oralidade realizam-se no campo do experimento e ensaio humano natural, primordial, isento de malícia, de interesses de classe e de segundas, terceiras, quartas e enésimas intenções. Aquele que for jogar futebol, fazer um desenho, dançar, cantar sob os preceitos do "faça a coisa séria" da escolástica simplesmente não fará nada. Se tentar fazer, vai forçar a barra e inevitavelmente cairá no ridículo. A infantilidade é princípio ativo das linguagens da criação – afetiva, esportiva, lúdica, artística, oral. Por isso, nós a chamamos de *linguagens infantis*, que o são não por causa das idades dos alunos, e sim pela necessidade da produção da relação *agilidade primordial→dado (ou pressuposto) primordial.* Estas linguagens têm tal relação como seu elemento.

As *linguagens da síntese* – técnica, escrita e matemática – fazem-se com base nas linguagens da criação. Essa decorrência, infelizmente, deu espaço para a escolástica estabelecer-se com a sua "seriedade". O fato acidental de a tríade técnica-escrita-cálculo vir depois das linguagens infantis foi aproveitado pela pedagogia dos machos alfas para apresentá-la como elaborações intelectuais sérias, opostas às linguagens anteriores, que passaram a ser rotuladas de "não sérias", "fúteis", "não exatas". Não foi à toa que muita gente "não séria", "fútil", "irresponsável" encontrou naquela área humana o seu "sucesso" e fez dela realmente um espaço tolo, não apenas descomprometido com a produção humana, como também antagônico à humanidade. Os "heróis" do esporte (Ronaldinho, Pelé, Michael Jordan, Mike Tyson etc.), da música (The Beatles, Elvis Presley, Roberto Carlos, Caetano Veloso, Gilberto Gil, Carmen Miranda etc.), da dança (Michael Jackson, Ginger Rogers, Fred Astaire, Nijinsky, Baryshnikov etc.), do cinema (Marilyn Monroe, Cary Grant, Marlon Brando etc.) têm esta dupla função: de um lado, dão uma "resposta" à necessidade humana vital de expressão infantil;

de outro, *falseiam* esta resposta porque produzem uma infantilidade fora do cotidiano humano, na ribalta e, portanto, descomprometida e totalmente desvinculada do trabalho humano. Promovem assim a ruptura entre o trabalho humano e sua base infantil e geram o espaço da falsa "seriedade", tão necessária para a ruptura entre o trabalho intelectual e o manual e a consequente afirmação da tecnocracia e da escolástica.

Atividade de debate (I)

Atualmente, entende-se brincar ou jogar como a manipulação de um comando na frente de um monitor. A brincadeira e o jogo são simulações do real. O *videogame* e seus derivados e aplicativos constituem a "simulação da simulação". Identifique as consequências educacionais e de aprendizagem da substituição do *tempo→espaço humano* permanente e coletivo pelo *tempo→espaço* individual e ocasional de uma tela em alta definição.

6. A infantilização necessária

O *tempo→espaço* humano educativo é de ensaio, de preparação. Trata-se de um faz de conta que é, intrinsecamente, infantilizador. No caso das espécies animadas, o mundo infantil é um dado orgânico universal. Nele os filhotes ensaiam a vida adulta e preparam-se para a seriedade que não vem no olhar severo do professor, e sim na luta pela sobrevivência inerente ao estado selvagem da seleção natural das espécies. O trabalho humano retirou esse caráter cronológico do ensaio e estabeleceu-o como área permanente da sua retaguarda. O ensaio e a preparação passaram a estar presentes em todas as atividades humanas. Com isso ficou estabelecida a permanência generalizada da infância em todo o tecido humano.

As linguagens infantis e seu princípio ativo, a infância (e a infantilidade), passaram a ser tão necessárias ao trabalho humano, em geral, e à educação, em particular, como o oxigênio é necessário para a respiração. Ao contrário do que estabelece o mercado com os seus "heróis", a infantilização não é exclusividade misteriosa dos especialistas e dos profissionais que nasceram com a estrela do sucesso. Ela é um elemento natural, um aspecto da natureza do organismo animado que foi humanizado como cultura e, nessa transformação desenvolvida pelo trabalho, se integrou à natureza humana. Observando qualquer ninhada de qualquer espécie, veremos que todos os filhotes, depois que se erguem sobre as quatro patas, passam a brincar e só param para alimentar-se ou descansar. A brincadeira é-lhes vital, pois nela se conhecem, comparam as suas forças, ensaiam os fundamentos de defesa e de ataque da sua espécie. Tais elementos serão importantes para a sua integração na horda, seja matilha, seja manada, seja alcateia etc. A brincadeira acaba quando a seleção natural determina o fim da infância e joga-os todos na vida "adulta": na luta sem quartel pela sobrevivência.

Já os homens, ao humanizarem-se, emanciparam-se da seleção natural. Graças a essa conquista, não só não precisam finalizar a infância, como também vão precisar dela por toda a vida para desenvolver a contínua brincadeira que lhes fornecerá o espaço de ensaio, de tentativa e erro, que nenhuma outra espécie animada possui (a não ser seus filhotes). A cultura, a educação, a civilização fazem-se neste espaço do ensaio, nesta permanência e universalização da infância, que, portanto, deixa de ser um fato cronológico e orgânico e passa a ser um fundamento humano. O ataque da escolástica a este fundamento visa à regressão à horda, ao retorno ao primado da seleção natural, à prevalência do princípio da força, à ruptura da comunidade em classes e à cristalização da psicopatia na condição de classe dominante.

7. Arqueologia e infância

A educação remete-nos à caça ao pressuposto primordial liberado das bitolas estreitas. Caçamos escavando os *tells* de cadeias causais até chegarmos ao primeiro elo, onde estão, unidos pelo vértice, o dado e a agilidade primordiais. Com eles constrói-se o tempo→espaço do ensaio, a antessala da vida onde os seres humanos brincam de ser adultos, fazendo de conta que são sábios e maduros. Estão aí, educandos e educadores, na "terra do nunca", abrigo seguro e refúgio protetor do humano contra as intempéries selvagens da guerra sem quartel da luta animal pela sobrevivência. Ao contrário da lenda de Peter Pan, esta "terra do nunca" da educação não existe para evitar a entrada do ser na vida adulta, mas sim para possibilitá-la e mantê-la. Ela permanecerá, por toda a vida, velhice adentro, como um refúgio necessário para que o animal regresse das suas lutas "contra o rei" e lá descanse, pense, avalie e conheça, a fim de retornar com humanidade renovada e não afundar-se na neurose e na psicopatia, inevitáveis quando inexiste a "infância" permanente ao alcance de todos.

8. As liberdades liberal e educacional

Algumas pedagogias que se baseiam na liberdade da infância são erroneamente rotuladas de "liberais". É o caso, por exemplo, da proposta que A. S. O'Neil (Escócia, 1883-1973) sistematiza no seu livro *Liberdade sem medo* (O'NEIL, 1968), produzida com base em sua experiência educacional na Summerhill School. A liberdade educacional nada tem a ver com a liberdade liberal. Trata-se da liberdade produzida pela comunidade que possibilita ao animal "homem inteligente" ter todas as suas necessidades orgânicas fundamentais atendidas para que ele possa abstrair da seleção natural e penetrar na condição humana. Em sentido antagonicamente oposto, vem a liberdade liberal afirmando a seleção natural como princípio de "formação da personalidade" e propondo o "vale-tudo" como liberdade da "iniciativa privada".

É preciso fazer melhor avaliação da liberdade liberal. Não se trata de liberdade para a "pureza dos instintos", como sugere Freud no seu livro *Mal-estar da civilização*. A "liberdade" proposta pelo liberalismo não é a liberdade para a horda, para o orgânico original. Não é liberdade para a ignorância. É liberdade para a regressão à horda *a partir da comunidade.* A liberdade liberal não emerge do orgânico, do instinto, como pretende Freud, mas do instinto magoado, machucado e brutalizado pelo sistema de classes, pela reação mecânica desumana. A liberdade individual apregoada pelo liberalismo é a liberdade do instinto negado, rompido e desagregado pela classificação, cristalizando-se na neurose e na psicopatia. É o homem neurótico e psicopata que pode e deve, segundo a cartilha desumana, gozar da liberdade de macho alfa no seio da comunidade. Sim, porque não se trata de liberdade de um organismo animado no interior da natureza orgânica; trata-se de um organismo neurotizado e "psicopatizado" no seio da natureza humana. Não é uma liberdade orgânica, como pretensamente sugere Freud; é uma liberdade contra a comunidade e daí contra a própria natureza orgânica da espécie, visto que a comunidade tem como conteúdo e essência a existência orgânica da espécie nas condições de superação da seleção natural.

- O sistema de classes toma o organismo animado do homem em sua gestação e nascimento.
- Fere-o com suas exigências bélicas, priva-o até da infância orgânica, da mãe e do pai selvagens, como tão bem assinalou Freinet.

- Marca, com ferro em brasa, a sua psique já na primeira infância; para o resto da vida, esta marca escravizará o emocional do ser numa neurose, como demonstrou Freud.
- Qualquer animal ferido e com dor perde a capacidade de perceber os semelhantes; o leão "natural" é apenas um predador carnívoro; ferido, torna-se uma fera cruel que ataca e mata sem necessidade.

- O mesmo ocorre com o animal homem: muitas vezes a ferida que lhe é provocada pelo sistema de classes vai além do que o organismo suporta, destruindo a sua capacidade natural de perceber o semelhante, de produzir afeto; neste ponto ele se torna uma fera cruel, que mata e ataca sem necessidade. Porém, ao contrário do leão, é fera racional, capaz de fazer planos, de simular a condição humana e de – sob a aparência farsante de um ser naturalmente humano – conspirar contra a humanidade. Produz-se, assim, o *psicopata*, o ser desumano que parece, mas não é, humano.

- É para esse homem desumanizado que o liberalismo propõe a liberdade de ser individual. O liberalismo é a liberdade da psicopatia.
- A comunidade, com seus aspectos culturais e civilizatórios, acolhe o homem que nasce em fundamentos humanos: o afeto, a mater-paternagem, a produção necessária. Por meio do cuidado total, que só a comunidade pode propiciar a todos os animais homens que nascem, estes têm a garantia de vivenciar a plenitude dos seus instintos na satisfação das necessidades fundamentais: a criança tem fome, come; tem sede, bebe; tem medo, é protegida; cansa, dorme em berço esplêndido; quer

brincar, brinca; quer aconchego, é acarinhada; quer desafiar, tem limite; quer machucar, tem punição; quer chantagear, tem negação. O animalzinho é ignorante, mas curioso; é dengoso, mas inteligente; é egocêntrico, mas afetivo; é instintivo, mas intuitivo; é desejoso, mas criterioso; é objeto, mas sujeito. A comunidade sabe de tudo isso; sabe dos limites e das potencialidades do humano. É por isso que só ela pode desenvolver cada e todo homem pela educação até torná-lo humano. É para este ser humano que a comunidade propõe a liberdade de ser individual.

- A prevalência do sistema de classes, da regressão à horda, sobre a comunidade é diretamente proporcional à maior produção liberal de indivíduos em relação à produção de indivíduos de comunidade: quanto maior for a produção de indivíduos liberais, maior será o *poder sobre o humano* e menor será o *poder ser humano*.

Atividade de debate (II)

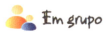
Em grupo

1) Debata as seguintes afirmações:
a) A transmissão é um canal vazio que conduz da causa ao efeito; insere-se nela, a operar, o conteúdo que se quiser na pretensão de chegar a um resultado determinado e desejado.
b) A emancipação do pressuposto é impossível, mas a sua busca é saudável.
c) A etiologia da neurose é feita pela via do pressuposto.
d) A relação causal engessa e formata a criação conceitual.
e) A psicanálise é uma escavação.
2) Identifique as relações de identidade entre:
a) a arqueologia e a antologia; b) a arqueologia e a produção; c) a arqueologia e a psicanálise.
3) Pesquise as biografias a seguir e debata como o princípio da ação da comunidade e da reação do liberalismo atuaram na formação das personalidades.

Fernando Ramos da Silva (Pixote).

Gregório Bezerra.

Lampião.

Crianças operárias inglesas (século XIX).

4) Debata as seguintes afirmações:

a) Existem duas infâncias: a orgânica, comum à grande maioria dos seres animados, datada e localizada no *tempo→espaço* orgânico, e a humana, que se inicia no *tempo→espaço* orgânico e se prolonga e se perpetua no *tempo→espaço humano*. A mecânica do sistema de classes funciona assim: nega-se à criança não só a liberdade, mas também a necessidade de viver as duas infâncias; a liberdade negada à infância é oferecida em sua plenitude àqueles que conseguirem alcançar a idade orgânica adulta devidamente neurotizados e "psicopatizados". A liberdade liberal tem como pressuposto o infanticídio. Contra a infância, o liberalismo propõe a *velhice precoce,* sob o nome de "amadurecimento".

b) O sistema de classes reproduz-se graças à ausência da infância. A sua condição de existência passa pelo fim da infância. O infanticídio é a principal matéria-prima na produção do "homem cruel", unidade-mônada da sociedade de classes. Uma coletividade recupera a humanidade à medida que reconstitui a infância orgânica e humana em seu interior. A "regressão da regressão", o retorno à comunidade tem, como principal via de acesso, o cuidado e a proteção da infância.

5) "Não infantilizem os jovens e adultos": esta é a principal recomendação dos pedagogos aos professores do chamado EJA (Educação de Jovens e Adultos). Faça a leitura compartilhada dos seguintes trechos que tratam do princípio da "não infantilização de quem tem mais de 15 anos" e, em seguida, debata-os.

O uso pejorativo da palavra *infância* no verbo "infantilizar" denota a concepção europeia de que criança é um adulto pequeno. Para contrapor-se a esse europeísmo desumano, é preciso valorizar permanentemente a infância. Um professor que fala aos seus alunos adultos: "Vamos fazer uma redação bem bonitinha", não os está "infantilizando", e sim *adulterando*.

a) *"Pessoas com mais de quinze anos – mesmo na condição de alunos – não são crianças crescidas. Da mesma forma que, no trabalho, um senhor de cinquenta anos não ouve do chefe 'Vamos fazer um relatório bem bonitinho', ele não deve vivenciar situações como essa na escola. O trato infantilizado é um dos motivos da evasão nas turmas de Educação de Jovens e Adultos (EJA) e nasce com a ideia equivocada de que se deve dar ao estudante, jovem ou adulto, o que ele não teve quando criança. Por causa disso, é preciso também mudar a abordagem e, muitas vezes, o conteúdo. Trabalhar com material didático infantil sem levar em conta as expectativas de aprendizagem e os conhecimentos prévios é um equívoco com a mesma raiz. A EJA tem de ser encarada como um atendimento específico, que pede um currículo próprio. Só assim o grupo vai aprender e tomar consciência do que está fazendo. Se o educador quiser abordar a origem do ser humano, deve tratar o tema de forma adulta [...] e aprofundar a discussão científica, mais do que faria numa turma de crianças. [...] Cantigas e parlendas – usadas na alfabetização dos pequenos – podem ser substituídas por poesias, mais apropriadas para os leitores mais velhos"* (MEDRANO, Sandra. Não trate alunos de EJA como crianças. *Nova Escola,* São Paulo, edição 221, abr. 2009).

b) *"Na Educação Matemática que se realiza no âmbito dos projetos de alfabetização de adultos, o risco de uma inadequação identificada com a infantilização das estratégias de ensino e, entre elas, das atividades propostas aos alunos advém de uma transposição pouco cuidadosa de procedimentos concebidos no trabalho com crianças com idades inferiores a sete anos para o Ensino de Matemática no contexto da EJA [Maria da Conceição F. R. Fonseca,* no livro Educação matemática de jovens e adultos: especificidades, desafios e contribuições]. *Paulo Freire, desde a década de 1960, desenvolvia trabalhos de alfabetização com métodos e objetivos que buscavam adequar o trabalho às especificidades dos educandos, começando dessa forma a surgir a consciência de que alfabetizar adultos exigia o desenvolvimento de um trabalho diferenciado do que era designado às crianças com idade regular nas escolas"* (VANIN, Letícia; DARSIE, Marta M. P. Um estudo sobre a prática dos professores que trabalham o ensino de matemática no 1º segmento da EJA em Cuiabá-MT. In: CONFERÊNCIA INTERAMERICANA DE EDUCAÇÃO MATEMÁTICA, 13., 2011, Recife. *Anais...* Recife: UFPE, 2011).

6) Interprete as seguintes frases populares, identificando os seus significados contextuais, bem como os preconceitos e advertências que elas trazem embutidos.

a) "Fulano não teve infância."

b) "Não confie em ninguém com mais de trinta anos."

c) "Não me trate como seu eu fosse uma criança; eu não sou!"

d) "Não leve fulano a sério; ele é só uma criança."

7) Avalie a identificação que o senso comum faz entre a infância e a tolice:

a) Por que chamar uma pessoa de "infantil" é ofensivo?

b) Qual conceito de infância determina esse juízo?

8) Faça a leitura compartilhada do texto que segue e debata-o.

A ausência de infância e a velhice precoce

Alguns professores de matemática que tentam, em sala de aula, desenvolver trabalhos com adolescentes, jovens e adultos usando material concreto – pedrinhas, cubos, barbantes, ábacos, material dourado e Cuisenaire – enfrentam pesada resistência dos alunos, sob a alegação de que estão sendo "infantilizados". É preciso perguntar-se por que estes alunos "sérios" se queixam de que lidar com tais materiais os torna "infantis". Seus antepassados – alguns, na época, muito mais velhos do que eles – faziam-no diariamente e eram tidos pelos seus pares como "sábios". Por que reclamam da infantilidade em matemática e aceitam com entusiasmo a infantilização no futebol, também conhecido como paixão nacional? Por que o futebol é uma paixão nacional e a matemática não é? Por que na Índia a matemática (manipulada com pedrinhas, cubinhos, barbantes, ábacos etc.) é uma paixão nacional e o futebol não é? No jogo de sinuca, a contagem com ábaco é tão admitida quanto a de milhos no truco.

A negação da infância que caracteriza o sistema de classes elevou a infantilização à condição de tabu. O interessante é que a psicanálise relativamente conseguiu desmascarar os tabus sexuais, mas, no campo da infância, aprofundou o tabu do infanticídio. Freud foi minucioso no seu detalhamento das maldades e perversões infantis. E com isso aprofundou o esporte da "caça à infância", uma preferência ocidental-europeia que proliferou no continente a partir da evangelização dos bárbaros. Os asiáticos, os árabes, os americanos (os verdadeiros, os nativos, e não os invasores, os postiços), os africanos tratam a infância com a seriedade e respeito que ela merece. Ou seja, como *um aspecto permanente e continente da vida em coletividade*.

Freud reconheceu a permanência das pulsões sexuais em todas as fases da vida. Afinal, argumentou, se elas aparecem na puberdade, de onde vieram? Do nada? Não existiam antes? Mas foi incapaz de transferir tal raciocínio para a questão da infância: se ela existe na alvorada da vida, para onde vai depois, quando ocorre o amadurecimento? Para o nada? Deixa de existir? Seus escritos sugerem que a única coisa que fica da infância para o resto da vida psíquica são as neuroses que nela tiveram a sua etiologia. E mais, eles deixam subentendido que todas as neuroses, ou pelo menos a sua maioria e as mais significativas, têm os seus processos etiológicos disparados na infância.

Como em tudo o que compõe a natureza, no humano nada se perde, nada se ganha e tudo está em permanente e vertiginosa transformação. Na humanidade, a infância orgânica transforma-se e prolonga-se na infância humana, produzida pelo trabalho humano. A infância humana transforma-se e prolonga-se no amadurecimento, na entrada no "mundo" adulto. A vida adulta e o amadurecimento não são o fim da infância, mas a sua continuidade crescentemente combinada com o princípio da realidade. Só alcança a maturidade e se insere na vida adulta quem tem infância. Pobre de quem não a tem. Deles será o reino do inferno do sistema de classes. Essa é a grande e verdadeira tragédia humana!

XXIII

O comando

1. A técnica

A técnica é a materialização de um patrimônio comum de saber e de saber fazer. Esquematizando, vamos imaginar que todas as elaborações abstratas com significado que o trabalho humano produziu – artes, afetos, religiões, pensamentos, conhecimentos, saberes, fazeres, saber fazer, rituais, tabus etc. – são coisas inorgânicas, sem vida, que se encontram em determinado depósito, num arsenal chamado *cultura* C.

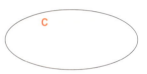

O trabalho humano T movimenta-se no interior da cultura, produzindo a vida da espécie. O trabalho é uma atividade *teleológica*: tem sempre um objetivo geral final, a sobrevivência da espécie V.

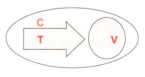

E, no interior desse objetivo geral, um objetivo específico, imediato, operacional: a produção de determinado valor de uso necessário à vida U.

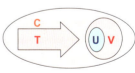

Para desenvolver essa atividade específica, o trabalho busca, no interior da cultura, os saberes, fazeres e saber fazer necessários para orientar a produção daquele determinado valor de uso. À medida que os encontra, separa-os da totalidade da natureza humana e gera com eles um isolado produtivo I.

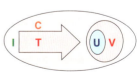

Nesse isolado, o trabalho combina os saber fazer na configuração que possibilitar a produção do maior número de unidades do valor de uso específico no menor tempo possível. Esta configuração chama-se *comando* C'.

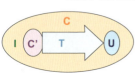

O *comando* convoca os homens para o interior do isolado, instrui-os do que será feito, equipa-os com os prolongamentos extracorpóreos que forem necessários, fornece-lhes o objeto sobre o qual vão trabalhar e o *tempo→espaço* necessário e dispara o processo (o "já"), a *operação* O que vai transformar o universo naquele detalhe, manipulando a fluência da totalidade para que ela se repita na geração daquele determinado valor de uso. Neste processo, o isolado estende-se até a produção do valor de uso inicialmente definido como objetivo do trabalho.

Operação é a correspondência que a mente humana estabelece entre dois elementos ordenados da natureza inorgânica, orgânica ou humana e outro elemento (terceiro incluído ou excluído). O par ordenado é chamado de *antecedente, causa* ou *ação*; o terceiro (incluído ou excluído) é chamado de *consequente, efeito* ou *reação*.

Esse movimento que parte da necessidade de determinado valor de uso, que identifica os saber fazer na cultura, que os combina num comando, que dispara a operação produtiva e avalia o resultado final chama-se *técnica*. É ela que *materializa* a totalidade humana na operação produtiva que propicia a vida da espécie para além dos marcos da seleção natural.

Vamos supor o par água e fogo. A operação "ferver a água" sugere a operação água fervida (fogo, água) → água fervida. Observe que essa operação não é comutativa. A troca de ordem dos elementos do par ordenado resulta na operação "apagar o fogo" (água, fogo) → fogo apagado.

Atividade de debate (I)

Dados os pares abaixo, ordene-os para realizar uma operação.
1) Pau e corda.[NR1]   2) Água e argila.[NR2]
3) Pedrinhas e ovelhas.[NR3]

2. O comando operacional

O movimento produtivo realizado do comando **C'** até o produto final **U** realiza-se sob a determinação de uma sequência de operações combinadas chamada *comando operacional* **CO**.

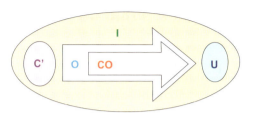

O *comando operacional* é um conjunto de operações realizadas nas naturezas inorgânica, orgânica e humana ordenadas no *tempo→espaço* de cada uma delas e entre elas a partir da natureza humana (ou desumana, ou ainda na contradição entre estas duas), para resultar num produto final previamente estabelecido.

Atividade de debate (II)

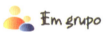

1) Uma receita culinária é registro para comando operacional? Justifique a sua resposta.

2) Responda o mesmo para: a) uma receita médica; b) o manual de uso de um equipamento.

3) Identifique e descreva o comando operacional ilustrado em cada uma das imagens abaixo:

a)

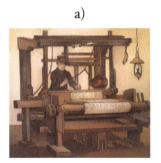

b)

c)

3. A bitola da classe dominante

A materialização da totalidade humana numa produção específica é realizada por seres humanos concretos, produzidos num *tempo→espaço* historicamente dado. Trata-se de um par (instante, local) não abstratos, concretos. Em determinada formação social, a materialização produtiva manifesta-se nas relações sociais que a configuram. Em cada época, esta materialização ("instanciação") do patrimônio comum, ou seja, a técnica, é feita com a *mediação* das relações sociais. São elas que determinam *o que* será aproveitado do patrimônio comum de saber e saber fazer e *como* será materializado em técnicas. O princípio ativo de uma comunidade fraturada em classes é dado pela classe dominante. Em última instância, é ela que dirige o processo de mediação, determinando a técnica que será produzida na formação social sob o seu poder. Além de ser determinada pelo grau de desenvolvimento dos saber fazer, a técnica o é pela "natureza" desumana da classe dominante, que detém o poder no *tempo→espaço* em que ela será produzida.

Para quem só alcança a determinação dos saber fazer existentes, a técnica parece "neutra". Essa miopia é chamada de *tecnocracia*. Para quem só vê a técnica sob a posse da classe dominante, a técnica não é trabalho humano; é apenas poder de classe. Essa miopia é chamada de *obscurantismo*. Os tecnocratas costumam chamar de obscurantistas a todos os que identificam a apropriação de classe da técnica. No sentido inverso, os obscurantistas costumam rotular de tecnocratas todos os que operam com a técnica segundo as potencialidades e limites dos saber fazer. Ambas as miopias não dão conta da totalidade e desconsideram as contradições que se formam entre esses dois aspectos e as suas nuanças.

O trabalho humano e o seu aspecto educativo não podem perder de vista a dupla determinação que incide sobre a técnica. Por um lado, ela é mediação entre seres humanos e a natureza: assim, tem-se de levar em conta as determinações não classistas, não determinadas pelas relações sociais; *a técnica tem de funcionar!* Por outro, é mediação entre os próprios seres humanos em determinadas relações sociais: tem de funcionar reproduzindo ou, pelo menos, não afrontando as relações sociais historicamente determinadas que fizeram sua materialização com base no patrimônio de saber e saber fazer (não determinado socialmente). Cada técnica é *duplamente* determinada (relação com a natureza e entre os homens). Sucede que cada técnica é uma unidade indissolúvel daquela dupla determinação; assim, não se consegue divisar o que é determinado pelas leis da natureza e o que é determinado pela reprodução das relações sociais. Por isso, *é muito mais fácil* dizer que técnicas são neutras do que afirmar que constituem o poder da classe dominante. Afinal, elas funcionam, e não existem átomos de relações sociais.

Atividade de debate (III)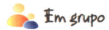

É notória a aversão que Ariano Suassuna (1927-2014) tem ao computador. Ele escreveu os seus textos à mão ou em máquina de escrever. Certa vez, numa entrevista, explicou por que não se utilizou da máquina digital:

> *Dizem que eu não gosto dos computadores, mas são os computadores que não gostam de mim. Um dia uma moça foi me ajudar com um trabalho e levou um computador. Agora eles têm um recurso que corrige palavras. Então a moça foi digitar meu nome. Meu nome completo é Ariano Vilar Suassuna. "Ariano" passou sem problemas. Aí, quando a moça digitou "Vilar", o computador sugeriu "Vilão". E "Suassuna", talvez pelo número de "esses", virou "Assassino"! "Ariano Vilão Assassino"! É por isso que eu digo, são os computadores que não gostam de mim...* (Programa do Jô, 6 jun. 2007).

1) Há quem classifique essa atitude do dramaturgo paraibano de "jurássica" e "tecnofóbica". A recusa de Suassuna em usar um PC fez dele um "obscurantista"? Justifique a sua resposta.
2) Virou senso comum rotular como obscurantismo ou anacronismo a crítica ao aspecto de classe da técnica: "Você quer voltar para a idade da pedra?" Qual é a origem desse "tabu"?
3) Qual é o significado da expressão "fulano é bitolado"?
4) Na sua avaliação, Suassuna era bitolado? Justifique sua resposta.
5) Leia o seguinte diálogo entre um "anacrônico" e um "tecnocrata" na página 278.
Debate as questões:
a) Identifique no diálogo o obscurantista ou anacrônico. b) Identifique no diálogo o tecnocrata.
c) O anacrônico é realmente jurássico?

– Os robôs da linha de montagem automobilística são, realmente, máquinas poderosas. Mas não se esqueça que são máquinas capitalistas.

– Como assim!? Não existem máquinas capitalistas. São apenas máquinas maravilhosas que fazem o serviço de milhares de homens em segundos, com perfeição impossível de ser obtida pela mão humana.

– Tudo isto é verdade; mas foram feitas para explorar o trabalhador e reproduzir o capital.

– Lá vem você novamente com esta mentalidade atrasada, do século passado. Eu olho o robô funcionando e só vejo aço se movimentando por energia elétrica. Não vejo nenhuma exploração do trabalhador, nenhum capitalista.

– Você não vê as relações capitalistas porque elas não são feitas de aço nem são movidas a energia elétrica. São matéria social, matéria desumana, e não há nada de inorgânico nelas. Você fala como se as determinações do capital, a forma de ele instanciar o patrimônio humano, fossem inerentes ao ser humano. Para montar tais fábricas, com tais robôs, o capitalista analisou o mercado e lá identificou qual mercadoria dá mais lucro. Então pegou um empréstimo no Banco Mundial ou no BNDES, com juros a perder de vista (dinheiro que representa horas de trabalho da humanidade), mandou trabalhadores construírem a fábrica, comprou robôs que foram produzidos por outros trabalhadores e pôs tudo em movimento. Ele não fez isso pensando nas criancinhas ou nos pobres. Fez apenas movido pelo lucro. As "ligas" (relações) que ele fez para montar o seu negócio foram com coisas que existem apenas no sistema capitalista: a mercadoria, o lucro, o empréstimo financeiro, os robôs. E tudo isso existe para que estas "ligas" (relações), *e somente elas,* aconteçam. Se ele tentasse fazer as ligas para melhorar a vida das crianças, para desenvolver a educação, para que as pessoas fossem mais amigas, para que o amor se expandisse no lugar do lucro, não encontraria nada para ligar.

– Nada disso interessa. Você esta misturando estações. O robô funciona de acordo com as leis da física e os negócios de acordo com as leis da economia. É tudo ciência. E tudo *isso funciona.* Não vejo nenhuma classe. Como pode haver determinação de classe nisso?

– Não é porque você não vê que ela não existe. O problema é que tudo isso que você diz que *funciona,* funciona, em primeiro lugar, para dar lucro. Só depois é que a física entra com o robô, o aço e a eletricidade, as leis de mercado funcionam, atuando na distribuição do que é produzido, e daí por diante. O problema é desenvolver técnicas para produzir os valores de uso necessários à vida, não importando se eles dão lucro ou não. O importante é criar e desenvolver técnicas pedagógicas e didáticas que realizem o *ensino→aprendizagem* para que o homem seja cada vez mais humano, e não para que se torne mais um macho alfa na luta pela seleção natural da espécie. O problema que vivemos hoje não é apenas *funcionar,* mas sim produzir sem reproduzir as relações sociais do capital, as quais – basta você prestar mais atenção para ver – desenvolvem o que há de pior na espécie e, se não forem logo descartadas, levarão toda a espécie para o abismo. Você sabe disso bem melhor que eu.

Nossas Respostas (NR)

(**NR1**)
Operação "fazer chicote": (corda, pau)→chicote.
(**NR2**)
Operação "modelagem com barro": (água, argila)→barro modelável.
(**NR3**)
Operação "contagem de ovelhas": (pedrinha, ovelha)→número de ovelhas.

XXIV

O algoritmo

1. O cálculo manual

Na contagem das ovelhas do rebanho, o pastor corresponde a cada ovelha uma pedrinha num monte de controle.

Para controlar a quantidade da matéria, o trabalho humano inventou a correspondência biunívoca, que possibilita *contar as coisas com coisas*.

Para simplificar o registro de grandes quantidades, o trabalho humano inventou a base numérica decimal:

A cada dez pedrinhas contadas corresponde uma pedrinha separada do monte

Ábaco, do hebreu *ábáq*, "poeira, prancheta coberta de poeira" (HOUAISS, 2001); utilizado na Antiguidade para elaboração de desenhos, escritos, contagem e cálculos.

Para operar com as grandes quantidades (somar, subtrair, multiplicar, dividir), o trabalho humano inventou o *ábaco*.

A contagem, o ábaco e suas regras de procedimento constituem o *cálculo manual*. Ele é a técnica operacional que o trabalho humano criou para controlar a quantidade da matéria incorporada ao processo produtivo como objeto de trabalho. O *cálculo manual* é a técnica que fornece a plataforma material, o real humano, para o desenvolvimento da linguagem matemática. Ainda que seja o ponto de partida para a elaboração matemática, não constitui pensamento numérico.

Cálculo deriva do latim *calcùlus,i,* "pedrinhas" usadas na contagem, "conta, cálculo"; derivada, por sua vez, de *calx,calcis,* "cal, pedra calcária ou de cal" (HOUAISS, 2001).

2. Da técnica à matemática

O pastor, que faz corresponder a cada ovelha uma pedrinha, opera com a técnica da contagem. Enquanto mantiver essa correspondência no âmbito concreto e específico do controle do rebanho, o seu pensamento não penetrará na linguagem matemática.

A *técnica* é o aspecto do trabalho humano que relaciona o *fazer* com o *saber* para a produção do *saber fazer*.

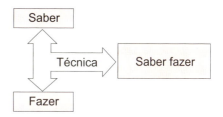

A oralidade e a arte limitam a técnica no *tempo→espaço humano* à vivência presencial imediata e local. Para escapar a esse limite, o trabalho humano desenvolve a técnica no sentido do *registro*.

Palavra-chave
Registro: o latim *gèro, is, géssi, géstum, gerère* significa "andar com, ter consigo, trazer em cima do corpo; produzir, criar; encarregar-se voluntariamente de; executar, fazer"; dele deriva *gesta, órum,* "feitos ilustres, façanhas, proezas; atos, ações"; daí *gerundìum, ii, gerundìvus, gerundus,* "modo de ação que está por realizar ou que será realizada"; que resulta em *regerère,* "repor, tornar a trazer; ajuntar, reunir". Vem daí o latim tardio *regesta,* "catálogo", que deriva no latim medieval, evoluindo para *registrum,* do qual o francês provençal escreveu *registre* (1259), "livro onde se anotam as atas", (1559) "registros do órgão (instrumento musical)" (HOUAISS, 2001).

> Registro é um equipamento que o trabalho humano criou para ter sempre consigo, sendo por isso uma "façanha" (ação coletiva) que orienta a ação que será realizada para repor algo necessário à vida da espécie, servindo de catálogo geral para a produção em qualquer *tempo→espaço* humano que se fizer necessário.

Para ir além do alcance imediato do corpo (da mão e dos órgãos dos sentidos), o trabalho humano inventou o *registro*. A produção do registro é, em sua origem, uma necessidade eminentemente técnica. Das várias formas em que ele se desenvolveu – marcas na pedra, entalhes na madeira etc. –, uma passou a dominar todas as outras em virtude de sua maior eficácia na função de transmissão e comunicação da técnica: a *escrita*.

Palavra-chave
Escrever: o verbo latino *scribo,is,psi,ptum,ère* significa "marcar, gravar, imprimir". O correspondente grego é *gráphó*, "traçar os caracteres". Daí deriva o verbo latino *scribère*, "traçar caracteres, fazer letras, escrever", do qual se forma o substantivo latino *scriptum,i*, "coisa escrita, o escrito, escritura" (HOUAISS, 2001).

A *escrita* é a *marcação de caracteres* numa superfície destinada, originalmente, para o *registro* de técnicas. Em seu desenvolvimento, estes caracteres evoluíram em duas direções:

- tornaram-se letras, que compõem *palavras,* que designam as *qualidades* das coisas;
- converteram-se em *numerais,* que indicam as *quantidades* das coisas.

Apesar de a *palavra escrita* e a *matemática* terem a sua gênese no mesmo processo de linguagem (a técnica), desenvolvem-se em direções diferentes – uma para o registro da qualidade e a outra, para o da quantidade –, gerando duas linguagens combinadas, mas diferenciadas: as linguagens da palavra escrita e do número. Ambas são essencialmente linguagens de registro via escrita que evoluíram para além da técnica e se fizeram com objetos próprios:

- a linguagem da palavra escrita faz a narrativa, a descrição e o relato dos processos qualitativos das três naturezas – a inorgânica, a orgânica e a humana;

- a linguagem matemática formaliza as variações quantitativas em sistemas numéricos lógicos.

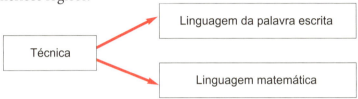

3. O cálculo como técnica

Cálculo é a técnica de permanente simplificação do controle das quantidades. Enquanto se restringir a essa sua origem e aplicação inicial, o cálculo permanece como técnica e não constitui pensamento matemático. O ponto de partida desse controle é a contagem. Daí que o princípio ativo do cálculo é a contínua simplificação da contagem:

- Um pastor separou, uma a uma, três pedrinhas que correspondem às ovelhas que saíram do curral.

- Outras três ovelhas que saíam correspondem a três outras pedras que podiam ser colocadas, uma a uma, ao lado das outras.

- Depois de muita repetição, os movimentos que se sucederam podem ser descritos com palavras diferentes.

Três <u>mais</u> três resultam em seis.

- Em sua gênese, a adição é uma técnica de simplificação da contagem.

O ALGORITMO

- A adição com parcelas iguais...

- ... pode ser simplificada no cálculo ordenando as pedrinhas em linhas e colunas iguais.

- Três linhas de pedrinhas ordenadas em três colunas resultam em nove pedrinhas, numa técnica chamada *multiplicação*.

Três por (vezes) três resultam em nove.

- A multiplicação de fatores iguais pode ser simplificada no cálculo pela técnica da *potência*.

Três por três são um quadrado de três ou três ao quadrado.

- Temos assim um técnica de simplificação sucessiva de cálculo $(3 + 3 + 3 = 3 \cdot 3 = 3^2)$, que pode ser representada na seguinte cadeia técnica operacional de simplificação crescente da contagem:

Feito com pedras no ábaco ou no papel com algarismos, esse cálculo é uma técnica de controle de quantidade – a contagem e suas simplificações sucessivas – que se utiliza de processos mentais que *poderão ser fundamento para a formação da linguagem matemática*. A linguagem técnica é a plataforma necessária para que se forme, com base nela, o pensamento numérico e a linguagem matemática. Mas ela, mesmo com sua cadeia operacional de simplificações sucessivas da contagem, *não constitui ainda pensamento numérico ou linguagem matemática.*

Atividade de debate (I)

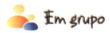

Debata as seguintes questões:

1) Qual é a diferença entre técnica de contagem e pensamento numérico?[NR1]
2) É comum confundir o ensino da técnica de contagem com a linguagem matemática?[NR2]
3) É possível o ensino da técnica de contagem sem o ensino de matemática? Justifique a sua resposta.[NR3]
4) É possível o ensino de matemática sem o ensino da técnica de contagem? Justifique a sua resposta.[NR4]

4. O cálculo escrito

Para operar (somar, subtrair, multiplicar, dividir) com as grandes quantidades no papel, o trabalho humano inventou, via civilização hindu, o algarismo.

Tornou-se costume qualificar a palavra algarismo de "arábico" ou "hindu-arábico". Trata-se de um pleonasmo, de uma redundância desnecessária de palavras. Algarismo só tem um: o numeral criado pela cultura hindu e divulgado e universalizado pelo império mulçumano e otomano. As expressões "algarismo romano", "algarismo egípcio" e outras são generalizações impertinentes e indevidas do uso da palavra algarismo.

> *O algarismo é uma invenção hindu; é uma escrita numérica estruturada com base na técnica do ábaco que possibilita o cálculo diretamente na escrita. Todos os numerais inventados até então, também os escritos (egípcios, babilônicos, romanos etc.), só registram e necessitam do ábaco para a realização dos cálculos. Apenas o algarismo possibilita o cálculo no próprio registro escrito.*

O algarismo não é número. É uma representação de uma grande síntese histórica do homem no seu esforço para registrar o movimento das quantidades; é uma representação escrita que converte o cálculo manual em cálculo escrito. Seja manual, seja escrito, o cálculo operacional mecânico não gera pensamento numérico.

O ALGORITMO

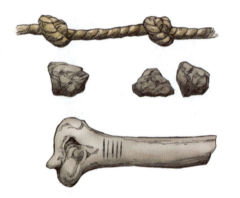

Contar com algarismo hindu não significa pensar numericamente, assim como o cálculo manual, com ou sem o ábaco, não implica, em si e por si, a existência e desenvolvimento do pensamento numérico. O desenvolvimento deste exige que o sujeito que conta o faça intencionalmente, em resposta ao controle de quantidades de um problema que lhe é significativo.

A redução da matemática à técnica de contagem tem esquecido, ou mesmo negado, o ensino, que permite o desenvolvimento da apropriação do significado do número.

Atividade de debate (II)

1) Quais são as diferenças entre número, numeral e algarismo?[NR5]
2) Qual é a importância dessa diferenciação no ensino de matemática?[NR6]

5. O algoritmo

A invenção do numeral hindu (algarismo) possibilitou a criação do *comando técnico* chamado *algoritmo*. O algoritmo é um comando numérico operacional que determina e dirige determinado cálculo que, até a invenção da máquina digital eletronicamente programável, era essencialmente *manual*. Com o algarismo, o cálculo manual tornou-se *cálculo escrito manual* cujo princípio ativo é o *algoritmo*.

O algoritmo é a simples conversão do *cálculo manual* em *cálculo escrito manual*. É fácil entender o que é um algoritmo acompanhando a sua técnica em qualquer operação de contagem. Considere-se a adição de novecentos e sessenta e oito ovelhas de um rebanho a oitenta e quatro ovelhas de outro rebanho; no cálculo manual (ábaco), a técnica de contagem seria a seguinte:

- Representa-se novecentos e sessenta e oito no ábaco.

- Em seguida, representa-se oitenta e quatro no mesmo ábaco.

- Das ordens da direita para as da esquerda, ajuntam-se as pedrinhas, formando grupos de dez (base decimal), que implicam o "vai um" para a ordem seguinte.

  A técnica do ábaco converte-se em técnica algorítmica da seguinte forma:

- A adição indicada em 968 + 84 pode ser representada no papel, obedecendo à demarcação das ordens por colunas; os algarismos da mesma ordem na mesma coluna:

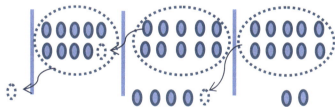

- Faz-se a soma por coluna, completando grupos de dez:

$$\begin{array}{r} 9\ \ 6\ \ 8 \\ +\ \ \ 8\ \ 4 \\ \hline 9\ 14\ 12 \end{array}$$

- Os grupos de dez formados são acrescentados nas colunas seguintes:

  9 + 1 = 10 | 4 + 1 = 5 | 2

- Temos, por fim, o "resultado" tão almejado:

  1 052

O ALGORITMO

Introjetar: do alemão *Introjektion* (1888), palavra criada pelo filósofo alemão R. H. L. Avenarius (1843-1896) para expressar "o processo segundo o qual os objetos externos são imagens de elementos dentro da consciência de cada indivíduo". Do latim *intro,* "expressando a ideia de interno, interior", + *jacère,* "lançar, atirar". Processo de identificação por meio do qual uma pessoa absorve, como parte integrante do ego, objetos e qualidades inerentes a esses objetos; direcionamento afetivo dos impulsos e reações de uma pessoa, mais para uma imagem subjetiva e internalizada de um objeto do que para o próprio objeto; interiorização (HOUAISS, 2001).

No algoritmo, as operações secundárias são convertidas em comandos ordenados e sincronizados que são emitidos por meio de palavras; no caso da adição, o comando central é o do "vai um", chamado de "adição por agrupamento ou com reserva". O disparo da voz de comando desencadeia um impulso elétrico neural que provoca o movimento da mão no cálculo escrito. O princípio da técnica é introjetar a voz de comando para que o "vai um" se torne uma operação programada que automatize o movimento da mão no cálculo escrito.

O algarismo hindu é síntese poderosa do ábaco que "embute", pelo seu caráter posicional, os aspectos cardinal e ordinal do número. Daí que o algoritmo se faz numa combinação imediata, de comando, entre esses dois contrários que compõem o número.

No algoritmo, cardinalidade e ordenação já aparecem sincronizados, não permitindo que a mente capte cada um desses aspectos em sua singularidade fundamental. A ordem (ordenação numérica) dos comandos faz-se diretamente com as quantidades (cardinalidade) numa unidade compacta que impede a compreensão conceitual do número, ou seja, a realização do movimento de abstração da correspondência biunívoca concreta. No cálculo apenas manual, a relação *cardinalidade→ordenação* está viva e atua diretamente com os sentidos do operador, explicitando-se em todos os comandos e operações. Já no cálculo manual escrito, os comandos e operações primárias são ocultados, resultando que a relação *cardinalidade→ordenação* desapareça do campo sensorial do operador e permaneça embutida durante toda a operação técnica.

Atividade de debate (III)

1) O algarismo foi criado pelos hindus por volta do século II a.C. Aproximadamente em 670, ele foi introduzido no mundo árabe, mais

> Boa síntese histórica do algarismo encontra-se no *link:* <http://pt.wikipedia.org/wiki/Algarismos_indo-ar%C3%A1bicos>. Acesso em: 18 abr. 2013.

especificamente no Oriente Médio. Até cerca de 1450, quando foi criada a imprensa, todos os cálculos eram feitos manualmente no ábaco. A técnica do cálculo manual estava restrita a uma corporação, os chamados abacistas, que a tratavam como segredo profissional e dela extraíam poder pessoal, assim como hoje acontece com as chamadas corporações científicas "de ponta" que pesquisam o genoma, as partículas subatômicas, as armas "inteligentes", as regras algorítmicas dos jogos e da guerra etc. A difusão na Europa, por meio da imprensa, da técnica do cálculo manual escrito gerou uma reação imediata dos abacistas, que tacharam os chamados algoritmistas de obscurantistas, pois o algoritmo "saltava por cima" das várias operações secundárias. Os algoritmistas respondiam que estas operações eram secundárias e que as operações principais permaneciam no cálculo escrito. Os abacistas rebatiam, afirmando que o fato de serem secundárias não era motivo para descartá-las, pois eram importantes na formação do cálculo mental. Ao que os algoritmistas contra-atacavam com a simplificação da técnica algorítmica: uma divisão por um numeral com duas ordens, por exemplo, implicava uma técnica só acessível depois de extenso estudo que equivaleria, nos tempos atuais, ao ensino de pós-graduação universitária. Qual deles tinha razão?[NR7]

2) Assim como o algoritmo substituiu o ábaco na técnica de contagem (cálculo manual), hoje vemos a máquina eletrônica de cálculo substituir em todas as atividades produtivas, também na sala de aula de matemática, o algoritmo. No cálculo escrito manual, os comandos são emitidos por impulsos neurais, o que faz o cérebro reduzir-se a um mecanismo repetitivo orgânico. No caso da máquina digital eletronicamente programável, o cálculo passa a ser feito por meio de impulsos elétricos inorgânicos, com o cálculo manual *organicamente programado* sendo substituído pelo cálculo eletronicamente programado. Assim como se fez o debate oco e fútil *algoritmista x abacista,* atualmente muitos professores são chamados a

O ALGORITMO

posicionar-se na falsa questão *máquina eletrônica de cálculo x algoritmo*. Como você se posiciona nele?

Com o advento da máquina digital eletronicamente programável, o cálculo técnico, seja ele manual ou escrito manual, foi incorporado ao comando do maquinismo e tornou-se comando numérico programável. O algoritmo converteu-se, assim, em programa eletrônico (*soft*).

6. A bitola numeral

Nos itens anteriores deste capítulo, fizemos a *escavação arqueológica* da criação do *algoritmo* que nos revelou a produção de uma "bitola" numeral que constitui, como cadeia causal, a estrutura técnica do cálculo:

> Contagem → Pedrinha → Ábaco → Algarismo → Algoritmo →
> → Máquina de cálculo eletronicamente programável

O sistema de resultado elege essa relação causal numeral como "sua matemática" e decreta que qualquer outra elaboração conceitual não passa de "poesia". Por aí já se percebe que entendimento o sistema tem da poesia. Tal redução e afirmação totalitária acabam por transformar a "bitola numeral" numa "bitola estreita".

Neste capítulo, preocupamo-nos apenas em caracterizar o algoritmo como criação técnica fundamental. A sua função de plataforma de trabalho para a produção da linguagem matemática será tratada no próximo capítulo, "O cálculo numérico".

Atividade de debate (IV)  Em grupo

1) Faça a escavação arqueológica do algoritmo da multiplicação. Você pode usar como modelo o que fizemos para a adição.
a) Quais são os seus comandos de voz?
b) Quais são as suas "operações secundárias"? Como elas se "embutem" no algoritmo?
c) Qual é a relação entre o algoritmo da multiplicação e o da adição?

2) Faça a escavação arqueológica do algoritmo da potenciação.
a) Quais são os seus comandos de voz?
b) Quais são as suas "operações secundárias"? Como elas se "embutem" no algoritmo?
c) Qual é a relação entre o algoritmo da potenciação e o da multiplicação?

3) Indique quais das atividades seguintes são feitas por comando numérico e quais não são, justificando a sua resposta.
a) O segredo de um cofre
b) O sistema de endereço
c) O ensino de matemática
d) O mapa do tesouro
e) A organização do horário escolar
f) O sistema monetário
g) O sistema métrico decimal
h) A conversa
i) O calendário

4) Na vida, é possível realizar a adição de 804 ovos com 86 cavalos?

5) É possível realizar esta adição no algoritmo?

6) A soma algorítmica resultou em 890? Em quanto resulta a soma na vida?

7) O resultado algorítmico está certo? E o resultado real?

8) O resultado algorítmico é 890: mas 890 o quê? Ovos de cavalos? Cavalos ovulados? Que conclusão é possível tirar dessa ausência de correspondência entre a vida e o cálculo algorítmico?[NR8]

Nossas Respostas (NR)

(NR1)
A técnica de contagem e de cálculo manual é totalmente comprometida com a correspondência biunívoca. O pensamento numérico ocorre com base na abstração total da correspondência biunívoca.

(NR2)

É o que mais ocorre nas salas de aula de matemática. Ensina-se técnica de contagem e cálculo manual pensando que se está ensinando número. E o ensino de número geralmente é feito desvinculado da técnica de contagem, o que torna a abstração matemática inalcançável ao aluno.

(NR3)

Sim; e o sistema de resultados é o principal responsável por tal distorção e quase ausência absoluta de ensino matemático. Muitos professores expressam esse equívoco quando informam que o aluno já traz consigo o conceito de número ao entrar pela primeira vez na aula de matemática. Nesta distorção, as crianças "aprenderiam" a pensar numericamente no cotidiano de sua vida, nas compras que fazem no comércio. Confundem, assim, técnica de cálculo manual com pensamento numérico.

(NR4)

Não. Ainda que a técnica do controle da quantidade não seja linguagem matemática, ela é pré-requisito fundamental para o desenvolvimento do pensamento numérico.

(NR5)

Número é a abstração da correspondência biunívoca feita na contagem; numeral é o objeto, marca, sinal, símbolo ou signo (escrito ou não) usado na correspondência biunívoca para representar a quantidade do conjunto contado; algarismo é o numeral hindu que foi criado para possibilitar o cálculo escrito.

(NR6)

Esta diferenciação e rigor conceitual são fundamentais para identificar o ensino da matemática, destacando-o do ensino da técnica.

(NR7)

Os dois têm razão e, ao mesmo tempo, estão errados. Os abacistas têm razão no que se refere ao ensino de matemática – a técnica do ábaco é fundamental para a formação de importantes conceitos matemáticos, como a base, a ordenação posicional numeral em classes e ordens etc. Mas não têm razão nenhuma em querer manter a operacionalidade técnica do ábaco no curso cotidiano contra uma técnica mais sintetizadora e simplificadora, a técnica algorítmica. Já os algoritmistas têm toda razão neste último quesito, referente à operacionalidade técnica da vida cotidiana, mas nenhuma razão quando propõem o abandono completo do uso do ábaco no ensino de matemática. Somente no cálculo manual os estudantes terão acesso direto a determinados conceitos e operações mentais. Como ocorre em toda prática artesanal, o ábaco perdeu sua função técnica, mas não perdeu, e não perderá nunca, sua função pedagógica e didática. A história demonstrou claramente o acerto dos algoritmistas na técnica. Mas, na dimensão do ensino de matemática, a história não foi tão generosa e tão pedagógica quanto deveria ser, simplesmente porque o sistema de classes e de resultados não deu (e continua não dando) nenhuma chance nem à educação nem, muito menos, ao seu aspecto relativo ao ensino→aprendizagem de matemática. Os tecnocratas apoderaram-se de todo o sistema escolar e impuseram, como continuam impondo hoje, a linha puramente instrucional, mecânica e industrial fabril à relação professor→aluno, sufocando o ensino não só de matemática, como também de todas as linguagens.

(NR8)

Que, em sua dimensão restrita, a cadeia causal está certa, mas na totalidade humana está errada. A primeira tem significado técnico; a segunda tem significado humano. Um numeral resultante de algoritmo pode ser "certo" em si, mas "errado" na totalidade. A manipulação de pesquisas e de índices demonstra à farta esse princípio. O "certo" algorítmico não implica um "certo natural", ainda que implique, sem dúvida, determinada intervenção real e concreta na natureza, com suas consequências boas e más para a natureza humana.

XXV

O cálculo numérico

1. A produção do espaço humano

O *afeto* é a ordem primeira produzida, a partir de uma matéria chamada *cuidado,* no seio do caos da fluência universal. Trata-se de uma camada protetora do filho, que o afasta das necessidades brutas e selvagens, oferecendo o alimento quando há fome, o berço para o sono, o colo ante o medo, o calor contra o frio e a higiene e a limpeza quando a excrescência é expelida.

Essa camada protetora passa a ser produzida pelo filho a partir do momento em que ele começa a movimentar-se. Com os outros filhos, começa a brincar no interior do afeto. A relação *afeto→brincadeira* converte o espaço humano inicial de proteção em "campo de provas" onde os homenzinhos testam o próprio corpo e o dos semelhantes, ensaiam movimentos, combinam os primeiros planos de ação coletivos, grupais e individuais e fazem de conta que são adultos.

Da brincadeira sucede o jogo, e a relação *brincadeira→jogo* introduz a luta da seleção natural e a competição no espaço humano – não para confirmá-las e legitimá-las, e sim para superá-las, para neutralizar o seu conteúdo dramático de sobrevivência determinado pela natureza orgânica. O jogo e o esporte, na dinâmica do ensaio e do faz de conta da brincadeira, retiram a luta pela sobrevivência individual do seu contexto natural orgânico para que cada homem se eduque no princípio da comunidade que estabelece ser a coletividade a condição de existência individual na humanidade.

Esvaziado do jogo mortal e sangrento da seleção natural da horda, o espaço humano está preparado para perceber e contemplar a nuança, a variação sutil, a diferenciação emocional e sensitiva que caracteriza a diversidade neural do animal homem. Para expressar e captar as múltiplas percepções do real que os diferentes sistemas nervosos individuais produzem com base em suas sensações, os indivíduos trabalham para manifestá-las mutuamente por meio de todas as formas possíveis. Criam e desenvolvem a *arte do encontro,* a mobilização pessoal de todas as formas de expressão – gestos, caretas, sons, mímicas, riscos no chão, manchas nas rochas, batidas em objetos ocos, danças, montagens com pedras, paus e folhagens, simulações etc. – para a afetação mútua e a consequente produção do plano de ação coletivo de sobrevivência. Realiza-se, desta forma, a relação *jogo→arte,* na qual o espaço do *faz de conta* se converte no espaço *do encontro humano para a produção das ações coletivas e seus planejamentos, ações necessárias para a sobrevivência da espécie para além da seleção natural.*

Uma dessas artes do encontro destaca-se das outras e torna-se a sua síntese maior: a arte de falar e ouvir, a *arte da conversa.* A plasticidade da palavra oral, a facilidade da sua emissão, a simplicidade da sua produção, o seu caráter imediato e quase simultâneo elevaram-na à condição de arte dominante produtora do encontro humano.

> *As condições fisiológicas permitem ao homem emitir grande variedade de sons articulados. E determinado grupo de sons, ou determinado som, uma palavra, podem associar-se com um fato particular ou um grupo de fatos do mundo exterior. O som ou a palavra urso podem invocar uma imagem de determinado tipo de animal perigoso, mas comestível, juntamente com os atos adequados a um encontro com ele. As primeiras palavras podem, decerto, ter sugerido por si mesmas o objeto assim indicado. Morepork é o nome de certa ave australiana cujo grito se assemelha ao nome. Mesmo nesse caso, há grande elemento convencional restringindo o sentido e dando-lhe precisão. Somente em consequência de um acordo tácito, aceito pelos primeiros colonizadores brancos na Austrália, morepork passou a significar determinado tipo de ave, e não, digamos, uma gaivota. Geralmente, o elemento convencional é absolutamente dominante. As proporções nas quais os sons podem, por si mesmos, sugerir ou imitar coisas, evidentemente, são muito limitadas. A língua é essencialmente um produto social; as palavras só podem ter sentido e sugerir coisas e acontecimentos em sociedade por um acordo tácito entre seus membros.* (CHILDE, 1978 p. 42).

Processo semelhante ocorreu com a palavra bem-te-vi, que nomeia um pássaro brasileiro.

2. A linguagem

Palavras-chave
Afeto: deriva do latim *affectus,us,* "estado psíquico ou moral (bom ou mau), afeição, disposição de alma, estado físico, sentimento, vontade"; sentimento terno de adesão gerado por uma pessoa ou um animal; afeição.
Brincar: do latim *vincìo,is,vinxi,vinctum,íre,* "ligar, prender, amarrar, atar; juntar, unir; encadear, acorrentar; prender, cativar, seduzir", donde *vincùlum,i,* "liame, ligame, laço, tudo o que serve para atar; relações de amizade, laços de parentesco".
Jogo: do latim *joco,as,ávi,átum,áre,* "gracejar, mofar, zombar, simular brinquedos, brincar".
Arte: do latim *ars,artis,* "maneira de ser ou de agir, habilidade natural ou adquirida, ofício, conhecimento, instrução, conhecimento, saber, destreza, habilidade, qualidades adquiridas".
Conversa: do latim *is,verti,versum,vertère,* "voltar, virar, desviar; girar, suceder-se; converter; traduzir; mudar; trocar, cambiar; tornar-se em; ter este ou aquele resultado, revolver, arar". (HOUAISS, 2001).

O movimento de produção do encontro humano, que se inicia no afeto, tem o seu ponto culminante na produção da palavra oral. Nele o relacionamento humano dá o salto de qualidade que possibilita a comunidade e sua reprodução ao longo das gerações. A função primordial do órgão *língua* determina que esta palavra passe a nomear um aspecto não apenas da natureza orgânica, como também da natureza humana – *língua* passa a ser a palavra que designa a atividade da fala, propiciadora da comunicação entre os homens. E o seu significado vai além da emissão de sons. Na conversa, não participam apenas os sons: entra, também, o afeto, a brincadeira, o jogo, os gestos, a postura, a dança, o ritmo, a música, o desenho, a pintura, a poesia, o drama, a piada, enfim, todas as formas de artes. A conversa, que tem na relação fala→escuta o seu eixo principal, é a síntese de todas as atividades que o trabalho desenvolve para produzir o espaço humano do encontro e entendimento da espécie. A conversa é a síntese máxima do trabalho de produção da subjetividade, seu ponto maior de sustentação da comunidade.

> *[A língua é o conjunto] de determinados sons ou palavras, relacionados com objetos ou fatos aos quais, por um acordo geral, os sons devem referir-se. [Graças a ela] os pais podem instruir seus rebentos para enfrentar situações que não podem ser convenientemente ilustradas pelos exemplos concretos reais. [...] A linguagem permite aos mais velhos advertir o mais jovem contra os perigos mesmo quando não se manifestam, e demonstrar as ações apropriadas no caso de sua ocorrência [...]. É o meio de comunicação entre todos os membros de um grupo humano onde um pode dizer aos outros o que viu e fez, e todos podem comparar suas ações e reações. Assim as experiências de todo o grupo podem ser reunidas. Os pais não transmitem aos filhos apenas as lições de sua própria experiência pessoal, mas algo muito mais amplo: a experiência coletiva do grupo. É esta a tradição transmitida de uma geração a outra, e o método de sua transmissão, com a ajuda da linguagem, parece uma peculiaridade da família humana. Constitui a última diferença vital entre a evolução orgânica e o progresso humano* (CHILDE, 1978, p. 44).

- Com a palavra, a língua deixou de ser apenas o órgão sensorial do gosto e passou a ser a principal atividade promotora do encontro humano: *língua orgânica→som→palavra→língua humana*.
- Como tal, chamou a si, organizou, combinou, ordenou e sintetizou todas as atividades que os homens praticam para se encontrar. Nesta síntese, fez-se a conversa: *língua humana→conversa*.
- Além de possibilitar a comunicação imediata dos fatos que estão ocorrendo, qualidade de ser *língua*, a conversa é o primeiro e principal aspecto do trabalho humano que possibilita à espécie acumular conhecimento, armazená-lo e transmiti-lo às novas gerações. Estas quatro atividades – acumular, armazenar, combinar e transmitir conhecimento – fazem da relação *língua→conversa* uma *linguagem*: *conversa→linguagem*.

Graças à síntese produzida pela conversa, todas as principais atividades de promoção do encontro humano – afeto→brincadeira→jogo→arte→palavra oral – convertem-se em linguagens:

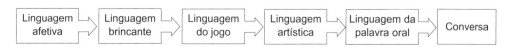

A conversa transformou em linguagem todas as atividades do trabalho humano produtoras da subjetividade; da mesma forma, converterá em linguagem todas as atividades produtoras da objetividade, aquelas que o trabalho humano desenvolve na natureza *inorgânica→orgânica*: a técnica, a matemática e a ciência.

3. Técnica, escrita e número

A conversa, potência máxima das linguagens de produção do humano, capacitou a espécie para o enfrentamento da redução dramática da coleta ocorrida com o início do fim da última Era Glacial. Diante do desafio da mudança climática acelerada, a comunidade coletora conseguiu converter-se em produtora graças à conversa, na mudança que Gordon Childe chamou de *revolução neolítica*. Conversando, as coletividades sintetizaram os conhecimentos que tinham acumulado sobre a natureza orgânica em planos de ação produtiva. Os conhecimentos sobre árvores, folhagens, raízes e sementes, terras propícias a determinadas espécies, épocas de florescimento foram sistematizados em controles dos movimentos inorgânicos e orgânicos geradores da agricultura. Da mesma forma, os conhecimentos sobre o comportamento dos animais caçados puderam ser sistematizados na produção chamada pecuária. Os conhecimentos da físico-química inorgânica foram sistematizados para a produção da cerâmica, do vidro, da fiação e os conhecimentos da físico-química orgânica, para a produção dos laticínios e das bebidas fermentadas.

Enfim, a conversa capacitou o trabalho humano para que inventasse e desenvolvesse a produção na natureza inorgânica→orgânica, e, com ela, fez-se nova linguagem, a *técnica*, com a qual acumula, armazena, combina e transmite planos de ação produtivos na natureza *inorgânica→orgânica*. A conversa até então constituía um processo exclusivo de produção do humano, da subjetividade; ao criar a *técnica*, ela estende a ação do trabalho humano para a produção com a matéria *inorgânica→orgânica*, gerando a objetividade. Como se vê, o sujeito não é produto do objeto; ao contrário, é ele quem o produz.

Como vimos no capítulo anterior, as necessidades de controle intrínsecas à produção *inorgânica→orgânica* implicam a produção do registro, que se desenvolve até a reprodução escrita da palavra oral. A escrita faz-se registrando qualidade e quantidade sem distingui-las. Mas o aprofundamento destes dois contrários implica a separação do numeral do alfabeto. No interior da identidade *qualidade→quantidade,* o numeral emerge como se fosse uma palavra. Aos poucos, o registro quantitativo diferencia-se do qualitativo e o número passa a evoluir, repelindo a palavra e dela emancipando-se. Em determinado ponto, a linguagem escrita separa-se da linguagem numeral e cada uma toma um rumo contrário ao da outra: a linguagem escrita dá meia-volta e retorna às linguagens de criação para registrá-las como patrimônio da humanidade. A sua tarefa é elaborar em texto todas as linguagens que atuam na produção do humano, da subjetividade. Já a linguagem numeral segue em frente, abrindo caminhos no seio da natureza inorgânica e orgânica por meio de processos de quantificação.

É nesse ponto de ruptura que as duas novas linguagens se fazem autônomas e se desvinculam da linguagem técnica. É aí que surge a linguagem da palavra escrita com todas as suas nuanças afetivas, brincantes e artísticas: a literatura, a poesia, o drama, o romance, a comédia, a piada, a narrativa, a crônica, a reportagem, o comentário, o conto etc.; e a linguagem matemática com suas linguagens internas: a aritmética, a geometria e a álgebra. Geradas na técnica, a escrita e a matemática fazem-se como abstrações da sua geratriz: a primeira fazendo-se como pensamento acerca da natureza humana; a segunda como pensamento numérico acerca da natureza *inorgânica→orgânica.*

4. Número, a linguagem da ciência

Com toda razão, Tobias Dantzig definiu o número como linguagem da ciência: foi o número que engendrou a ciência. Criada da técnica, a matemática emancipa-se dela, desenvolvendo um processo de abstração que acaba por gerar a ciência. A ciência faz-se com base no pensamento numérico como *negação da negação*: se o número é a negação da palavra, a ciência é a negação do número. É o retorno à palavra, à qualidade, realizado com base no número, na quantidade.

Do mesmo modo que o número gera a ciência, há algo que o gera; não um, mas vários "algos". E o primeiro deles, o fundamento primeiro, que se tornou o seu pressuposto primordial e universal, é o *afeto*. Como assim? O pensamento numérico, o "rei da objetividade", origina-se do afeto? Brincadeira! Mas é isso mesmo. O número – tão cerebrino, racional, limpo dos erros humanos, que "não mente jamais", expressando o resultado certo ou errado sem ambiguidade – começa, como tudo o que é humano, no olhar terno, cuidadoso e protetor de uma mãe para o seu filho. A linguagem afetiva é a primeira criada pelo trabalho na longa produção do humano que, por fim, desemboca na ciência. O movimento da linguagem faz-se por meio da criação sucessiva de linguagens no interior das antecedentes.

Repassando este esquema de inclusão sucessiva para uma visualização linear, podemos destacar os três momentos fundamentais do movimento da linguagem:

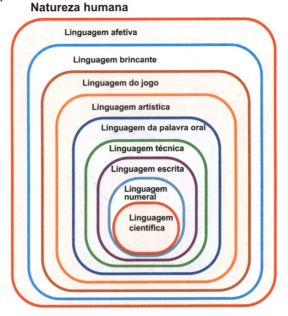

Atividade de debate (I)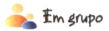

A educação recomenda: bitolas, estreitas ou não, fazem mal à razão humana. É preciso verificar sempre o seu prazo de validade, que, infelizmente, não está manifesto como numa caixa de remédios. A verificação do prazo de validade de um isolado – e todo isolado é uma bitola – é feita pelo método arqueológico da escavação. É preciso escavar, camada por camada, até alcançar o pressuposto primordial e conhecê-lo (ele em seu contexto), para identificar os limites e erros originais e assim confirmar ou não a sua validade para o trabalho humano.
1) Qual é o pressuposto primordial da linguagem?[NR1]
2) Compare o pressuposto primordial da linguagem com o da bitola estreita.
3) E agora o compare com o da bitola numeral.

5. O cálculo numérico ou matemático

Cálculo é a técnica de simplificação da contagem; o nome deriva da natureza humana em sua origem: a contagem manual com pedrinhas. A contagem é uma operação técnica do trabalho humano. Ela se faz por meio da correspondência biunívoca, e este é o ponto de partida da linguagem matemática, ainda que a contagem não seja operação matemática, como acredita o senso comum. Muitos pais ensinam os filhos a contarem muito cedo pensando que, com isso, estão ensinando número e matemática. Nada é mais falso e antimatemático que essa premissa. A contagem nada tem de número e de matemática, ainda que seja a geradora da plataforma sobre a qual se desenvolverá esta linguagem. Matemática não é contagem; é, ao contrário, a abstração da contagem, tanto quanto o número é a abstração da pedrinha (do "cálculo") e do algarismo. O cálculo numérico é a abstração do cálculo manual, seja ele escrito ou não. Abstrair não é ignorar; é conhecer profundamente um processo, a ponto de produzir modelos mentais com base nele sem recorrer à sua concretude.

A relação *cálculo apenas manual→cálculo escrito* possibilita o ensino→aprendizagem da totalidade técnica do trabalho com a contagem. É a integralidade da relação *cálculo apenas manual→cálculo*

Álgebra – deriva do árabe Al-Jabr que significa "restituição, transposição". Al-Jabr wa-al--Muqabilah (O livro sumário sobre cálculos por transcrição e redução) é o nome que Al-Khwarizimi (Pérsia, 800 d.C.) deu ao seu livro em, didaticamente, ensinava técnicas para resolução de problemas por meio de equações. Para saber mais sobre as origens da álgebra consulte os *links*:
<http://pt.wikipedia.org/wiki/%C3%811gebra>
<http://www.somatematica.com.br/algebra.php>
<http://matematica.br/historias/al-kowarizmi.html>.

escrito→cálculo numérico que possibilita a formação do pensamento numérico, a alfabetização matemática e a gênese do pensamento algébrico (o algoritmo abstraído do número).

No movimento educacional, o ensino→ aprendizagem da técnica abrange, necessariamente, toda a cadeia causal de determinado conceito. A *instrução operacional* de determinado equipamento, seja ele corpóreo, seja extracorpóreo, desvinculada da cadeia causal que vai do seu pressuposto primordial até o último estágio (o chamado *estágio da arte*), não é ensino porque não propiciará aprendizagem e, portanto, não é educação. É, apenas e tão somente, cotidiano, rotina. É exatamente essa instrução de manual que a "matemática do cotidiano" propõe elevar à condição de pressuposto do seu ensino. Mas o ensino de matemática é muito mais que a obediência a um manual. Como o cálculo manual está na base do pensamento numérico, aquele conceito técnico deve ser tomado em sua integralidade como preparação do campo mental no qual o conceito *número* emergirá como nova linguagem. O cálculo manual é, portanto, o *pressuposto primordial* do qual parte o movimento conceitual *número*:

Cálculo apenas manual → Cálculo escrito manual → Cálculo numérico

Nesse aspecto do cálculo, o ensino da técnica (e não da instrução operacional) é pré-requisito do ensino de matemática:

Ensino técnico → Ensino matemático

Atividade de debate (II)

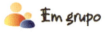

1) Identifique, nas ilustrações seguintes, aquelas que se referem a uma técnica operacional e aquelas que implicam um conceito técnico.

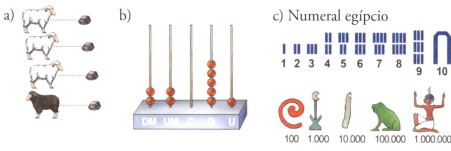

2) Quais são as consequências de um "ensino" de número que parte do pressuposto que os alunos já trazem para a escola o pensamento numérico, pois este, pretensamente, se teria formado no cotidiano social?

3) Quais são as consequências de um "ensino" de número que tem como pressuposto a manipulação da máquina eletrônica de cálculo?

4) Qual é a importância do ensino→aprendizagem da técnica do cálculo manual (escrito ou não) para o ensino→aprendizagem da matemática?

5) Elabore um plano de aulas para o ensino→aprendizagem da técnica do cálculo manual.

6) Os processos de ensino→aprendizagem têm uma dinâmica educativa diferenciada para cada linguagem. O ensino→aprendizagem técnico faz-se basicamente pela relação *amostra→gemimitação* como forma de produzir a conexão *teoria→prática*. Já o ensino→aprendizagem de matemática se faz pela relação *intuição→abstração* como forma de produzir a conexão *abstração→teoria*. A instrução operacional técnica não é uma linguagem. É um aspecto reduzido da linguagem técnica e faz-se na relação *instrução→resultado*. Em si, esta relação não é educativa, mas insere-se na educação e, portanto, alcança a dimensão do ensino→aprendizagem quando é aplicada como apoio complementar a uma linguagem determinada.

a) Qual destas relações constitui o princípio ativo da "matemática cotidiana"?[NR3]

b) É correto afirmar que *o fato de o "ensino" de matemática, de forma geral, manter a "metodologia" da amostragem→imitação característica do ensino técnico é indício claro de que o objeto do ensino não é matemática, e sim a técnica*? Justifique a sua resposta.

c) Retome o plano de aulas que você elaborou para o item 5 e identifique nele as relações *teoria→prática, amostragem→imitação, instrução→resultado* e *intuição→abstração*.

6. O número

O cálculo numérico tem como base o cálculo operacional do trabalho humano, esteja ele na forma manual ou escrita. Mas não decorre dele automaticamente. Ele se faz como abstração da contagem.

A contagem gera a correspondência biunívoca, que, no cálculo manual, permanece no campo visual e no alcance do toque e, no cálculo escrito, permanece subentendida. O aspecto matemático (o pensamento numérico) não está na cadeia causal técnica que tem como pressuposto a contagem. Ele se faz no desenvolvimento algébrico que toma esta técnica e, com base nela, faz a sua abstração por meio da produção mental de vários modelos numéricos, tantos quantos forem necessários para a aplicação generalizada em todas as situações da vida. O número é o pensamento da quantidade abstraído de qualquer referência concreta. Ele resulta de um desenvolvimento da intuição até a produção de uma plasticidade imaginativa que captura instantaneamente as quantidades por meio de modelos mentais. Ao desenvolver essa imaginação, a mente torna-se capaz de *pensar numericamente,* isto é, de aprofundar a técnica da contagem até a abstração *número*.

Contagem→Correspondência biunívoca→Numeral→Algarismo   Imaginação de modelagem plástica  Número

Atividade de debate (III)

Identifique o pensamento numérico nas elaborações seguintes:

1) No sul de Minas há uma brincadeira que diz que, para matar um animal de Três Corações, só com uma faca de Três Pontas.[NR4]

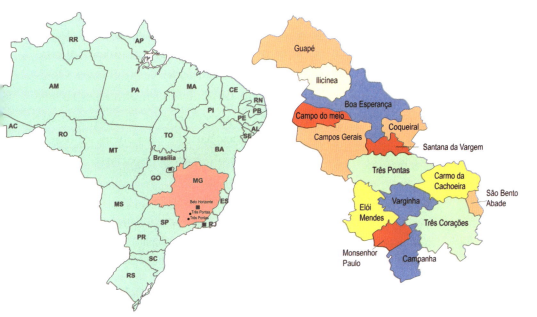

2) A música ianque *I'm looking over a four leaf clover* (*Procuro um trevo-de-quatro-folhas*, 1927, Mort Dixon / Harry M. Woods) foi vertida para o português e gravada por Nara Leão em 1958.[NR5]

> *Vivo esperando e procurando*
> *um trevo no meu jardim*
> *Quatro folhinhas nascidas ao léu*
> *Me levariam pertinho do céu.*
> *Feliz eu seria*
> *Que o trevo faria que ela voltasse para mim*
> *Vivo esperando e procurando*
> *um trevo no meu jardim.*

(Faça uso de um *site* de busca na internet para ouvir a música e sua melodia.)

7. A composição

Contando com pedrinhas, o pastor muitas vezes as amontoa. Quando o trabalho humano inventou o tijolo, na revolução urbana, os "contadores" desenvolveram uma forma ordenada de "amontoar" os cálculos. As pilhas de tijolos antes da construção, ou as paredes levantadas com eles, sugerem uma visão espacial que os montes de pedrinhas não explicitavam: o *espaço ordenado em unidades*. Os tijolos são unidades harmônicas espaciais, "pedaços iguais de espaço" que, graças a essa característica harmônica, podem ser usados para construir formas espaciais regulares,

> Assim como o cálculo manual constitui a base técnica para a gênese do cálculo numérico, o trabalho de construção de casas e muros com tijolos forneceu a base técnica para o salto qualitativo da linguagem geradora da geometria.

Segundo Childe (1942), a produção neolítica viveu dois limites que a levaram ao que ele chamou de "revolução urbana": o uso extensivo das terras para a agricultura e o pastoreio e a produção de subsistência. O primeiro obrigava as novas populações a procurar terras produtivas longe da aldeia matriz, e o segundo deixava a comunidade à mercê dos desastres naturais.

A revolução urbana ofereceu uma saída para ambas as contradições [...] que foram resolvidas quando os agricultores foram obrigados a extrair do solo um excedente superior às suas necessidades domésticas e quando tal excedente pôde ser utilizado para manter novas classes econômicas não diretamente empenhadas na produção de seu próprio alimento. [...] Sua consecução, porém, exigiu inovações na ciência aplicada de que os bárbaros dispunham, bem como uma modificação nas relações sociais econômicas. O milênio que precedeu o ano 3000 a.C. foi mais fértil em invenções proveitosas do que qualquer período da história humana anterior ao século XVI. Suas realizações possibilitaram a reorganização econômica da sociedade a que chamo de revolução urbana. [...] [O centro articulador desta revolução é o controle da água.] A escavação e a manutenção dos canais de irrigação são tarefas ainda mais sociais do que a construção de muralhas defensivas ou o traçado das ruas. A comunidade, como um todo, leva aos consumidores individuais as águas assim canalizadas pelo esforço coletivo. O controle da água coloca nas mãos da sociedade uma força potente para suplementar as sanções sobrenaturais. A sociedade pode excluir do acesso aos canais os recalcitrantes que não se conformam às regras de conduta geralmente aprovadas. [Concorre para a urbanização o desenvolvimento de novas técnicas, inclusive as que se referem à construção]. As casas não são mais feitas de argila compacta (pisé), mas de tijolos moldados, secos ao sol (CHILDE, 1942, p. 71-76).

casas e muros. A técnica da construção de casas e muros com tijolos desenvolveu o "princípio da composição", que estabelece a produção do complexo com base no simples (o "complexo explica o simples") e da totalidade com base na parte ("a parte produz o todo"). E, geralmente como acontece com as produções técnicas, determinada síntese é no mesmo instante acolhida como uma explicação generalizada do real. Daí para a imaginação abstraída da técnica, é só um pequeno salto. Tão pequeno, que não pode ser visto, tocado nem muito menos sentido. E assim se fez o mistério: em algo tão pequeno e simples que se torna insensível ao senso orgânico, existe um deus chamado *mônada* que se acumula em quantidades suficientes para se tornarem concretas e reais. Estas totalidades concretas são explicáveis apenas pelo desejo e poder daquele microdeus, onipresente e onipotente em sua pequenez invisível e sobrenatural.

A composição é uma técnica de trabalho. É apenas um elemento de linguagem para o trabalho operacional com o real; não é explicação do real em si. Ela é muito boa para explicar a ação humana de construção de formas; e é muito ruim para explicar as formas reais que encontramos diretamente na natureza. Tanto que é preciso apelar para o sobrenatural, para o mistério, a fim de "explicar" como o simples compõe o complexo e como a parte faz o todo na natureza. Somente na técnica é que acontece ao simples explicar o complexo e ao todo fazer- -se com partes. Cuidando para não cair no sobrenatural, as relações *simples→complexo* e *parte→todo* abstraídas no pensamento numérico produzem importante conceito matemático: a relação *composição→decomposição*. Definindo a pedrinha-cálculo como princípio de todas as quantidades, como o tijolinho de que o trabalho se utiliza para produzir todas as suas formas e construções, teremos o *número-tijolo* com o qual o trabalho humano pode produzir todas as quantidades de que precisa. Em vez de amontoadas ou ensacadas, as pedrinhas resultantes de uma contagem podem ser ordenadas para fornecer imagens visuais significativas de números.

O CÁLCULO NUMÉRICO

• As peças de dominó são exemplos de construção de modelos numéricos com base em imagens ordenadoras das quantidades.

• Uma das várias formas de ordenar visualmente as pedrinhas tornou-se muito útil para abstrair o número das técnicas de cálculo e de construção. Trata-se da ordenação em colunas e linhas.

• Essa ordenação simplifica a contagem e o seu registro: em vez de dizermos *doze unidades,* podemos dizer *quatro por três unidades.*

• A ordem *quatro por três* faz-se na forma de um retângulo; as suas diagonais representam-no. O registro simplifica-se para *quatro x três* ou, com algarismo, *4 x 3.*

• Produz-se, assim, uma técnica de contagem e registro que se baseia na ordenação das unidades em linhas e colunas iguais, denominada *princípio multiplicativo* ou, simplesmente, *multiplicação.*

Da técnica *multiplicação* desenvolve-se outra técnica chamada de *composição de múltiplos*: dada uma quantidade qualquer de pedrinhas-unidades, é possível compor quantos múltiplos se quiserem.

• Com a unidade, fazemos a contagem universal.

• Com duas unidades, compomos os múltiplos de dois.

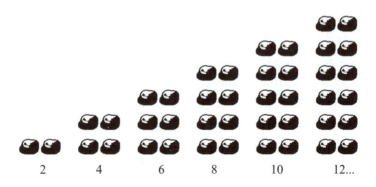

- Com três unidades compomos os múltiplos de três.

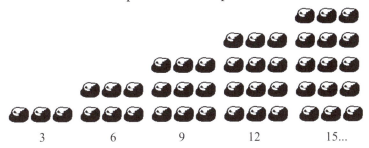

- E assim por diante, *ad infinitum.*

No continente do conjunto dos números formados na contagem *um a um,*

$$\mathbf{N} = \{0, 1, 2, 3, 4, 5, 6, 7...\}$$

chamado de *conjunto dos números naturais* (**N**), é possível formar uma infinidade de conjuntos numéricos (M) por composição multiplicativa (isto é, por *múltiplos*).

$$M_2 = \{2, 4, 6, 8, 10, 12, 14...\}; \text{lê-se múltiplos de dois,}$$
$$M_3 = \{3, 6, 9, 12, 15, 18, 21...\}$$
$$M_4 = \{4, 8, 12, 16, 20, 24...\}$$

Princípio multiplicativo ⟹ Composição múltiplos

Os números compostos (múltiplos) podem ser *decompostos* em seus fatores multiplicativos.

Esta técnica de decomposição em fatores multiplicativos iguais chama-se *princípio da divisibilidade* ou, simplesmente, *divisão.* Nela os fatores são chamados de *divisores:* (D): $D_6 = \{2, 3\}$; lê-se divisores de 6.

A decomposição é o contrário da composição:

e gera o *princípio da divisibilidade*.

A decomposição só acontece com base na composição prévia feita pela técnica. Sem a composição anterior, pode acontecer que se tome um número qualquer impossível de ser decomposto em divisores.

O número 5,
por exemplo, não é passível de ordenação

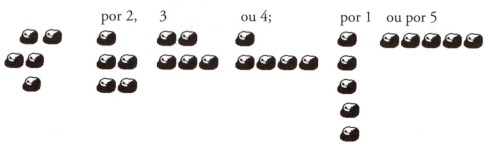

Números como 5, que só admitem como divisores 1 e eles mesmos, são chamados de *números primos* (do latim *prímus,a,um,* "primeiro; o mais distinto, o principal; que está no começo; que está adiante") por dois motivos:

• não pertencem a nenhum conjunto de múltiplos dos outros números;
• só pertencem ao conjunto de múltiplos que se iniciam por eles mesmos.

$D_2 = \{1, 2\} \rightarrow M_2 = \{2, 4, 6, 8, 10, 12, 14...\}$

$D_5 = \{1, 5\} \rightarrow M_5 = \{5, 10, 15, 20, 25, 30, 35...\}$

$D_3 = \{1, 3\} \rightarrow M_3 = \{3, 6, 9, 12, 15, 18, 21...\}$

$D_7 = \{1, 7\} \rightarrow M_7 = \{7, 14, 21, 28, 35, 42, 49...\}$

$D_{11} = \{1, 11\} \rightarrow M_{11} = \{11, 22, 33, 44, 55, 66, 77...\}$

Forma-se, assim, um conceito estritamente matemático, o *número primo,* que nada tem a ver com a técnica e, portanto, não é algorítmico; é, por isso, um conceito.

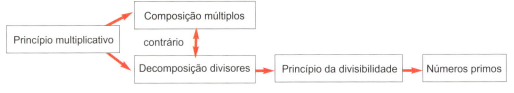

Conjunto dos números primos {2, 3, 5, 7, 11, 13, 17, 19 ...}

Com exceção dos números primos, as composições de todos os números naturais são passíveis de algoritmização. Esta propriedade faz dos números primos o elemento central do pensamento numérico no conjunto dos números naturais. A impossibilidade da algoritmização desses números tornou-os incompatíveis com a instrução técnico-operacional. Pior para o número primo, que, por tal "imperfeição", acabou relegado pelo currículo da "matemática" do cotidiano; o número primo, coitado, não é rotineiro.

Os números múltiplos são objeto de modelagem plástica mental. A formação das imagens-modelo que lhes correspondem é atividade simples e de fácil manipulação. A importância da manipulação de unidades-tijolos está na didatização do número primo. O seu conceito forma-se na incapacidade de sua ordenação segundo o princípio multiplicativo que não tenha como fator o número 1. Daí se acrescenta nova elaboração ao pensamento numérico:

- pensamos o *número* por meio da modelagem plástica mental;
- o princípio multiplicativo é modelagem aplicável a *quase* todos os números;
- o *quase* refere-se a uma restrição importante: há números, os primos, que não podem ser modelados pelo princípio multiplicativo; a cada um deles cabe um modelo-imagem particular, que lhe é exclusivo.

Cálculo numérico é a algoritmização da modelagem por meio do princípio multiplicativo combinada com a modelagem exclusiva a cada número primo.

Atividade de debate (IV)

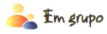

1) É possível ensinar o cálculo escrito manual sem antes ensinar o cálculo manual? Justifique a sua resposta.[NR6]

2) O cálculo manual escrito faz-se com duas simplificações:

- a simplificação obtida com o transporte do cálculo do ábaco para o algoritmo;
- a ocultação das operações algorítmicas secundárias.

Chamaremos estas duas simplificações de *embutimento*.
a) Este nome é pertinente?
b) Qual o seu significado?

3) Para cada uma das ilustrações abaixo, indique se se trata de uma atividade numérica ou algorítmica, justificando a sua resposta.

a) b) c)

d) e)

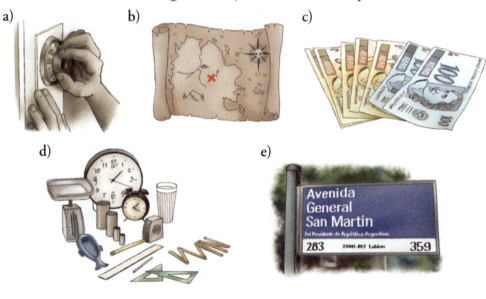

Nossas Respostas (NR)

(NR1)
É o afeto.
(NR2)
Cada uma representa determinada técnica operacional e o conjunto delas faz-se como uma cadeia conceitual técnica chamada *cálculo*.

(NR3)

É a relação *instrução→resultado.*

(NR4)

Saindo de Belo Horizonte, o viajante vai por uma estrada que primeiro passa pela cidade de Três Pontas para depois chegar a Três Corações. A brincadeira abstrai esta correspondência *uma a uma* para destacar a correspondência *três a três* inscrita no nome das cidades e faz-nos imaginar um animal de três corações frente a frente com uma faca de três pontas. Esse movimento da imaginação que nos faz sair, pela abstração, do modelo *um a um* para um modelo *três a três* constitui a essência do pensamento numérico.

(NR5)

Trevo é a designação que se dá às plantas que têm folhas compostas de três folíolos (do grego *tríphullon,* que significa "três folhas" – HOUAISS, 2001). Uma antiga tradição celta estabelece que encontrar um trevo-de-quatro-folhas é sinal de sorte, de fortuna. A canção cria a imagem de que essa fortuna, para o poeta, seria a volta da amada. A expressão *trevo-de-quatro-folhas* é, portanto, uma negação do modelo *trevo corresponde a três;* é a afirmação negadora do pensamento numérico.

(NR6)

Não é possível *ensinar*, mas é possível *instruir* sobre o modo de uso da técnica. Isto significa produzir apenas o *fazer*, reduzindo o diálogo à orientação da ação por comando. Já o ensino técnico implica a produção do saber fazer, mediante a escavação arqueológica de todo o fazer, revelando todo o seu desenvolvimento desde o seu pressuposto primordial até o "estágio da arte" em que se encontra.

(NR7)

a) Segredo de cofre – algoritmo.

b) Mapa do tesouro – algoritmo.

c) Sistema monetário – algoritmo.

d) Sistema métrico decimal – algoritmo.

e) Sistema de endereço – algoritmo.

Todos os exemplos exigem do observador apenas o aspecto operacional; o número já está criado e pronto para ser operacionalizado.

XXVI

A álgebra

1. A construção

A decomposição é o contrário da composição. Decompor só é possível depois que o composto foi feito. E o composto só pode ser realizado com base em partes ou simplicidades (unidades) feitas com a finalidade da composição, produzidas com o objetivo de relacionarem-se especialmente para a formação de um todo combinado. Desta forma, a unidade previamente produzida é o pressuposto da composição; e esta, por sua vez, é o pressuposto da decomposição.

Até seis mil anos atrás, o homem fazia as suas construções de muros e casas de duas formas:

- com barro (argila) sustentado por varas e palha;
- ou com blocos de pedras cortados em diferentes tamanhos para a construção por encaixe de paredes e muralhas.

Uma das principais propriedades do barro é a maleabilidade, que possibilita fácil manipulação e a criação de formas. Segundo algumas religiões, Deus criou o homem com barro para depois soprar-lhe a vida.

A ÁLGEBRA

A criaçaõ de Adão, Michelangelo (c. 1511). Capela Sistina, Vaticano.

Na pedra, identificamos a propriedade contrária à do barro: a rigidez, que permite fixar formas.

Por causa da dificuldade de encontrar a pedra adequada para o encaixe em uma construção, o trabalho humano combinou as duas propriedades (a maleabilidade do barro e a rigidez do bloco de pedra) em uma única – o bloco de barro "empedrado", o tijolo – para dar firmeza, durabilidade e segurança às edificações. Foram superadas, assim, as qualidades ruins do barro (fraqueza e fragilidade) e da pedra (rigidez).

Essa fantástica invenção, que combina dois opostos em uma nova unidade, resultou, fundamentalmente, da necessidade do homem de abrigar-se em habitações mais duradouras associada a invenções de várias ferramentas, materiais e técnicas de construção. O tempo que separa a construção desse tipo de moradia daquelas cabanas construídas de folhas e galhos é de cerca de meio milhão de anos. O tijolo, diferentemente das folhas e galhos, é uma forma construída pelo homem, o qual pode, com ela, captar vários movimentos, planos ou curvos. A principal utilidade do tijolo é sua combinação em grandes quantidades para a construção de formas distintas. Com vários tijolos iguais, podemos construir muitas formas diferentes. Assim, no movimento da forma tijolo, compomos múltiplas formas.

Edifício Martinelli (São Paulo).   Pinacoteca do Estado.

Com o tijolo, o trabalho humano criou um instrumento seu para "ordenar" o espaço e nele forjar as regularidades necessárias à vida da espécie: casas, muros, pontes, reservatórios etc. Assim como as pedrinhas (ou, em latim, *calculus*) criam a ilusão do controle numeral e o relógio cria a ilusão do controle temporal, o tijolo cria a ilusão do controle espacial. Mas este controle só ocorre no *espaço vazio*. O espaço abstraído de matéria constitui uma forma geométrica. O "tijolo geométrico" é uma forma sem matéria,

é um *tijolo vazio,* um *sólido vazio*:

• O espaço *sólido* é a superposição de tijolos.

• A superfície é a justaposição de faces de tijolos *vazios*.

A ÁLGEBRA

- A linha é o alinhamento de tijolos *vazios*.

Tendo o tijolo como base técnica, o trabalho humano criou a unidade como parte da totalidade.

Composição: unidade→totalidade composta

Essa totalidade, formada pela composição de uma parte previamente produzida para combinar-se consigo própria, pode ser uma linha, uma superfície ou um espaço.

Composição: parte linha→superfície→espaço

Tais conceitos são convertidos em grandezas numeralizadas, segundo a unidade que as compõe.

Composição: unidade→linha→superfície→espaço

Essas grandezas, abstraídas de qualquer matéria, resultam nas abstrações geométricas.

Composição: ponto→reta→plano→espaço

2. A decomposição

A todo movimento de composição corresponde seu contrário, a decomposição. As formas construídas podem ser visualizadas como composições de vários tijolos, os quais se pode contar. Esse processo permite-nos compreender como compomos e decompomos o espaço humano. Se decompusermos muitas das construções de nossa cidade, chegaremos à sua unidade básica, o tijolo.

Os matemáticos denominaram a forma desse sólido geométrico de paralelepípedo reto-retângulo, pois todas as suas faces são retângulos para o desenho abstrato dessa unidade. Um paralelepípedo que possui todas as dimensões com as mesmas medidas é chamado de cubo.

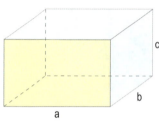
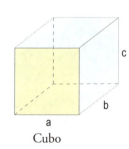
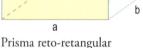

Prisma reto-retangular   Cubo

A rede causal *unidade→composição→decomposição* possibilita a criação de uma rede invertida chamada *decomposição* (inversão geométrica), cuja operacionalidade técnica recebeu o nome de *medição.*

Medição→Inversão→Volume→Área→Comprimento→Unidade

3. A medição

Com o tijolo criou-se a medição da forma. Aos poucos, o ato de medir estendeu-se a todas as atividades de produção: tempo, massa, peso, temperatura, ângulo etc. A medição é um aspecto fundamental da linguagem técnica. Para tornar-se uma *unidade de medida,* o instrumento que o homem cria no seu trabalho diário deve sofrer algumas *abstrações.* Assim foi com o tijolo: para tornar-se unidade de medida, precisou ser *esvaziado* de matéria e uniformizado, com todos os seus elementos correspondentes tornando-se iguais. Assim:

o tijolo *vazio*, unidade de medida de volume, tem todas as faces, arestas e ângulos iguais entre si, o que resulta na forma chamada *cubo* (ou *unidade cúbica*). No sistema *métrico,* o tijolo *vazio* chama-se *metro cúbico.*

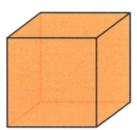

a face do tijolo *vazio*, unidade de medida de superfície, tem todos os lados e ângulos iguais,

o que resulta na forma chamada *quadrado* (ou *unidade quadrada*), *metro quadrado* no sistema métrico.

a linha do tijolo, unidade de medida de comprimento, já é, em si, homogênea,

o que resulta na forma chamada *unidade de medida linear* (*metro,* no sistema métrico).

Atividade de debate (I)

1) Com cinco tijolos (que podem ser dados, cubos de papel, caixinhas de fósforo ou cubos de madeira), faça todas as composições possíveis, desenhando-as no seu caderno ou numa folha de papel-sulfite branco.

A ÁLGEBRA

2) Faça com os tijolos as composições ilustradas pelos desenhos abaixo, indicando, ao final, quantos tijolos possui cada composição.^{NR1}

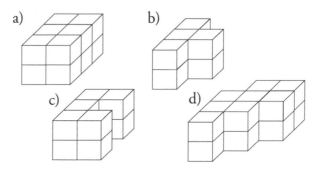

3) Nas composições abaixo, foram colocados os tijolos e depois foi feito um reboque por cima. Faça a estimativa de quantos tijolos formam cada composição.^{NR2}

a)
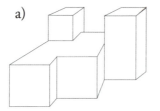

b)
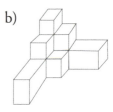

4) Nos exercícios anteriores, indique onde ocorreu *síntese* (composição) e *análise* (decomposição) geométricas.^{NR3}

5) Qual é o valor de uso do tijolo para a aprendizagem matemática?

6) Medir uma forma implica criar uma unidade de forma semelhante e com ela "contar" aquela. Observe as fotos abaixo:

a)

b)

c)
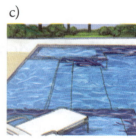

Com base nelas, preencha a tabela que segue:[NR4]

Do que se trata	O que se deseja medir	Que aspecto da forma se deseja medir (linha, espaço, superfície)	Qual é a unidade de medida? (nome e desenho)	Quantas são as dimensões?	Qual é o nome da grandeza que se deseja medir? (comprimento, volume, área)
Pedrinho	Altura	Linha	Metro ▮	Uma dimensão	Comprimento
a)					
b)					
c)					

4. A inversão

O tijolo fornece a base técnica para a medição, e esta fornece as imagens visuais para a modelagem mental necessária à formação do pensamento numérico. A *modelagem plástica mental* é importante fonte do pensamento numérico, que se realiza como produção da abstração *número* quando ativada pelas técnicas operatórias do trabalho humano:

$$Contagem \rightarrow Adição \rightarrow Multiplicação \rightarrow Potenciação.$$

No cálculo numérico, cada um dos fatos matemáticos feitos com as operações *adição* $\rightarrow$ *multiplicação* $\rightarrow$ *potenciação* tem um contrário:

$$adição \leftrightarrow subtração \quad multiplicação \leftrightarrow divisão$$
$$potenciação \leftrightarrow radiciação\ e\ logaritmo.$$

Tais contrários podem ser acionados como *inversão* da operação feita, ou seja, como retorno, do resultado ao ponto de origem. Na relação contrário→inverso, o pensamento numérico realiza um salto qualitativo quando cria, para cada uma das técnicas operatórias do cálculo, a relação *versão→inversão*.

A ÁLGEBRA

Essa relação entre contrários gera uma totalidade abstrata com base no conceito de *inversão*, que em árabe recebeu o nome de *al jebr* (*restituição*, no sentido de *voltar ao que era*).

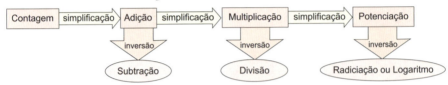

A inversão não existe no real. Na fluência universal, *nada será como antes* e nada pode voltar a ser o que era. O que tem existência real são os contrários, e a inversão, por ter como princípio ativo a existência dos contrários, faz a sua abstração na fantasia de ser possível desfazer uma operação já feita a partir do seu resultado, retornando à situação que lhe deu partida. Isso é impossível de ser feito no real; só com os números é que a inversão "funciona". Enquanto abstração do cálculo manual, a inversão possibilita o cálculo numérico, abrindo-lhe vasto campo de relações e elaborações totalmente vetadas no âmbito puramente técnico.

A inversão só existe na matemática. É a abstração que gera o pensamento numérico. No real, toda pretensa inversão é, na verdade, uma versão, visto que a fluência da totalidade não possibilita a existência de conexão entre elas. A "conexão" versão→inversão não existe; o que existe (e somente na matemática) é a relação versão→inversão. Esta abstração faz-se em paralelo ao real, permitindo, nessa combinação, a relação conexão→relação.

A inversão, no âmbito da técnica, é apenas nova versão. A divisão, como operação matemática, é inversa da multiplicação; como operação técnica, nada tem a ver com a multiplicação, constituindo outra operação. Essa diferenciação do caráter da inversão na técnica e na matemática deve-se à fluência universal da natureza inorgânica. Nela nada volta a ser o que já foi; tal regressão total só se verifica na abstração matemática.

A inversão esteve como potência em todo o desenvolvimento matemático desde os seus primórdios no Egito Antigo e na Babilônia. Mas foi explicitada e adquiriu a dimensão de linguagem com a matemática árabe, principalmente com a sistematização algébrica de Al-Khwarizmi. Imediatamente o conceito foi aceito e integrado a todas as matemáticas como um salto de qualidade no pensamento numérico. Este salto na história da ciência foi marcado pela gênese de nova linguagem matemática que recebeu o nome da inversão: *álgebra*.

A inversão, abstraída da técnica operacional *cálculo manual*, transcende a linguagem técnica, abrindo caminho para a gênese da linguagem matemática. É, por isso, o pressuposto primordial do número e do pensamento numérico. O conceito de inversão é gerador das várias abstrações que compõem o conceito número:

- o *cálculo algébrico*, conjunto combinado das técnicas matemáticas da restituição, mudança de membro, redução dos termos semelhantes, distribuição, comutação e associação;
- o conceito de *variável*, que amplia o conceito de unidade para o de campo numérico de variação.

Atividade de debate (II)

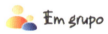

1) Faça a escavação arqueológica do algoritmo da subtração.
a) Quais são os seus comandos de voz?
b) Quais são as suas "operações secundárias"? Como elas se "embutem" no algoritmo?
c) Qual é a relação entre este algoritmo e o da adição?

2) Faça a escavação arqueológica do algoritmo da divisão (por um algarismo).
a) Quais são os seus comandos de voz?
b) Quais são as suas "operações secundárias"? Como elas se "embutem" no algoritmo?
c) Qual é a relação entre este algoritmo e o da subtração?

3) Assinale se são falsas ou verdadeiras as afirmações seguintes, justificando a sua resposta:
a) O pressuposto do algoritmo é o ábaco.
b) O pressuposto do ábaco é a base.
c) O pressuposto da base é a correspondência biunívoca.

d) O conteúdo da causa→efeito em qualquer cadeia é a correspondência biunívoca.
e) Algoritmização do mecânico é humano.
f) Algoritmização do humano é desumano.
g) O algoritmo é "coisa séria".
h) Um número resultante de algoritmo pode ser certo em si, mas errado na totalidade.

4) Debater a seguinte reflexão:

O ensino→aprendizagem do cálculo numérico pressupõe o ensino→aprendizagem do cálculo manual e sua extensão até a inversão para o desenvolvimento da aplicação *invertida*. Daí extraímos o seguinte princípio para a matemática educacional: a aprendizagem do cálculo manual na relação verso→inverso é condição necessária e suficiente para o ensino do cálculo numérico, cuja aprendizagem se faz como condição necessária e suficiente para o ensino de matemática. Sem esta produção do pensamento numérico, resta à mente proceder com a linguagem matemática como se fosse uma instrução técnico-operacional, ou seja, como uma sequência programada de regras, um algoritmo. Sem a linguagem matemática, fica a mente condenada a ser prisioneira do algoritmo, o que, além de ser terrível empobrecimento do pensamento, implica um trabalho intelectual tão repetitivo, cansativo e extenso quanto estéril.

Nossas Respostas (NR)

(NR1)
a) 12   b) 8   c) 10   d) 16

(NR2)
a) 10

(NR3)
Todas as formas foram produzidas por composição; para avaliarmos o volume, fizemos uma decomposição (análise) mental.

(NR4)

a) Estrada	Distância	Linha	Quilômetro	Uma dimensão	Comprimento
b) Terreno	Tamanho	Superfície	Metro quadrado	Duas dimensões	Área
c) Piscina	Capacidade	Espaço	Litros	Três dimensões	Volume

XXVII

A operação matemática

1. A negação matemática da técnica

O princípio ativo da álgebra é a relação versão→inversão. No real, esta relação só corresponde à conexão universal se e somente se a inversão ocorre com base na versão feita. A questão da inversão deixa de ser técnica e torna-se matemática quando acontece como *decomposição→medição* de uma grandeza que previamente não foi produzida sob a forma de composição.

Como decompor algo que não foi composto? Como medir algo dado diretamente pela natureza?

Como medir a altura do Pedrinho?   Como medir o tempo de uma corrida?   Como medir o peso do peixe?

Para controlar a distribuição das terras férteis da margem do rio Nilo, os matemáticos do faraó Sesóstris III (1841 a.C.) criaram um sistema de medição que tinha como unidade o *cúbito*, definido pelo comprimento do braço faraônico medido do cotovelo à extremidade do dedo médio distendido.

A técnica da medição era a seguinte:

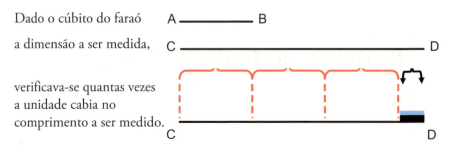

Dado o cúbito do faraó a dimensão a ser medida, verificava-se quantas vezes a unidade cabia no comprimento a ser medido.

A medição de CD resultou em 3 unidades e mais um pouco. Sobrou um pedaço do comprimento do terreno menor que a unidade do faraó.

Para registrar esse "pouco", tomava-se a unidade do faraó e procedia-se à sua divisão em duas subunidades menores.

Na tentativa de medir a "sobra" com a subunidade, verificava-se que esta era maior que a sobra.

A subdivisão da unidade em duas partes não resolveu o problema da medição da sobra. Partia-se, então, para a subdivisão em três partes iguais.

E novamente tentava-se medir a sobra.

Pela observação, concluía-se que uma das três partes da subdivisão do cúbito media a sobra. Estava concluída a medição daquele comprimento: *media três cúbitos e uma das três partes em que o cúbito foi dividido*: $3\frac{1}{3}$ cúbitos.

O uso dessa técnica de medição logo se espalhou para todos os povos que trabalhavam a terra. Mas quando ela evoluiu do cálculo manual para o cálculo numérico, revelou-se um "erro" grave no seu pressuposto. Como técnica, "funcionava" tão bem, que parecia que tudo no universo podia ser medido. Mas, no cálculo numérico, constatou-se a existência de vários comprimentos impossíveis de ser medidos.

- Quando os matemáticos gregos tentaram medir a diagonal de um quadrado com o seu lado, obtiveram o seguinte cálculo:

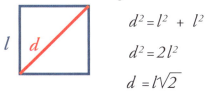

$$d^2 = l^2 + l^2$$
$$d^2 = 2l^2$$
$$d = l\sqrt{2}$$

onde $\sqrt{2}$ é um comprimento impossível de ser medido.

- E quando os matemáticos hindus tentaram medir o comprimento de uma circunferência com o seu diâmetro, chegaram ao seguinte cálculo:

$$c = d\pi$$

A técnica afirma: tudo pode ser medido na natureza. Esse princípio fundamental da técnica provém do seu pressuposto primordial: tudo no universo é feito de mônadas, as partes mais simples que compõem os todos mais complexos. Em sua simplicidade, a mônada é tão misteriosa, que em nada se diferencia de um deus, a não ser pelo tamanho: é um "microdeus", que, não obstante, é tão indecifrável e poderoso quanto os onipotentes, onipresentes e oniscientes que habitam o Olimpo e a abóboda celeste.

A linguagem técnica concebe o universo à luz da prática do trabalho humano e da sua concreção: todo movimento da natureza inorgânica→ orgânica deve ser decomposto em suas partes mais simples para, em seguida, ser algoritmizado. Para a linguagem técnica, o resultado prevalece sobre o processo. O que importa é a totalidade resultante estar o mais próxima possível do resultado antecipado e previsto.

A matemática nega: nem tudo tem medida. A decomposição, do ponto de vista matemático, só é possível com base em uma composição prévia. A teoria dos números primos estabelece que eles são impossíveis de ser algoritmizados, pois não podem ser decompostos em partes iguais. São eles que constituem a plataforma de partida para a composição do universo matemático. A decomposição numérica é a inversão possível somente depois de os números primos serem vertidos nos seus múltiplos ou compostos.

Fora do universo numérico composto com base nos primos, nada pode ser medido. Só é possível decompor o que foi antes composto. Só é possível medir o que antes foi construído.

O pensamento numérico diverge da técnica numeral exatamente nesse ponto. A técnica concebe o mundo à luz da relação composição→decomposição e estende-a para todas as conexões do universo, decompondo-as com o pressuposto de que foram anteriormente compostas. A matemática estabelece dois campos numéricos claramente distintos: o campo *racional,* ordenado e estruturado com base na medição e no seu princípio ativo, a relação composição→decomposição; unido e opondo-se àquele, o campo *irracional,* no qual a medição não opera e no qual inexiste a relação composição→decomposição. A união de ambos os campos constitui o campo real, o pensamento numérico que corresponde à fluência universal e à continuidade dessa totalidade fluente.

Essa negação matemática da técnica constitui o ponto definitivo de ruptura entre as duas linguagens: a primeira começa exatamente onde a segunda acaba por esgotamento. É nesse ponto que a matemática se constitui como uma linguagem essencialmente numérica e completamente apartada da técnica. É a partir dessa negação que se faz todo o desenvolvimento algébrico: a operação matemática, ainda que nascida da operação técnica, torna-se numérica à medida que a nega e dela se separa.

2. A operação matemática

Na operação técnica, o resultado determina os fatores ou parcelas. O "total" almejado, necessitado, desejado e esperado domina, do começo ao fim, a ação do trabalho humano na busca dos elementos, na sua identificação e conversão em partes que vão compor o resultado previamente pensado ou, pelo menos, imaginado. A determinação do resultado esperado e antecipado orienta e dirige toda a operação. Esta é a essência do sistema de resultados, o princípio ativo da técnica.

A operação matemática faz-se como contrário da técnica. Ela se caracteriza pela determinação primária dos fatores ou parcelas que participam da operação. Os números são cuidadosamente identificados e classificados

– se são parcelas, fatores, divisores, dividendos, subtraendos, minuendos, bases, expoentes, radicandos, índices – para daí ser verificado o resultado. Este não é predeterminado, antecipado, previsto ou esperado: será conhecido e, depois, verificado.

Na técnica, o resultado está determinado antes da operação. O objetivo antecipado deve ser alcançado, no mínimo, por aproximação. O pressuposto das partes na composição do resultado não é um detalhe: são partes se e somente se apresentarem o resultado predefinido. A mente mobiliza-se para converter um ou vários movimentos da natureza num sistema técnico, concebendo-os como uma composição que se sintetiza no resultado e é controlável quantitativamente por meio da medição. Sem esse pressuposto, como decompor o que não foi anteriormente composto? Como aproximar-se do que é inalcançável e inatingível?

3. A operação totalizadora por adição

Os povos pastores inventaram o número, que lhes apareceu na forma orgânica de um animal.

Palavra-chave
Organismo: deriva do grego *órganon, ou,* "instrumento, instrumento musical" (HOUAISS, 2001).

O *organismo* é uma totalidade organizada para a função de viver. A sua regularidade e ordenação internas sugerem uma composição semelhante à da orquestra: vários instrumentos musicais combinados (e arranjados) para produzir a música da vida. Essa totalidade regular e ordenada anima-se num movimento produzido por um conjunto de órgãos desiguais combinados. Uma totalidade é essencialmente uma desigualdade combinada, e é esta característica que implica a sensação de mônada. Está aí um "simples complexo", uma "parte total", um "cotidiano misterioso": eis, senhores pastores, representantes da espécie, a *unidade primordial*. Unidades correspondem facilmente a unidades. As pedrinhas são pedaços de rocha absolutamente iguais à matriz de onde se desprenderam. Tal como a ovelha, o boi, o cavalo, a cabra, são

A OPERAÇÃO MATEMÁTICA

"simples complexos" ou "partes totais". Ao se corresponderem no cálculo, a sugestão comum relaciona-as, saltando por cima do "mistério" do número: a captura da quantidade não requer prática nem habilidade; basta contá-la.

Por conseguinte, da contagem *um a um* emerge a contagem por adição, que a simplifica e salta as unidades por meio do *princípio aditivo*.

> *Princípio aditivo:* se A e B são dois conjuntos disjuntos (conjuntos sem elementos em comum), com *m* e *n* elementos, respectivamente, então A e B possuem *m* + *n* elementos.

A condição de aplicação do princípio aditivo é a sua universalidade no cálculo: para quaisquer que sejam *m* e *n*, existirá sempre o número *m+n*: $\forall$ (m,n) $\rightarrow$ (*m+n*) (para qualquer par ordenado formado pelos números m e n corresponde ou existe o número *m+n*).

Esta é a definição de operação matemática (ou numérica):

> *toda relação* R: $\forall$(m,n) $\in$ N x N $\rightarrow$ p, onde *m, n* e *p* são números de um mesmo conjunto, é uma *operação numérica*.

O conjunto formado por todos os números acrescido do zero é chamado de *conjunto dos números naturais:*

$$N = \{0, 1, 2, 3, 4, 5, 6, 7, 8, 9...\}$$

Neste conjunto numérico, $\forall$(m,n) $\in$ N x N $\rightarrow$ (*m+n*) $\in$N temos assim a primeira e mais simples operação matemática: *a adição é uma operação numérica no conjunto.*

4. A operação totalizadora por multiplicação

Os povos construtores inventaram o *princípio multiplicativo* por meio da visualização dos tijolos assentados e, principalmente, das suas superfícies combinadas na forma de mosaicos.

A ordenação de pisos em colunas e linhas constitui uma totalidade organizada para a função de proteção e conforto. A sua regularidade implica uma composição de unidades iguais arranjadas em colunas (e linhas) também iguais.

 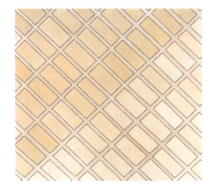

Essa totalidade regular e ordenada imobiliza-se para acolher, proteger e aninhar o humano. Diferentemente da unidade orgânica geradora do princípio aditivo (desigualdade combinada), esta totalidade faz-se como combinação de iguais (as peças) em novos iguais (as linhas e colunas). Enquanto a primeira aponta para a mônada, para o indivíduo, para a unidade, a segunda aponta para o espaço, para o coletivo, para a totalidade. Trata-se de outro "simples complexo", de outra "parte total", de outro "cotidiano misterioso": eis, senhores construtores, representantes da espécie, a *totalidade primordial*. Ela não desfaz o "mistério da quantidade", oculto pela correspondência entre unidades; ao contrário, aprofunda-o ainda mais (*o maior mistério é ver mistérios, ai de mim, senhora natureza humana*). A captura da quantidade não requer prática nem habilidade; basta enquadrá-la em ordens e colunas. Logo, do *princípio aditivo*, emerge a contagem por multiplicação, que o simplifica e salta as parcelas da adição por meio do *princípio multiplicativo*.

> *Princípio multiplicativo:* se uma unidade pode ser combinada de m maneiras numa linha e se também pode ser combinada de n maneiras numa coluna, então o número de combinações totais que se têm é $m.n$ (ou $m \times n$).

A condição de aplicação do princípio multiplicativo é a sua universalidade no cálculo: para quaisquer que sejam m e n, existirá sempre o número natural $\forall (m,n) \in \mathbb{N} \times \mathbb{N} \rightarrow (m+n) \in \mathbb{N}$ (para qualquer par ordenado formado pelos números naturais m e n corresponde ou existe o número natural $m \times n$).

A OPERAÇÃO MATEMÁTICA

> Esta é a definição da operação matemática (ou numérica) *multiplicação*:
>
> Toda relação R : ∀(m,n) ∈ N x N → *m x n* ∈ N é uma
> *operação numérica multiplicação em* N

Atividade de debate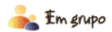

1) Em seu livro *O príncipe,* Nicolau Maquiavel (Itália, 1469-1527) sistematizou uma teoria para a classe dominante manter e aprofundar o seu *poder sobre o humano*. Um dos princípios básicos da opressão "científica" ali definida estabelece que *"os meios serão sempre julgados honrosos e louvados por todos, porque o vulgo está sempre voltado para as aparências e para o resultado das coisas [...]. Toda ação é designada em termos do fim que se procura atingir"* (MAQUIAVEL, 1996, capítulo XVIII). Em 1645, este princípio foi retomado no livro *Medulla theologiae moralis, facili ac perspicua methodo resolvens. Casus conscientiae,* do teólogo jesuíta Hermann Busenbaum (Alemanha, 1600-1668): *"Cum finis est licitus, etiam media sunt licita"* ("Quando o fim é bom, também são os meios"), resultando daí a fórmula resumida "os fins justificam os meios", que se tornou senso comum.
No filme *A batalha de Argel* (Gillo Pentecorvo, Itália/1966), há uma passagem em que o general francês, comandante da divisão paraquedista encarregada da repressão e combate à guerrilha argelina (FLN), responde às indagações dos jornalistas sobre a tortura que infligia aos prisioneiros: *"Senhores, o tema não é a tortura. O tema é se queremos que a França saia ou não da Argélia. Se vocês desejam que a França permaneça no país, não me perguntem pelos meios que emprego para conseguir este fim."* Essa é a essência do pensamento maquiavélico.
Criticando tal concepção, Leon Trotsky afirmava que os meios não são neutros, mas conduzem aos fins inscritos neles. Os meios não são passivos: tanto quanto são justificados pelos fins, também os determinam, de tal forma

que meios e fins se encontram indissoluvelmente vinculados e inter-dependentes:

> *O meio não pode ser justificado senão pelo fim. Mas também o fim precisa de justificação. Nem todos os meios são válidos. Quando dizemos que o fim justifica os meios, disto deriva para nós que o grande fim revolucionário repudia, entre estes meios, os procedimentos e os meios indignos. O materialismo dialético não separa os fins dos meios. O fim é deduzido de maneira natural do devir histórico. Os meios estão organicamente subordinados ao fim. O fim imediato transforma-se no meio do fim ulterior. Ferdinand Lassalle em seu drama Franz von Sickingen faz um de seus personagens dizer: Não indiques apenas o fim, mas mostra também o caminho, porque o fim e o caminho tão unidos estão que um muda com o outro e com ele se move – e cada novo caminho revela um novo fim. A interdependência entre fins e meios está expressa nestes versos. É preciso semear um grão de trigo se se quiser obter uma espiga de trigo* (TROTSKY, 1969, p. 12).

a) De qual linguagem o princípio "os fins justificam os meios" constitui um fundamento?[NR1]

b) O fim é o resultado; os meios são os elementos que se combinam para fazê-lo. Relacione o "sistema de resultados", o maquiavelismo e a linguagem técnica.

c) Indique qual é, para cada uma das linguagens que compõem o patrimônio humano (*afeto→brincadeira→jogo→arte→oralidade→técnica→escrita→matemática→ciência*), a sua relação com o princípio maquiavélico de validação de todo e qualquer meio de acordo com a finalidade em razão da qual ele é ativado.

d) Compare as relações *fim→meio*, *causa→efeito* e *pressuposto→suposto→posto*.

2) Faça a leitura compartilhada do texto seguinte e debata a questão que o segue:

A emancipação humana do pressuposto de classe

O behaviorismo informa-nos de que os animais, entre os quais o homem em particular, são facilmente programáveis. É possível inocular na mente qualquer pressuposto, desde que se usem as técnicas adequadas. Essa "descoberta científica" skinneriana já é suficiente para revelar em nome de quem funciona o behaviorismo e por que ele escolheu como pressuposto primordial o condicionamento animal: está a serviço da propaganda mercantil, da publicidade consumista e da produção de mecanismos orgânicos desumanos. Nesse aspecto, Freud não foi liberal. Ele chamou tal pressuposto, quando se incompatibiliza com o humano do ser, de neurose. Ele identificou erroneamente esses processos neuróticos como o "mal-estar da civilização", como se o seu maior produtor, o capitalismo, e o seu método intrínseco, a programação, fossem elementos "da civilização e da cultura", e não processos inerentes ao sistema de classes. Mobilizado sinceramente para emancipar o ser humano do aniquilador sofrimento neurótico, Freud propôs a psicanálise, processo de "escavação arqueológica pessoal" que, pela via do diálogo em livre associação, busca penetrar as camadas sucessivas e obscuras do subconsciente até alcançar o pressuposto neurótico que se alojou no abismo do id e de lá comanda a psique, atormentando e enlouquecendo o ser humano. A escravidão do pressuposto desumano é a maior fonte de desagregação da comunidade e constitui a chave da dominação do sistema de classes. Tanto a libertação pessoal quanto a emancipação da comunidade e do trabalho passam por esse processo de "escavação arqueológica", a fim de trazer à superfície os pressupostos de todas as cadeias causais que determinam a vida individual e coletiva. Vendo-os, tocando-os, ouvindo-os, sentindo os seus cheiros e gostos, a humanidade poderá avaliá-los em sua pertinência humana ou não para daí jogar no lixo os pressupostos desumanos e focar e desenvolver os humanos. Enquanto Freud trata da libertação pessoal do pressuposto neurótico, Paulo Freire, em seu livro *Pedagogia do oprimido* (1987), estabelece como questão a emancipação da comunidade dos pressupostos programadores desumanos gerados no sistema de classes em seu aspecto *opressor→oprimido*. Falando sobre a "dependência emocional" em relação ao opressor (FREIRE, 1987, p. 57), afirma:

> *Há [...], em certo momento da experiência existencial dos oprimidos, uma irresistível atração pelo opressor. Pelos seus padrões de vida. Participar destes padrões constitui uma incontida aspiração. Na sua alienação querem, a todo custo, parecer com o opressor. Imitá-lo. Segui-lo. Isto se verifica, sobretudo, nos oprimidos de "classe média", cujo anseio é serem iguais ao "homem ilustre" da chamada "classe superior" (p. 48). A pedagogia do oprimido [...] é a pedagogia dos homens empenhando-se na luta por sua libertação [...]. E tem que ter, nos próprios oprimidos que se saibam ou comecem criticamente a saber-se oprimidos, um dos seus sujeitos.*

Enquanto a psicanálise sustenta que a libertação do indivíduo do pressuposto neurótico é obra do próprio indivíduo orientado pelo terapeuta, Paulo Freire aprofunda a linha traçada por Marx: "A emancipação dos trabalhadores será obra dos próprios trabalhadores." Seja na "práxis" individual da psicanálise, seja na "práxis coletiva" revolucionária, a emancipação humana, principal objeto do trabalho de educação, passa pela "escavação arqueológica" para a revelação do pressuposto desumano. Na área do ensino→aprendizagem técnico-científico, em que se inclui a matemática como chave combinatória e articuladora, a emancipação humana passa pela reconstituição das redes causais que produziram o conceito. Nenhum conceito, seja técnico, científico ou matemático, foi produzido e desenvolvido segundo uma lógica pura, com pressupostos e teleologias puramente abstratas e formais. Todos, *sem exceção,* estão determinados por um pressuposto primordial e orientam-se na intensidade, direção e sentido estabelecidos por um objetivo antecipado pelo pressuposto:

Na concepção de homem, temos as três teorias: o behaviorismo (Skinner), a psicanálise (Freud) e a teoria da práxis (Marx/Paulo Freire). Estabeleça a correspondência entre elas e as três concepções numéricas: os números-mônadas (campo racional, mensurável e relativo à composição→decomposição), os números irracionais e a união dos dois, o número real.[NR2]

3) Indique se as afirmações abaixo são falsas ou verdadeiras, justificando a sua resposta:
a) Na operação matemática, os meios e os fins são totalmente interdependentes.
b) Na operação técnica, os fins são fundamentais e os meios podem variar, desde que os produzam.
c) Na operação técnica, a variação dos meios implica a variação do resultado.
d) Na operação matemática, algumas variações dos meios podem implicar o mesmo resultado.

Nossas Respostas (NR)

(NR1)
A linguagem técnica faz-se do fim para o meio: uma necessidade determina a busca pelo valor de uso que a satisfaz; na carência deste valor de

uso na natureza inorgânica→orgânica, a sua produção torna-se condição de existência da espécie. A dramaticidade de tal condição implica a obtenção deste valor de uso seja por que meio for, uma vez que, qualquer que seja esse meio, a sobrevivência da espécie está acima da forma pela qual ele é produzido. É nesse (e somente nesse) contexto que se justifica o primado do fim sobre os meios. E é nele que a técnica se afirma ontologicamente como linguagem da espécie. Nele o valor de uso necessário torna-se resultado ou fim de uma operação – o meio que o trabalho gera para que a humanidade permaneça sobre a face da terra.

(NR2)

A concepção behaviorista do homem "programável" corresponde ao número-mônada. A concepção skinneriana concebe o homem à luz da linguagem técnica, como um mecanismo programável que pode ser composto e decomposto e cujas ações e reações, nesta relação, podem ser mensuráveis. É o caráter pretensamente mensurável do comportamento que torna a psicologia uma ciência. O behaviorismo corresponde ao campo racional da teoria numérica. Já a concepção psicanalítica releva a humanização e determina a inexorabilidade da seleção natural para a espécie, o primado dos instintos e o mal-estar da cultura. A psicanálise corresponde ao campo numérico irracional. Por fim, o campo numérico real, que unifica os dois campos contrários – racional e irracional – no real contínuo, fluente e total, corresponde à teoria da práxis, que concebe o humano como uma crítica aos dois contrários, ao condicionamento e programação do homem e à seleção natural do homem-horda, propondo o terceiro incluído que emerge da contradição harmônica desses dois opostos.

XXIII

A operação inversa

1. A inversão subtrativa

Toda e qualquer adição realizada em N pode ser invertida:

Para $\forall(m,n) \in N \times N \rightarrow m+n \in N \rightarrow$ *existe* $(m+n) - n = m$ ou $(m+n) - m = n$.

Ainda que a inversão subtrativa ocorra para qualquer versão aditiva, a subtração não é uma operação em N porque não há princípio subtrativo nesse conjunto numérico. *Nele a subtração não é universal e está limitada à condição de inversão de uma adição feita anteriormente como versão.* O princípio subtrativo não pode ser universalizado em N (naturais) pois há subtrações que não operam nesse conjunto numérico: 3 - 8, 0 - 2, 2 - 10 não existem em N.

Para converter a técnica operacional subtrativa em operação matemática, a cultura chinesa criou o *número negativo* e a representação numeral por meio de cores.

A civilização chinesa criou o pensamento do movimento real como uma luta entre contrários.

A harmonia dos contrários

A civilização chinesa concebe a fluência universal à luz do princípio da *harmonia dos contrários em luta*. As condições geográficas do país determinam esse pensamento. Trata-se de uma terra de contrastes: em determinado período do ano, muita chuva, vento, cheias e inundações, ao passo que, em outro período, seca; montanhas altas contrastam com extensos vales planos; num extremo, frio e neve e, no outro, um calor quase tropical. Este país de contrastes encontrou na harmonia dos contrários em luta o pensamento para orientar a sua própria existência. Trata-se do princípio do *Yang* e do *Yin*.

Esse princípio estabelece a unidade dos contrários em todas as coisas. A "harmonia universal", concebida como a unidade dos contrários *Yin* e *Yang*, está presente em todos os fenômenos, em todos os objetos, em todas as formas de vida, em todos os aspectos da realidade. Em tudo existe um *Yin* e um *Yang*, seu contrário, que dependem da natureza do objeto. O equilíbrio entre esses dois aspectos contraditórios determina a qualidade do ser, e a ruptura desse equilíbrio é uma situação transitória que dura até ser atingido novo equilíbrio. Apesar de serem aspectos em luta permanente, em repulsão, *Yin* e *Yang* possuem uma identidade fundamental: um não existe sem o outro. Não existe vida sem morte, masculino sem feminino, frio sem calor, elétron sem próton, aceleração sem freagem. Não existe na natureza nada sem o seu contrário. Todas as forças e formas de matéria, de vida, de pensamento existem aos pares, pois a todas correspondem aspectos opostos, contrários, formando unidades de contrários. E esses contrários em unidade existem na forma de movimento.

O símbolo abaixo representa o princípio *Yin-Yang*. É interessante interpretá-lo:

- o círculo indica, ao mesmo tempo, a totalidade (o todo) e a unicidade (é único) do universo;
- o preto e o branco representam os contrários – *Yin* e *Yang* –, compondo a harmonia e o equilíbrio da totalidade;
- os pequenos círculos – preto no interior da região branca e branco no interior da região preta – indicam que cada aspecto traz o seu contrário dentro de si.

Para tanto, os chineses utilizam-se das cores vermelha e preta:

- *vermelho* para os acréscimos (sentido crescente), a fim de indicar o princípio aditivo;
- *preto* para o seu contrário, os decréscimos (sentido decrescente), indicando o princípio subtrativo.

A cor do numeral indica o contrário do número: 8 e 8 são contrários *em si*. A adição 8 + 8 resulta em zero: 8 + 8 = 0.

A adição entre si de todos os pares de números contrários ou opostos *resulta em zero*. É por isso que os matemáticos alemães nomearam pela letra Z o conjunto dos números contrários.

Configura-se assim uma simetria dos números em relação ao zero. Por isso os pares (1, 1), (2, 2), (3, 3)... são chamados de *pares simétricos*.

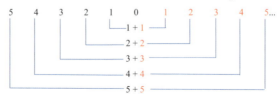

A adição é a operação que determina tal simetria e, consequentemente, o caráter *contrário* desses números. A partir da referência *zero,* formam-se os pares de números *opostos.* Sendo todo número um contrário, o numeral escrito numa ou noutra cor indica de qual contrário se trata, qualquer que seja o movimento em estudo. Graças a essa concepção numérica de contrários, o princípio aditivo pode ser expandido até o princípio subtrativo.

A subtração 5 - 8, impossível em N, pode ser resolvida por meio dos números contrários:

- sendo os acréscimos vermelhos e os decréscimos pretos, é possível pensar 5 - 8 como a adição do acréscimo 5 com o decréscimo 8: 5 + 8;
- isso resulta num decréscimo de 3: 5 + 8 = 3.

A conversão da subtração numa adição de contrários possibilita a expansão do princípio aditivo para a subtração. Para que isso aconteça, é necessário que o campo numérico, então restrito às unidades-mônadas (números naturais), seja expandido para o conceito de unidades contrárias.

2. O conjunto Z dos números inteiros

A inversão operacional da adição faz-se por meio dos números contrários ou opostos. Essa expansão conceitual do campo numérico resultou num novo conjunto de números chamado de *conjunto dos números inteiros,* representado por Z. Como o zero é o número que representa o equilíbrio entre os contrários, o seu nome forneceu a letra que nomeia o novo conjunto formado com a expansão de N. Vale lembrar, também, que a palavra contar, em alemão, é *zahl.*

Da cor aos sinais

Há aproximadamente quinhentos anos as transformações sociais, políticas e econômicas que marcaram a Europa estabeleceram nova forma de produção da vida. A passagem da economia de subsistência para a economia mercantil obrigou o trabalho humano a administrar os movimentos quantitativos contrários da troca. Os comerciantes criaram um hábito interessante para controlar as quantidades contrárias que variavam em seus armazéns. Em seu livro *As maravilhas da matemática*, Malba Tahan conta-nos, em forma de lenda, esse hábito.

A OPERAÇÃO INVERSA

> *Havia, já lá se vão muitos anos, numa cidade da Alemanha, um homem que negociava em vinho. Recebia esse homem, diariamente, vários tonéis de vinho. Os tonéis que chegavam do fabricante eram cuidadosamente pesados. Se o tonel continha mais vinho do que devia, o homem marcava-o com um sinal na forma de cruz: (+). Esse sinal indicava mais, isto é, mais vinho, um excesso. Se ao tonel parecia faltar uma certa porção de vinho, o homem assinalava-o com um pequeno traço: (-). Tal sinal indicava menos, isto é, menos vinho, uma falta. Desses sinais, usados outrora pelo marcador de vinho (diz a lenda), surgiram os símbolos + e - empregados hoje, no mundo inteiro, pelos matemáticos e calculistas.*
>
> Inventados pelos comerciantes, os sinais + e - permaneceram por anos como exclusividades dos depósitos e armazéns. Aos poucos, os matemáticos que lidavam com a matemática comercial começaram a usá-los em seus livros e cálculos para indicar transações em dinheiro: o sinal - para os débitos e + para os créditos. A partir do balcão de negócios, os números com sinais contrários ganharam o mundo e formalizaram matematicamente a expansão numérica de N para Z gerando um novo número, que capta e explicita a natureza contraditória das quantidades: os números inteiros.

TAHAN, Malba. *Maravilhas da matemática*. São Paulo: Saraiva, 1965. Malba Tahan (*el-hadj cherif Ali Iezid Izz-Eduim Ibn Salim Hank Malba Tahan*) é o pseudônimo de Júlio César de Mello e Souza (Rio de Janeiro, 1895-1974).

Os numerais indicadores de acréscimos (vermelhos) passam a ser considerados positivos, condição representada pelo sinal + ou, simplesmente, só pelo numeral: 5 = + 5 = 5.

Os numerais indicadores de decréscimos (pretos) passam a ser considerados negativos, condição representada pelo sinal - : (8 = -8).

O cálculo 5 - 8, indicado por 5 + 8 na escrita pictográfica chinesa, passa a ser representado por 5+(-8) = -3.

Com o algarismo hindu e os sinais mercantis, temos a formalização algébrica desse conjunto numérico:

Z = {... -3, -2, -1, 0, 1, 2, 3, 4...}

Expansão negativa de N, Z é o conjunto dos números inteiros, o qual contém o conjunto dos números naturais.

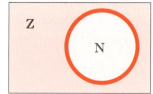

N ⊂ Z – o conjunto dos números naturais está contido no conjunto dos números inteiros.

ou

Z ⊃ N – o conjunto dos números inteiros contém o conjunto dos números naturais.

Z = {... -3, -2, -1, 0, 1, 2, 3, 4...}

3. A inversão divisora

Toda e qualquer multiplicação em pode ser invertida:

Para ∀(m,n) ∈ N×N→*m+n* ∈ N→*existe* (m + n) - n = m ou (m x n) : m = n.

Ainda que a inversão divisora ocorra para qualquer versão multiplicativa, a divisão não é uma operação em N porque não há *princípio divisor* nesse conjunto numérico. *Nele a divisão não é universal e está limitada à condição de inversão de uma multiplicação feita anteriormente como versão.* O princípio divisor não pode ser universalizado em N pois há divisões que não operam nesse conjunto numérico: 3 : 8, 1 / 2, 2 : 10 não existem em N.

Como vimos no capítulo anterior, a cultura egípcia converteu a técnica operacional divisora em operação matemática, criando o *número racional* e a sua representação numeral por meio da notação fracionária. Em algarismo, essa notação indica, por exemplo, a divisão da unidade de medida em cinco partes por $\frac{1}{5}$.

A consideração de três das cinco subdivisões da unidade de medida é registrada por $\frac{3}{5}$.

A unidade de medida (o número 1) configura-se como referência de *reciprocidade* entre os números: repetindo-se, por exemplo, três vezes (n x 3), o número multiplica-se e, repetindo-se a divisão em três vezes (n x $3\frac{1}{3}$), o número divide-se.

• Se multiplicarmos o número por 3 e o dividirmos por 3, ... n x $3\frac{1}{3}$

• o número permanece o mesmo, como numa multiplicação por 1: ......

n x 1 → $3x\frac{1}{3} = 1$

• Por isso, os pares $(2,\frac{1}{2})$, $(3,\frac{1}{3})$, $(4,\frac{1}{4})$, $(5,\frac{1}{3})$ ... são chamados de *pares recíprocos*.

A multiplicação é a operação que determina essa reciprocidade. Com base na referência *um,* formam-se os pares de números *recíprocos.* Sendo todo número um recíproco, o numeral escrito numa ou noutra forma indica de qual recíproco se trata, qualquer que seja o movimento em estudo. Graças a essa concepção numérica de reciprocidade, o princípio multiplicativo pode ser expandido até o *princípio da divisibilidade* (ou *princípio divisor*).

A OPERAÇÃO INVERSA

A divisão 2 : 3, impossível em N, é resolvida por meio dos números recíprocos (ou racionais): 2 : 3

$$2 \cdot \frac{1}{3} = \frac{2}{3}$$

A conversão da divisão numa multiplicação de recíprocos possibilita a expansão do princípio multiplicativo para a divisão. Para que isso aconteça, é necessário que o campo numérico, então restrito às unidades-mônadas (números naturais), seja expandido para o conceito de números racionais.

4. O conjunto Q dos números racionais

A inversão operacional da multiplicação faz-se por meio dos números racionais ou recíprocos. Essa expansão conceitual do campo numérico resultou num novo conjunto de números chamado de *conjunto dos números racionais*, representado pela letra Q (de *quociente*).

Na expansão racional, os números inteiros passam a ser pensados como números racionais:

Expansão racional de Q $Q \supset Z \supset N$
e Z, N estão contidos em Q: $N \subset Z \subset Q$

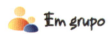

Atividade de debate   Em grupo

1) Quando o trabalho humano criou o número natural, fez-se o senso comum: *tudo é contável.* A invenção do número racional confirmou ou desmentiu aquela afirmação? Por quê?

2) O alfaiate José Nunes mediu a altura de um freguês: 1 metro e 67 centímetros.
a) É possível que o próximo freguês de José tenha como altura um número racional imediatamente seguinte ao da altura do primeiro freguês? Por quê?
b) É possível José medir essa altura? Qual seria o número?

3) Numa corrida de mil metros, o tempo do primeiro corredor foi de 5 minutos, 12 segundos e 34 décimos de segundo. O segundo corredor chegou no tempo imediatamente seguinte.

a) É possível ao cronometrista medir o tempo do segundo corredor, estabelecendo o seu número exato? Por quê?

b) Qual seria esse tempo?

4) Responda:

a) Qual é a menor quantidade existente entre uma altura e a sua seguinte?

b) Qual é a menor quantidade de ovelhas existente entre uma ovelha e a sua seguinte?

c) Qual é a menor quantidade existente entre um tempo e o seu seguinte?

5) Escreva a sua explicação para a questão: qual é o menor número racional existente entre um dado número e o seu sucessor?

6) Como a teoria das mônadas explica a estrutura da reta? Ela está de acordo com a teoria da medida?

7) Para Pitágoras (Grécia, 570-496 a.C.), todo número tem um segmento correspondente. A medida deste segmento dá-se pela quantidade de mônadas. De acordo com a ideia de Pitágoras, todos os comprimentos poderiam ser medidos e escritos na forma de um número racional que diria quantas mônadas existem na medição. Utilizaremos um modelo para clarear a visão de Pitágoras. Vejamos como isso acontece:

a) Tomemos determinada unidade de medida A_____B, que, decomposta em mônadas, ficaria AᵒᵒᵒᵒᵒᵒᵒᵒᵒᵒB. Isso significa que ela possui quantas mônadas?[NR1]

b) Tomemos o comprimento C_____D, que, decomposto em mônadas, ficaria CᵒᵒᵒᵒᵒᵒᵒᵒᵒᵒD. Quantas mônadas ele possui?[NR2]

c) Considerando o segmento CD como unidade de medida, qual é a medida do segmento AB?

8) Considere o segmento AB como unidade de medida. Dado o comprimento E_____F, EᵒᵒᵒᵒᵒᵒᵒᵒᵒᵒᵒᵒF quando decomposto em mônadas:

a) Quantas mônadas ele possui?[NR3]

b) Qual é a sua medida?[NR4]

c) Cada unidade de medida possui quantas mônadas?[NR5]

d) Qual é a razão entre o número total de mônadas e o número de mônadas da unidade de medida?[NR6]

9) Nessa explicação de Pitágoras, existe algum comprimento que não pode ser medido? Por quê?

10) O matemático Hermann Hankel (Alemanha, 1839-1873) advertiu contra a tendência que as pessoas têm de achar que tudo o que criam resolve todos os males. Ao resolver um problema que o aflige, o homem pensa que, com aquela solução, está resolvendo todos os seus problemas. Assim, a medição que parecia resolver o problema de *contar* as quantidades contínuas levou Pitágoras a afirmar em bom tom:

Tudo é mensurável. Medir é compreender.

Tal afirmação estabeleceu-se no pensamento numérico na forma de *ilusão da medida*, isto é, na sensação de que tudo pode ser medido, resultando num número racional. Mais do que isso, na sensação de que tudo pode ser compreendido, bastando para tanto que se determine sua quantidade. De acordo com a teoria de Pitágoras, como a mônada é a parte menor de todas as coisas, ela funciona como a menor unidade para a medição de tudo. Responda:

a) De acordo com essa teoria, existe algum comprimento no mundo que não pode ser medido? Por quê?
b) E você concorda com a afirmação de que todos os comprimentos do universo são mensuráveis, isto é, podem ser medidos?
c) A invenção dos números racionais resolveu o mistério das mônadas?

Nossas Respostas (NR)

(**NR1**) 10 mônadas.
(**NR2**) 11 mônadas.
(**NR3**) 12 mônadas.
(**NR4**) 1,2 unidade.
(**NR5**) 10 mônadas.
(**NR6**) A razão é 12 mônadas para 10 mônadas: $\frac{12}{10}$.

XXIX

A continuidade

1. A invenção da potência

No *link*: <http://pt.wikipedia.org/wiki/Arquimedes> (acesso em: 30 abr. 2013), encontra-se uma biografia de Arquimedes.

Em seus estudos de astronomia, Arquimedes (Siracusa, 287 a.C.-212 a.C.) propôs-se calcular o tamanho do universo, o que implicava medir o seu espaço – mais precisamente, o seu volume. Ele se utilizou do grão de areia como unidade de medida. Em sua concepção, o grão de areia era o que mais se aproximava de uma mônada de espaço.

Em seus cálculos, Arquimedes operou com números muito altos, expressos em numerais gregos, e não em algarismos. Isto implicava trabalhar com o ábaco. É fácil entender a tremenda dificuldade de representar no ábaco números com vinte ou mais ordens. Para superar esse problema de ordem prática, ele inventou um sistema de representação simplificadora dos números:

- A adição de parcelas iguais simplifica-se na multiplicação: 5 + 5 + 5 = 5 . 3.
- O mesmo princípio simplificador pode ser aplicado na multiplicação de fatores iguais: em 10 . 10 . 10, o fator 10 tem 3 repetições na multiplicação.
- A simplificação da multiplicação foi obtida com a construção da seguinte tabela:

Número	Multiplicação	Fator base	Repetição na multiplicação
10	10	10	1
100	10 . 10	10	2
1 000	10 . 10 . 10	10	3
10 000	10 . 10 . 10 . 10	10	4

- A multiplicação 1 000 x 10 000 no ábaco implicava trabalhar com sete ordens numéricas (sete colunas do ábaco); na tabela, o cálculo simplificava-se com a simples soma das repetições na multiplicação:

1 000	10.10.10	10	3 +
10 000	10.10.10.10	10	= 4
1 000 x 10 000		10	7

- A criação do algarismo possibilitou a representação dessa simplificação no próprio numeral: $10 . 10 . 10 = 10^3$.
- A técnica numeral converteu-se na operação matemática chamada *potência*: $10^3 = 10 . 10 . 10 = 1\ 000$.
- O uso da tabela de Arquimedes resumiu-se em registro algorítmico no papel: $10^3 . 10^4 = 10^7$.

A adição e a multiplicação surgiram, primeiro, como técnicas operacionais, como princípios técnicos (princípio aditivo e princípio multiplicativo). Só depois se converteram em operações matemáticas. Já a potência foi inventada diretamente no cálculo numérico, como extensão do princípio simplificador numérico. Só depois é que se converteu em técnica operacional. Ao contrário das operações que a antecederam, a potência primeiro nasceu operação matemática para depois tornar-se técnica. Esse caráter abstrato da gênese da potência, o qual parece um detalhe sem importância, implicará enorme salto qualitativo do pensamento numérico.

2. A inversão da potência

Diferentemente da adição e da multiplicação, a potência não é comutativa.
- Na adição, $5 + 4 = 4 + 5 = 9$; na multiplicação,
  $3 . 4 = 4 . 3 = 12$; na potência, $3^2 \neq 2^3$.
- Daí a adição ter apenas uma inversão, a subtração:
  $5 + 4 = 9 \rightarrow 9 - 4 = 5$; ou $4 + 5 = 9 \rightarrow 9 - 5 = 4$.
- A multiplicação tem na divisão sua única inversa:
  $3 . 2 = 6 \rightarrow 6 : 2 = 3$; ou $2 . 3 = 6 \rightarrow 6 : 3 = 2$.

- Já a potência tem duas inversões: a radiciação
($3 = \sqrt{9} = 3$) e o logaritmo ($\log{^9}_3 = 2$).

A inversão *radiciação* foi identificada como operação, muito a contragosto, pelos discípulos de Pitágoras, mais precisamente por Hipasco. Como vimos no Capítulo XXVII ("A operação matemática"), a aplicação do teorema de Pitágoras ao cálculo da diagonal de quadrado de lado 1 (uma unidade de medida) resulta em $\sqrt{2}$, comprimento impossível de ser medido.

O quadrado desenhado com régua e esquadro num papel *existe*! Com a ajuda de uma régua, é possível traçar a sua diagonal. A unidade de medida *lado do quadrado* está ali, pronta para ser usada na medição do comprimento da diagonal. São duas figuras geométricas concretas, reais, visíveis a olho nu, que podem até ser tocadas com os dedos. Contudo $\sqrt{2}$, o número que resulta dessa tentativa de medição, nunca vai ser visto com todas as suas casas decimais. Elas são infinitas. A medição só é possível por aproximação. Ela jamais resultará em número racional. O número $\sqrt{2}$ é irracional, mas isso não significa que ele não existe; afinal, as duas formas – o quadrado de lado 1 e a sua diagonal – estão desenhadas no papel, provando que o número $\sqrt{2}$ existe, é real, ainda que irracional.

Hipaso de Metaponto (Grécia, século V a.C.), discípulo de Pitágoras, foi o primeiro matemático que reconheceu $\sqrt{2}$ como um número irracional e demonstrou essa irracionalidade por meio de entes geométricos. Mas a que permaneceu por 2 mil anos como definitiva foi a demonstração algébrica por *redução ao absurdo* (*reductio ad absurdum*), cuja autoria é desconhecida:

$$1^2 + 1^2 + d^2$$
$$2 = d^2$$

Sendo o número d mensurável pelo comprimento 1 do lado, pode ser escrito na forma de uma razão irredutível.

O quadrado desse número deve ser igual a dois. $\left(\frac{m}{n}\right)^2 = \frac{m^2}{n^2}$
De onde se segue: $m^2 = 2 \cdot n^2$

O que significa dizer que m^2 é par.
E, consequentemente, m é par.
Isso implica que n *deve ser ímpar pois a razão $\frac{m}{n}$ é irredutível.*
Como m é par, m^2 é divisível por 4.
O que implica que n^2 é também par.
Logo n é par.
Aqui encontramos uma afirmação absurda: n é par e ímpar.
Isso vem indicar a falsidade da suposição de que exista um número racional tal que $\frac{m}{n} = 2$
O que se conclui que $\sqrt{2}$ não é racional.

Membros da escola pitagórica celebrando o nascimento do sol, Fyodor Bronnikov (1869). Museu do Vaticano.

A escola pitagórica foi uma seita secreta, de caráter religioso, da qual participaram cerca de trezentos jovens, dedicados em tempo integral ao estudo da matemática e da filosofia no centro pitagórico de Crotona (Itália), onde viviam juntos e em regime de comunhão de bens. O número era objeto de adoração religiosa. Nas palavras do próprio Pitágoras: "Os números são o princípio, a fonte e a raiz de todas as coisas." Cercada de mistérios e segredos, o que se sabe sobre a seita é incerto e lendário. Diz a lenda que, quando Hipaso apresentou a sua demonstração da irracionalidade de $\sqrt{2}$, a perplexidade e a tristeza dominaram os seus pares, que o fizeram jurar que não revelaria a sua descoberta. Mas, para o bem da humanidade, Hipaso quebrou o pacto de silêncio e revelou ao mundo a existência dos novos números. Irados, os pitagóricos expulsaram-no da escola e erigiram uma tumba com seu nome, decretando, assim, a morte espiritual e intelectual do discípulo rebelde. Parece que esta morte simbólica não bastou para aplacar-lhes o ódio. Documentos da época dão versões diferentes para o fim do pobre livre-pensador: segundo alguns, Hipaso suicidou-se como autocastigo, na busca de liberar a alma para a purificação em outro corpo; outros, mais céticos, afirmam que ele foi morto por afogamento por um grupo de pitagóricos, a mando do próprio mestre.

Uma aproximação com 36 algarismos significativos para $\sqrt{2}$ é:
1,41421356237309504880168872420969807856967187537694807
317667973799...

A inversão *logaritmo* foi criada por *John Napier* (Escócia, 1550-
-1617) como técnica de cálculo de multiplicação e divisão por tabelas exponenciais, como o fez Arquimedes. Na verdade, Napier retomou a técnica operacional desenvolvida pelo grego, só que agora para aplicação nas questões mercantis de um comércio mundial que passava a girar em torno de grandes números, tão astronômicos quanto os grãos de areia de Arquimedes.

3. O número irracional

A origem abstrata da potência deu-lhe a condição de penetrar no interior da mônada, revelando o seu conteúdo e a consequente desmistificação do seu mistério divino. A inversão da potência produziu o número irracional. A mônada é uma idealização que só existe na mente; é um artifício técnico para medição de quantidades contínuas *por aproximação*. Ela foi criada para cobrir uma dimensão da realidade quantitativa que a razão não alcança: a continuidade da fluência universal na qual o pensamento penetra por meio da relação *número racional→número irracional*. É na crítica ao número racional, mais precisamente ao esgotamento do conceito de mônada, que o pensamento numérico se desenvolveu até o número irracional, princípio ativo conceitual da continuidade. Criticando a razão, o pensamento numérico produz nova razão: a "razão irracional", conceito fundamental para o trabalho humano

Razão irracional: a expressão, que parece conter uma contradição, uma incoerência, constitui um esforço de conceituação de um processo cuja essência é contraditória: pensar por meio da irracionalidade, convertendo o irracional numa razão qualitativamente superior à razão "racional". A palavra "racional", ao adjetivar o substantivo *número*, orienta o pensamento para o trabalho com quantidades que podem ser expressas por modelos racionais. A razão, aqui, expressa a relação matemática: a expressão numeral indicativa do quociente $\frac{a}{b}$ entre dois números inteiros a e b. Quando a palavra "irracional" adjetiva o mesmo substantivo, indica outro trabalho com outras quantidades – as que não podem ser expressas por razões matemáticas. Na expressão *razão irracional*, a palavra *razão* nomeia a *qualidade razão*, a faculdade humana de pensar e produzir planos de ação. Não se trata, pois, da razão matemática, da relação numérica $\frac{a}{b}$. A *razão irracional* é o pensamento numérico que trata as quantidades que não se expressam em números racionais.

operar com a continuidade da fluência universal. Fora do alcance da palavra, da abordagem qualitativa, a continuidade da totalidade fluente tornou-se acessível ao pensamento pela via quantitativa do número.

O número irracional foi inventado com base na constatação da impossibilidade de efetuar algumas medições. Contrariando o lema da escola pitagórica – tudo é mensurável –, existem segmentos incomensuráveis. A medição de espaços (principalmente de comprimentos) relaciona as linguagens numérica e geométrica. A reta é o elemento geométrico que corresponde à dimensão técnica da medição de comprimento. Sua utilização como "modelo numérico" possibilita o entendimento do conjunto dos números racionais como uma sucessão de paradas infinitesimais. Na reta visualiza-se claramente o "pensamento cinematográfico" inerente ao número racional. Foi esta relação entre a reta e o número que Richard Dedekind (Alemanha, 1831-1916) e Georg Cantor (Rússia, 1845-1918) utilizaram para produzir e sistematizar o conceito de número real:

> Disponível em :
> <http://www.matematica.br/historia/dedekind.html>;
> <http://www.educ.fc.ul.pt/icm/icm99/icm17/dedekind.htm>;
> <http://ecalculo.if.usp.br/historia/dedekind.htm>.
> Acesso em: 30 abr. 2013.

> Para conhecer a biografia resumida de Cantor, consulte os *links*:
> <http://pt.wikipedia.org/wiki/Georg_Cantor>;
> <http://www.educ.fc.ul.pt/docentes/opombo/seminario/cantor/vidacantor.htm>. Acesso em: 30 abr. 2013.

- Tome-se uma reta na ótica do número racional. Segundo o dogma pitagórico, ela é formada de mônadas que, mais tarde, Euclides chamou de *pontos*.

● ●

A CONTINUIDADE

A reta de mônadas-pontos é análoga à sequência cinematográfica dos fotogramas que compõem um filme.

• Para Dedekind, os espaços vazios entre as mônadas-pontos significam que os números racionais não "completam" a reta, não a preenchem plenamente. A concepção de totalidade fluente implica a continuidade, ou seja, a inexistência de "espaços vazios" no universo. Entre as mônadas-pontos, indicadoras dos números racionais na reta, há espaços que devem ser completados com um novo número. Estes segmentos, ainda que incomensuráveis, "são" números.

> Segmento não é número; mas pode corresponder a um número. É nesse sentido que a palavra "são" está colocada: dada uma unidade de comprimento, a todo segmento corresponde um número racional ou irracional, mas, em ambos os casos, real.

• São os *números irracionais*, como o encontrado por Hipaso ($\sqrt{2}$) e pelos hindus (π), que preenchem tais "espaços vazios" existentes entre as mônadas-pontos. Essa ocupação do vazio da reta pelos números irracionais precisava ser provada matematicamente. Para tanto, era preciso elaborar uma teoria sobre a continuidade quantitativa que implicaria a continuidade numérica. Dedekind e Cantor propuseram-se essa tarefa.

Primeiramente eles identificaram a insuficiência do conceito numérico racional para descrever a reta. Em 1872, Dedekind escreveu, no seu livro *Continuidade e irracionais*:

> A linha reta é infinitamente mais rica em pontos individuais do que o domínio dos números racionais o é em números individuais. Assim, ao tentarmos seguir aritmeticamente o fenômeno que governa a reta, descobriremos que o domínio dos números racionais é inadequado. Torna-se absolutamente

351

necessário melhorar esse instrumento através da criação de novos números para que o domínio numérico seja igualmente completo, ou, podemos dizer, possua a mesma continuidade da linha reta. [...] A comparação do domínio dos números racionais com a reta levou ao reconhecimento da existência de uma certa imperfeição ou descontinuidade na primeira; e, ao mesmo tempo, dotamos a linha reta de perfeição, ausência de lacunas, continuidade. Assim, em que consiste tal continuidade? (apud DANTZIG, 1970, p. 152).

Atividade de debate (I)

Vamos acompanhar, na forma de questionário, a elaboração de Dedekind sobre a continuidade da reta. Para isso, ele criou o importante conceito de *corte*.

1) Desenhe no seu caderno uma reta r qualquer.
2) Tome, nesta reta, um ponto P qualquer.
3) Em quantas partes P divide a reta?
4) Existe algum ponto da reta fora da repartição?
5) Qual é a posição de qualquer ponto que se tomar na primeira parte em relação a qualquer ponto que se tomar na segunda parte?
6) Qual é a posição de qualquer ponto que se tomar na segunda parte em relação a qualquer ponto que se tomar na primeira parte?
7) Esse movimento chama-se *corte*; podemos concluir que *todo ponto P da reta produz nela um corte*. É possível afirmar que haverá sempre um ponto P que separa a reta em duas regiões? Justifique.

8) Leia a continuação do texto de Dedekind (*Continuidade e irracionais*) em que ele responde a essas questões:

> *Em que consiste a continuidade na reta numérica? A resposta a esta pergunta deve compreender em si tudo, e somente ela permitirá desenvolver em bases científicas o estudo de todos os campos contínuos. Naturalmente, não se consegue nada quando, para explicar a continuidade, se fala, dum modo vago, de uma conexão ininterrupta nas suas partes mais pequenas; o que se procura é formular uma propriedade característica e precisa da continuidade que possa servir de base a deduções verdadeiras e próprias. Pensei nisso sem resultado por muito tempo, mas, finalmente, achei o que*

A CONTINUIDADE

procurava. O meu resultado será, talvez, julgado por várias pessoas, de vários modos, mas a maior parte, creio, será concorde em considerá-la bastante banal. Consiste ele na consideração seguinte:

Verificou-se que todo o ponto da reta determina uma decomposição da mesma em duas partes, de tal natureza que todo o ponto de uma delas está à esquerda de todo o ponto da outra. Ora, eu vejo a essência da continuidade na inversão desta propriedade e, portanto, no princípio seguinte: "se uma repartição de todos os pontos da reta em duas classes é de tal natureza que todo o ponto de uma das classes está à esquerda de todo o ponto da outra, então existe um e um só ponto pelo qual é produzida esta repartição de todos os pontos em duas classes, ou esta decomposição da reta em duas partes".

Como já disse, creio não errar admitindo que toda a gente reconhecerá imediatamente a exatidão do princípio enunciado. A maior parte dos meus leitores terá uma grande desilusão ao aprender que é esta banalidade que deve revelar o mistério da continuidade. A este propósito observe o que segue. Que cada um ache o princípio enunciado tão evidente e tão concordante com a sua própria representação da reta, isso satisfaz-me ao máximo grau, porque nem a mim nem a ninguém é possível dar deste princípio uma demonstração qualquer. A propriedade da reta expressa por este princípio não é mais que um axioma, e é sob a forma deste axioma que nós pensamos a continuidade da reta, que reconhecemos à reta a sua continuidade (apud DANTZIG, 1970, p. 160).

Ficou assim estabelecido o postulado Dedekind-Cantor:

Existe sempre um ponto P, qualquer que seja ele, capaz de produzir na reta um corte.

Portanto, a reta é contínua. Esse postulado intitula-se Dedekind-Cantor por ambos terem desenvolvido, embora em separado, um estudo sobre a continuidade da reta.

Compare as respostas que você deu às questões de 1 a 7 com a elaboração que Dedekind fez nesse texto que acabamos de ler.

4. O número real

Enquanto Dedekind criava a ideia de *corte*, Cantor desenvolveu os *segmentos ou intervalos encaixantes*.

A CONTINUIDADE

- Desenhando uma reta,

- tomem-se dois pontos distintos na reta A e B

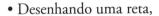

- e, depois, outros dois pontos distintos (A_1 e B_1) que pertencem ao segmento AB, de modo que esse novo segmento esteja "encaixado" no primeiro.

- Em seguida, mais dois pontos distintos (A_2 e B_2) que pertencem ao segmento A_1 e B_1, de modo que estejam "encaixados" no anterior.

- Repetindo essa construção *ad infinitum*, chega-se a *um e somente um* ponto que pertence a todos os segmentos. Daí o *axioma de Cantor*:

> *Se numa reta for dada uma sucessão infinita de segmentos que obedeça às seguintes condições: 1) cada segmento está contido no anterior; 2) o comprimento dos segmentos tende para zero, então existe um e um só ponto que pertence a todos os segmentos.*

Essas elaborações de Dedekind e Cantor possibilitaram a definição de número real, tal como Caraça (1963, p. 62) enunciou:

> *Chamo* número real *ao elemento de separação das duas classes dum corte qualquer no conjunto dos números racionais; se existe um número racional a separar as duas classes, o número real coincidirá com esse número racional; se não existe tal número, o número real dir-se-á irracional.*

Concebido como a união do conjunto dos números racionais com o conjunto dos números irracionais, o conjunto dos números reais, representado pela letra **R**, preenche toda a reta, estendendo a continuidade inerente aos números. Fica assim estabelecido que a todo e a cada ponto da reta corresponde um número real; reciprocamente, a todo e a cada número real corresponde um ponto na reta. A reta, como continuidade real, é formada de pontos que não são mônadas e sim cortes, ou seja, não têm dimensão nem ocupam espaço.

A inversão numérica operacional da potenciação faz-se por meio dos números irracionais. Estes propiciam a expansão conceitual do campo numérico que vai do *conjunto dos números racionais* até o *conjunto dos números reais,* representado pela letra R (de *reais*).

Nessa expansão, os números racionais passam a ser pensados como números reais. A expansão real de N, Z e Q, R contém todos:

$$R \supset Q \supset Z \supset N$$
$$N \subset Z \subset Q \subset R$$

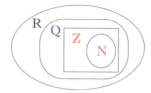

O número real é o pensamento numérico da continuidade, da linguagem matemática para as grandezas contínuas. A racionalidade numérica é a extensão da contagem para a medição; a irracionalidade numérica é a negação da contagem, superando-a por meio do pensamento numérico produzido diretamente para o trabalho com a continuidade. O trabalho com a continuidade está totalmente fora do alcance da técnica. Só a linguagem matemática lhe tem acesso, visto que a linguagem das palavras, intrinsecamente qualitativa, não tem como alcançá-lo e penetrá-lo. Somente o pensamento numérico e a linguagem matemática têm possibilidade de alcançar o infinito, seja ele pequeno ou astronômico, propiciando à mente humana desvelá-lo e analisá-lo. É o número infinitesimal que possibilita a anatomia da totalidade quantitativa e, por meio dela e com base nela, a qualitativa. Esse aspecto central da linguagem matemática é que a torna geradora da ciência; os números reais, mais propriamente os números irracionais, é que permitem ao número criar nova linguagem, que supera a própria linguagem numérica: a ciência.

A *relação matemática* (correspondência entre números) fornece a premissa para a criação da *operação numérica*. Por sua vez, a operação matemática provoca o desenvolvimento da *teoria dos campos numéricos de* N *a* R. Os conjuntos numéricos ampliam-se no conceito de *funções* – o estudo de um movimento na relação tempo→espaço – até sua formalização matemática. E a matematização da *função* gera os conceitos de *conjunto domínio* (números que determinam os momentos de um movimento) e *conjunto imagem* (números que registram as características quantitativas desse movimento em cada um dos seus momentos).

Relação → Operação → Campo Numérico → Função → Domínio → Imagem

Atividade de debate (II)

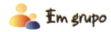 Em grupo

1) Indique qual dos segmentos abaixo, *r* ou *s*, possui mais pontos, justificando a sua resposta.^{NR1}
Segmento *r* _____
Segmento *s* _____

2) Na relação "Pitágoras contra Pitágoras" aconteceu de o teorema do triângulo retângulo quebrar o lema "tudo é mensurável". E o outro lema da escola pitagórica, "tudo é número", foi alcançado pela crítica ao número racional? Justifique a sua resposta.^{NR2}

3) Os números reais põem fim ao "mistério da mônada"? Justifique a sua resposta.^{NR3}

Nossas Respostas (NR)

(NR1)
Pontos numéricos são *cortes* na reta e, assim, não ocupam espaço. Logo, nos segmentos *r* e *s* existe a mesma quantidade de pontos: infinitos.

(NR2)
O teorema do triângulo retângulo quebrou o princípio segundo o qual "tudo é mensurável", mas não o "tudo é número". O número irracional contrapõe-se ao primeiro e não ao segundo princípio, pois ele é um número. Isso não significa que o lema "tudo é número" esteja confirmado. Ele é válido para tudo o que é quantificável. Mas há qualidades humanas não quantificáveis, como o amor, o afeto, a criatividade, a imaginação, a intuição, o medo etc. Elas existem e não são números.

(NR3)
A mônada era o princípio formador da quantidade mais um espaço vazio. O número real estabelece que o princípio formador da quantidade é a razão e o espaço vazio é o número irracional. Racionais e irracionais ocupam toda a reta, não permitindo a existência de vazios – a matéria (ou ausência dela) misteriosa da mônada. A continuidade acabou com o mistério da mônada.

XXX

O pensar

1. O humano e o desumano

Aprender a ser arqueiro não é aprender a acertar o alvo. No "pragmatismo humano", atingir um objetivo específico, como o é acertar a flecha no alvo, é decorrência "natural" da humanização do processo, que é o objetivo universal da espécie. Aprende-se a ser arqueiro à medida que se aprende a ser plenamente humano nesta e em todas as atividades do trabalho. Aprender a ser matemático não é aprender a calcular e operar com algoritmos para chegar às respostas certas. Isso será consequência "natural" da aprendizagem humana de matemática. Em ambos os casos (e em todos os demais casos do trabalho humano), o fundamental é aprender a ser humano, é aprender a ligar "o zero com o infinito", "o eu com a totalidade", "o consciente com o inconsciente", o isolado com a fluência universal. Acertar o alvo, as contas, o gol, a caçapa, a cesta é função mecânica. Pouco, quase nada, aprende-se quando só se apreende o específico; quando só a parte é apreendida; quando só se alcança o isolado, quando a mente se limita à mônada. Só quem ganha com esse "ensinamento" é o sistema de resultados, metáfora idiota do sistema de classes. E "só" quem perde é a humanidade. Na prática desumana de "resultados", produz-se, em primeiro lugar, a ruptura da comunidade em classes e a estabilização do sistema classificatório. Só depois é que vem o valor de uso necessário. Só se produz este se, previamente, se produzir aquele.

• A comunidade produz o humano para, com ele, produzir o valor de uso.

- Produz-se assim um valor de uso cujo núcleo ativo é a comunidade (o humano); esta identifica a necessidade real, gerando a liberdade produtiva no tempo→espaço humano onde é encontrado o par (momento, local) para a produção da utilidade, a qualidade humana que satisfaz a necessidade real.

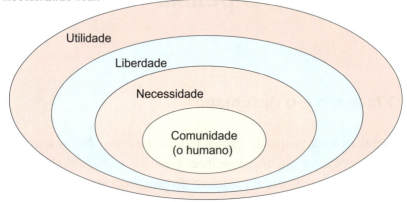

- No sistema de classes, o trabalho só produz valor de uso depois de produzir o "pragmatismo positivista"; o valor de uso só é produzido se reproduzir as classes.

- Desta forma, a ruptura em classes já se encontra, como matéria desumana, na essência da própria produção e do valor de uso produzido. Este terá, no seu núcleo, a classificação social (o desumano), que determinará a classificação das necessidades, na qual se configura a liberdade liberal (de classes) em que a utilidade (qualidade) será produzida.

Para manter-se como plano de ação coletivo, o "pragmatismo positivista" produz os "valores de uso" (as "in-utilidades") necessários à manutenção do princípio da força...

Míssil de cruzeiro Tomahawk   Bomba H   O equipamento do *marine*

... e à reprodução da classificação social.

Valor de uso "transporte"   ... dos "remediados"...   ... e dos "perdedores"
dos "vencedores"...

O "pragmatismo positivista", aclamado por sua pretensa maior eficácia e competência, é, ao contrário, um caminho muito mais danoso, esgotante e ineficaz para a produção porque feito à custa de alto número de vidas humanas, aniquiladas ou sem nenhuma chance para florescer e realizar sua potência.

2. O instante intuitivo

O homem produz a primeira síntese no *concreto dado*, com a natureza inorgânica→orgânica. Já a produção da segunda síntese, o *concreto pensado*, exige a mobilização máxima da natureza humana: ela é, ao mesmo tempo, o pressuposto e o produto. O que diferencia a partida da chegada é o grau de intensidade e amplitude do humano: no ponto de partida, tem-se o humano disponível e alcançável; no ponto de chegada, o humano ampliado e aprofundado.

O tempo dessa síntese é o da intuição, é o instante; o espaço é a amplitude possível de ser alcançada naquele instante, é o de uma "mônada" (ou de um ponto sem dimensão). A intuição/síntese realiza-se na relação tempo→espaço humano num determinado par ordenado (instante, mônada) *necessário*. Essa necessidade só se revelará ao ser humano que a busca se, além do consciente, ele conseguir ativar, em sua plenitude, o elemento de totalidade que traz em si: o inconsciente. É nele que está a totalidade das sensações que o ser reflete da totalidade universal. A arte cavalheiresca estabelece que o ensino→aprendizagem se faz como mobilização integral do ser humano, e não apenas da sua parte racional e lógica.

3. A universalidade da intuição sintetizadora

A civilização e a cultura não se fazem com a produção mecânica, e sim com a produção do humano. Certamente Freud, com sua concepção liberal de homem, não alcançou essa dimensão da evolução da espécie, propondo a desconfiança geral contra a cultura e a civilização. A "arte cavalheiresca", ao contrário do que afirma Freud, não opõe o humano ao inconsciente e não propõe o constrangimento do instinto e da animalidade pela civilização e pela cultura. Ela propõe a combinação harmônica da consciência com o inconsciente, da civilização com o instinto, da razão com a animalidade. É nesta combinação que se faz a civilização e a cultura. O que constrange a natureza orgânica do homem, a reprime, causando o mal-estar diagnosticado por Freud, não são os fundamentos humanos da cultura e da civilização: é o "pragmatismo positivista" e sua redução do homem a um mecanismo. No campo liberal em que se situou, o notável criador da psicanálise ficou impedido de ver estes dois contrários antagônicos: a produção do humano e a produção de "resultados". Na confusão entre o humano e o mecânico, Freud não percebeu que a formação da psique se faz pela via da arte cavalheiresca e a neurose, a antipsique, se faz pela via do comando de classe. Daí que o ensino→aprendizagem "sem resultado" não se restringe à prática do arco e flecha, mas a toda prática humana.

> No *link*: <http://pt.wikipedia.org/wiki/Arquimedes> (acesso em: 30 abr. 2013), encontra-se uma biografia de Arquimedes.

> *O tiro com arco, no sentido tradicional, isto é, respeitado como arte e honrado como preciosa herança cultural, não é considerado pelos japoneses como simples esporte que se aperfeiçoa com um treinamento progressivo, mas como um poder espiritual oriundo de exercícios nos quais o espiritual se harmoniza com o alvo. No fundo, o atirador aponta para si mesmo e talvez em si mesmo consiga acertar. A meta do arqueiro não é apenas atingir o alvo; a espada não é empunhada para derrotar o adversário; o dançarino não dança unicamente com a finalidade de executar movimentos harmoniosos. [...] na natureza ocorrem coincidências incompreensíveis, e não obstante tão comuns que nos acostumamos a elas: a aranha dança sua rede sem pensar nas moscas que se prenderão nela. A mosca, dançando despreocupadamente num raio de sol, se enreda sem saber o que a esperava. Mas tanto na aranha, como na mosca, algo dança, e nela o exterior e o interior são a mesma coisa* (HERRIGEL, 1975, p. 29).

A psique ordena o universo objetivo não se impondo a ele, e sim identificando nele as "coincidências incompreensíveis" (as conexões, as qualidades) e combinando-as para que o abstrato se torne concreto pensado. A consciência não cria nada do nada. A criatividade humana não é mágica; não retira coelhos de onde não havia coelhos. Ela identifica a necessidade de coelhos, busca onde eles estão, apreende o seu modo de vida, reproduz as suas condições de existência em cativeiro. Só depois de identificar e ordenar as "coincidências incompreensíveis" que resultam na vida dos coelhos é que a consciência os entrega ao mágico para que ele produza a ilusão de que os tirou da cartola. Este é o elemento universal presente em todas as relações que o ser humano trava com a totalidade: ele a submete submetendo-se a ela.

> *A técnica de defesa pessoal prostra o adversário sem despender nenhuma força, apenas recuando, elástica e imprevistamente, aos seus esforços. É por isso que essa forma de luta se chama arte gentil [tradução literal das palavras jiu-jitsu], e o seu símbolo é o da água que sempre cede, mas jamais é vencida. Lao-Tsé disse que a vida autêntica se parece com a água, que a tudo se adapta porque a tudo se submete* (HERRIGEL, 1975, p. 36).

Interessante contradição: é na brutalidade insensata da briga corpo a corpo de dois homens que se identifica a delicada e sutil nuança portadora da "arte gentil", cujo princípio ativo é "submeter a força submetendo-se a ela".

4. Saber, fazer e pensar

Estes três verbos nomeiam três componentes ontológicos da produção do humano:

Palavras-chave
Fazer: do latim *facìo,is,féci,fáctum,facère*, "executar, efetuar, levar a efeito, desempenhar, cumprir, cometer".
Saber: do latim *sapìo,is,ùi,ívi* (ou *ìi eí*),*ère*, "ter sabor, ter bom paladar, ter cheiro, sentir por meio do gosto".
Pensar: do latim *penso,as,ávi,átum,áre*, "pesar, examinar, ponderar, considerar, meditar, ruminar, compensar, ressarcir; permutar, trocar, cambiar; satisfazer, estimar, prezar; ter de peso, pagar, dar em paga, expiar" (HOUAISS, 2001).

Sendo a prática o critério da verdade, é o *fazer* que determina o *saber* e o *pensar*. Fazendo, pode-se "saborear e cheirar" o que se faz. Se o fazer for saboroso e cheiroso, será, também, prazeroso. Prazer não é apenas carne e osso: é carne e osso *vivos*, com desejo. E a vida quer sempre continuar viva. Prazer é Eros, é vida. O desejo é a força orgânica do impulso, da animação. O desejo animado produz a *intuição*, o fato orgânico que prepara o fato humano, a conexão que transita do orgânico para o humano. O fazer que é "saboroso" gera prazer, satisfação, e mobiliza, em si, a intuição.

A mobilização da intuição, desencadeada pela necessidade que se realiza pelo trabalho – ou, segundo Leontiev (2001), pela atividade –, produz *significado*, o prolongamento da intuição para além do seu "relâmpago" instantâneo e primordial. A luz do relâmpago revela à mente o "pedaço" do universo que produz aquela determinada satisfação orgânica. E a imagem obtida com o *flash* fica impressa no subconsciente, destacando-se de todas as outras, num processo chamado por Leontiev [1970, p. 362] de reflexo psíquico. Diz o autor:

> Todo o reflexo psíquico resulta de uma relação ação, de uma interação entre um sujeito material vivo, altamente organizado, e a realidade que o cerca. Quanto aos órgãos do reflexo psíquico, eles são ao mesmo tempo os órgãos desta interação, os órgãos da atividade vital (p. 99).

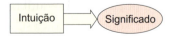

Cheio de desejo, o autorreconhecimento debruça-se sobre o significado e pesa, examina, pondera, considera, medita, rumina e estima o fazer prazeroso. Compõe, assim, o isolado e, com ele, dá início à atividade pensar como reflexo consciente da realidade.

Para efeito de análise, reduzimos esse movimento ao esquema fazer→saber→pensar, que passamos a decompor em suas partes menores, em suas "mônadas".

O *fazer* é a fonte primordial de todo trabalho humano, de toda atividade produtiva, também aquela que produz o *humano*. Ao satisfazer as suas necessidades básicas e instrumentais (MALINOWSKI, 1975), o homem produz significações, entendidas como *a generalização da realidade que é cristalizada e fixada num vetor sensível, ordinariamente a palavra ou a locução. É a forma ideal, espiritual da cristalização da experiência e das práticas sociais da humanidade* (LEONTIEV, [1970], p. 100). Ao afirmar que a significação mediatiza o reflexo do mundo pelo homem, Leontiev dá-nos a dimensão da linguagem, da conversa, como fator de integração dos sujeitos em atividade. O homem tem a sua individualidade, mas ela só se constitui em atividade coletiva, em sociedade e pela linguagem, como produto das significações. Desse modo podemos entender a cultura no sentido que a entende Malinowski, como o resultado das satisfações das necessidades básicas do homem, que para tanto produz instrumentos e desenvolve atividades integrativas.

Ao fazer abrem-se duas vias de desenvolvimento:

- a primeira, interna ao próprio fazer, na qual um fazer gera outro (*fazer→fazer*);

- a segunda, na qual o fazer supera a si próprio, gerando o saber.

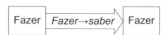

Ao *saber* produzido abrem-se três vias de desenvolvimento:

- a primeira, interna ao próprio saber, produtora de outros saberes (*saber→saber*);

- a segunda, de retorno ao fazer que o produziu, produzindo a relação *saber→fazer*;

  | Saber | saber→fazer | Saber |

- a terceira, externa e superior ao saber, que dele resulta (o *saber→pensar*).

  | Saber | saber→pensar | Pensar |

Por fim, ao *pensar* produzido abrem-se três vias de desenvolvimento:

- a primeira, interna ao próprio pensar, produtora de outros pensares (*pensar→pensar*);

  | Pensar | fazer | Pensar | fazer | Pensar |

- a segunda, de retorno ao saber que o produziu, produzindo a relação *pensar→saber*;

  | Pensar | Saber pensar | Saber |

- a terceira, de retorno do pensar ao fazer (*pensar→fazer*).

  | Pensar | pensar o fazer | Fazer |

> Chama-se *técnica* o movimento realizado pelo trabalho humano na relação produtiva *fazer→fazer*.
>
> Chama-se *ciência* o movimento realizado pelo trabalho humano na relação produtiva *saber→saber*.
>
> Chama-se *cultura* o movimento realizado pelo trabalho humano na relação produtiva *pensar→pensar*.

São múltiplas as relações que podem ser combinadas no processo de *ensino→aprendizagem*. Mas nenhuma é contemplada se a opção for o *sistema de resultados*. Centrada no fazer mecânico, a contraeducação programadora realiza verdadeiro massacre das potencialidades humanas. Ainda bem que ela não é absoluta nem dispõe de onipotência e onipresença para castrar o humano em todas as combinações do fazer→saber→pensar. Ainda que predomine a escola fabril, o seu currículo industrial e o seu sistema de avaliação de resultados (controle de qualidade), o humano continua fazendo-se no fazer→saber→pensar e suas múltiplas combinações e determinações.

O alcance do fazer é infinitamente maior e mais profundo do que o do saber. O fazer ocorre no interior da fluência universal e, portanto, mobiliza conexões e desencadeia relações muito mais numerosas do que as que o saber capta e orienta. A consciência é uma gota no oceano do inconsciente. Analogamente, o saber é uma gotícula na imensidão oceânica da prática, do fazer. Enquanto o saber apenas ativa a consciência-gota, o fazer mobiliza tanto a pequena consciência-gota quanto o imenso inconsciente-oceano.

Atividade de debate

1) Identifique onde, quando e como ocorrem, em sala de aula:
a) o fazer sem pensar; **b)** o pensar sem fazer;
c) o fazer sem saber; **d)** o saber sem pensar;
e) o pensar sem saber; **f)** o saber sem fazer.

2) E, agora, o contrário: identifique onde, quando e como ocorrem, em sala de aula:
a) o fazer com pensar; **b)** o pensar com fazer; **c)** o fazer com saber;
d) o saber com pensar; **e)** o pensar com saber; **f)** o saber com fazer;
g) o fazer com saber e com pensar.

3) As relações criadas com os elementos *fazer, saber* e *pensar* podem ser combinadas de múltiplas formas na relação ensino→aprendizagem. A seguir, apresentamos determinada combinação proposta para determinado conteúdo de matemática. Escolha um tema qualquer e aplique a combinação proposta para ele.

4) Faça, agora, você mesmo um esquema seu, usando as relações *fazer, saber* e *pensar* para um conteúdo à sua escolha, e planeje como será a sua aula com eles (esquema→conteúdo).

5) Vamos fazer um exercício de imaginação. Debata em grupo:
a) Como seriam a escola, o currículo e a avaliação comprometidos com a *agilidade primordial* e combinados para a produção do humano?
b) A humanidade estaria melhor ou pior do que hoje está, prisioneira da seleção natural tão estimada e valorizada pelos liberais?

XXXI

O disparo

1. Desejo e intuição

Para manter-se viva, a planta absorve diretamente do ambiente os nutrientes de que necessita. As necessidades das plantas são *passivas*. A *necessidade vegetal* é uma *conexão direta* entre o ser vivo e a fluência universal, *sem intermediação*.

A *necessidade animal* é uma *conexão indireta* entre o ser vivo e a fluência universal, dado que a conexão é intermediada por um dos órgãos do animal, o seu sistema nervoso.

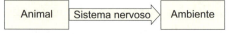

Para manter-se vivo, o animal movimenta-se no ambiente à procura dos nutrientes de que necessita. As necessidades operam no sistema nervoso, onde as pulsões orgânicas são convertidas no comando que anima o ser em seu movimento de busca pela matéria vital.

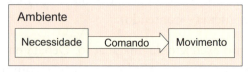

Na produção do comando, o sistema nervoso capta a necessidade por meio do *instinto*, uma espécie de sensor elétrico que dispara o alarme mobilizador do organismo para a ação a partir da identificação da carência a ser suprida. Essa mobilização instantânea, intensa e geral do organismo por determinada matéria, seja inorgânica, seja orgânica, chama-se *desejo*. Na vida animal, o desejo produz a intuição.

A natureza orgânica fornece aos animais o processo neurológico do sistema nervoso central→periférico chamado *inconsciente,* para que sua animação se desenvolva como movimento de sobrevivência. Tratamento reflexivo das sensações que chegam ao corpo vivo, o inconsciente resulta na produção da intuição. A intuição é a elaboração instantânea que o animal faz dos reflexos incidentes em seu organismo, oriundos da totalidade fluente. Esta elaboração resulta da conexão particular que o ser animado tem com o universo: reflexão→reação, recepção→ação, passividade→atividade.

2. Da intuição à consciência

Sob a determinação da sua natureza orgânica, a nossa espécie manteve a luta na seleção natural até os limites suportáveis do seu equipamento corpóreo. Atingido esse limite, na antevéspera da aniquilação, a humanidade desenvolveu um sistema orgânico que produziu uma matéria não orgânica: a conversa. Esta matéria, que até então não existia no universo, possibilitou a conversão da intuição numa matéria oposta ao inconsciente, a *consciência.*

Intuição→Conversa→Consciência

Ainda que lhe seja contrária, a consciência não anula o inconsciente. Gerada nele e dele, a consciência faz-lhe uma negação de continuidade, e não de antagonismo. Ela faz-se com base no inconsciente e, portanto, com base na conexão *desejo→intuição,* convertendo-a na relação conversa→ plano de ação. O desejo é reconhecido e aceito pela consciência como *interesse* e é transmitido à razão como *pressuposto* com base no qual esta produz uma cadeia causal como plano de ação para captura da matéria vital que especificamente satisfaz a necessidade pulsante no organismo.

Necessidade→Instinto→Desejo→Interesse→Pressuposto→Plano de ação em cadeia causal→Ação

Dotada de *trabalho humano,* a espécie homem produz uma realidade que lhe é própria, *a natureza humana no interior da natureza orgânica.*

O DISPARO

Diferencia-se, assim, dos outros animais e emancipa-se da seleção natural das espécies. Na conversa, a nossa espécie expande a sua condição orgânica no interior do universo inorgânico. E, nessa expansão, passa a *conhecer* a matéria existente além das suas sensações. Tal conhecimento, que supera as sensações e alcança o real extrassensorial, chama-se *consciência*. Dotada de consciência, a espécie produz a *história natural de sua existência*.

Atividade de debate (I)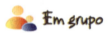

Debata as afirmações que seguem sobre o processo neural que vai da necessidade à ação humana:

1) Toda ação animal decorre de uma necessidade.

2) Todas as relações humanas constituem-se com base nos interesses individuais.

3) O interesse faz parte da natureza humana; o humano é interessante e interesseiro.

4) É o desinteresse que situa o ser fora da natureza humana.

5) O interesse escamoteado, dissimulado, conscientemente oculto constitui *conspiração*; é, portanto, *desumano*.

6) A conversa inicia-se quando os interesses são totalmente revelados e desnudados. É a explicitação clara e profunda dos interesses envolvidos que permite aos homens conversar e estabelecer planos de ação coletivos concretos e materialmente humanos.

7) Qualquer dissimulação de interesse, por menor que seja, retira a base de entendimento para a produção de um plano de ação materialmente humano e consequentemente real.

8) A explicitação de interesses não é tarefa simples. Mesmo para as pessoas que querem ser sinceras, é difícil alcançar a franqueza necessária para engendrar a conversa. É indispensável muita educação, muita produção de

afeto, para que o ser supere os esquemas de defesa do ego do tipo "me engana que eu gosto" e as armações sutis que a mente aplica contra o seu "dono" para poupá-lo das dores inevitáveis do crescimento humano. A conversa "absoluta", totalmente liberada dos esquemas, das jogadas e da conspiração, não existe. O que pode (e deve) existir é a tendência permanente em sua direção e sentido. Os seres humanos conversam quando estão mobilizados e estimulados permanentemente para limpar suas falas e escutas de todas as mentiras que percebem, mesmo as menores e "mais inocentes", de todas as dissimulações e armações, de todas as conspirações. A conspiração é arma fatal e, como tal, só pode ser usada contra o inimigo mortal. O seu uso implica inexoravelmente a antagonização imediata da relação, a sua conversão instantânea em guerra.

9) Todo pressuposto de uma cadeia causal, esteja ela na forma de plano ou de ação realizada, é um interesse, seja ele individual, grupal, de classe ou coletivo.

3. O primordial e o primitivo

O princípio ativo da arte cavalheiresca zen é alcançar e praticar a *agilidade primordial*. Os adjetivos primordial e primitivo têm em *prim-* um núcleo comum, que se refere ao início, à origem, mas diferem no posto de observação: o primordial é a origem vista da ponta desenvolvida do conceito; o primitivo é a visão que se tem na perspectiva do primeiro conceito. O adolescente, jovem, adulto ou velho estimulados a buscar a sua agilidade infantil não voltam a ser crianças; buscam, em si, a infância que tiveram (se tiveram!) para nela recuperar a disponibilidade total e a curiosidade incondicional que punham nas relações que desenvolviam com o mundo. Estes dois elementos – a disponibilidade plena e a curiosidade ingênua, desarmada – são condições fundamentais, do lado do aprendiz, para a ocorrência da aprendizagem. A criança, ao contrário do jovem e do adulto, vive organicamente a *agilidade primordial,* que não lhe vem como uma memória, e sim como uma condição viva e imediata. Nela o primordial é primitivo, enquanto nos outros o primordial é só primordial. Na infância, o primitivo faz o primordial. A natureza orgânica dota o filhote de intensa e despreocupada animação e observação para que ele capte o mais rapidamente possível os fundamentos que a espécie desenvolveu para a sobrevivência. É essa animação primitiva que gera a agilidade primordial (animação primitiva→agilidade primordial). Depois, o primordial permanece na dimensão que o primitivo o criou. Quanto mais ampla e profunda for a infância primitiva, mais rico e denso será o primordial que acompanhará o ser humano ao longo da vida.

A agilidade primordial desenvolvida na infância passa a ser a fonte permanente de animação do ser na luta pela vida (agilidade primordial→animação). Esta animação orienta o *fazer* contínuo do ser. É nele que aprende a fazer, apreendendo os saber fazer (fazer animado→saber fazer). Sabendo fazer, passa a produzir valores de uso e, simultaneamente, faz-se humano. O *saber fazer* (técnica) tem saber que pode ser descolado do fazer. Quando separa o saber do fazer, o ser *pensa* e, consequentemente, produz o *saber pensar* (saber fazer→saber pensar).

O saber pensar começa no saber fazer, mas termina por superá-lo. O "pragmatismo positivista" propõe que se pare na técnica; o princípio educativo (produção do humano) propõe que a técnica se realize no pensamento, ou seja, que o *saber fazer* se desenvolva até o *saber pensar*. Este último não se inicia sem o primeiro, mas a técnica não realiza sua função humana se não servir de base para a produção do pensamento. Não é o corpo humano quem deve ser tensionado, e sim o isolado que deve ser estendido até abarcar todo o universo:

> *"Quando estiramos a corda ao máximo", disse-nos o mestre, "o arco abarca o universo, e por isso é importante saber curvá-lo adequadamente". [...] o mestre passou a relacionar a respiração com o tiro com arco, porque ela não se pratica como um fim em si mesma. A ação contínua de estirar o arco e disparar a flecha se dividia nas seguintes fases: segurar o arco, colocar a flecha, levantar o arco, estirá-lo e mantê-lo no máximo de tensão e disparar* (HERRIGEL, 1975, p. 29-30; 33).

Nesse tensionamento do concreto dado, o "arqueiro" torna-se simples (dominante) e a totalidade torna-se complexa (dominada).

> *Cada fase se iniciava com uma inspiração, apoiava-se no ar retido no abdome e terminava com uma expiração. Tudo isso era possível porque a respiração se adaptara de maneira natural, não apenas acentuando significativamente as diferentes posturas e os movimentos, mas entrelaçando-os ritmicamente em cada um de nós, segundo as características respiratórias individuais. Não obstante estar decomposto em várias fases sucessivas, o procedimento de cada um de nós dava a impressão de um acontecimento único, que vive de si e em si mesmo e que nem de longe pode ser comparado com um exercício de ginástica, ao qual podem ser adicionados ou substituídos gestos sem que lhe destruam o caráter e o significado. [...] Depois de um ano inteiro de exercícios, ser capaz de estirar o arco de forma espiritual, isto é, vencendo-lhe a resistência sem nenhum esforço, não é um acontecimento excepcional (HERRIGEL, 1975, p. 33; 36).*

Essa sensação de dominar o real é real no sujeito, mas não é real na natureza. Nesta, a totalidade nunca deixa de dominar o "eu". Mas o eu em ação gera uma contradição entre ele e o universo; trata-se de uma contradição que parte dele e, portanto, é uma inversão abstrata, que só ocorre na dimensão humana da relação ensino→aprendizagem.

> *"É preciso manter a corda esticada", explicou o mestre, "como a criança que segura o dedo de alguém. Ela o retém com tanta firmeza que é de admirar a força contida naquele pequeno punho. Ao soltar o dedo, ela o faz sem a menor sacudidela. Sabe por quê? Porque a criança não pensa: 'agora vou soltar o dedo para pegar outra coisa'. Sem refletir, sem intenção nenhuma, volta-se de um objeto para outro, e dir-se-ia que joga com eles, se não fosse igualmente correto que são os objetos que jogam com a criança. [...] Sabe por que não pode esperar pelo momento exato do disparo e por que perde a respiração? O tiro justo no momento justo não ocorre porque o senhor não sabe desprender-se de si mesmo, um acontecimento que deveria ocorrer de maneira independente, pois, enquanto não suceder, a mão não se abrirá de maneira adequada, como a da criança." [...] "A arte genuína", afirmou o mestre, "não conhece nem fim nem intenção. Quanto mais obstinadamente o senhor se empenhar em aprender a disparar a flecha para acertar o alvo, não conseguirá nem o primeiro e muito menos o segundo intento. O que obstrui o caminho é a vontade demasiadamente ativa. O senhor pensa que o que não for feito pelo senhor mesmo não dará resultado." [...] "Então, o que devo fazer?" "Tem que aprender a esperar." "Como se aprende a esperar?" "Desprendendo-se de si mesmo, deixando*

para trás tudo o que tem e o que é, de maneira que do senhor nada restará, a não ser a tensão sem nenhuma intenção." "Quer dizer que devo, intencionalmente, perder a intenção?" "Confesso-lhe que jamais um aluno me fez tal pergunta, de maneira que não sei respondê-la de imediato." [...] para que o tiro ocorra de forma apropriada, o relaxamento físico tem que se entrelaçar com o relaxamento psicoespiritual, com a finalidade, não só de agilizar, como de liberar o espírito. Temos que ser ágeis para alcançar a liberdade e livres para recuperar a agilidade primordial. Essa agilidade primordial é diferente de tudo o que se entende vulgarmente por agilidade mental. [...] "Deixe de pensar no disparo!", exclamava o mestre. "Assim não há como evitar o fracasso!" "Eu não consigo evitar", repliquei. "A tensão é insuportavelmente dolorosa." "Isso acontece porque o senhor não está realmente desprendido de si mesmo [...]" (HERRIGEL, 1975, p. 41-44; 57).

4. O disparo

O nosso organismo "diz-nos" que somos o centro do mundo. Tal ilusão faz parte do seu sistema de autodefesa. Mas o real nega essa arrogância e diz-nos que somos parte do mundo. À medida que nos dispomos a abrir o máximo de relacionamentos com este mundo, vamos, nós e o mundo, constituindo uma totalidade que transcende o nosso ego, a nossa vontade, o nosso desejo. Em determinado momento esta totalidade sinaliza – é a hora do já:

Disparar significa que os dedos que prendem o polegar se abrem e o liberam. A forte tração da corda tira-o da posição e o estica: a corda vibra e a flecha é lançada. [...] "Contudo, é tão simples... Uma simples folha de bambu pode ensiná-lo. Com o peso da neve ela vai se inclinando aos poucos, até que de repente a neve escorrega e cai, sem que a folha tenha se movido. Como ela, permaneça na maior tensão até que o disparo caia: quando a tensão está no máximo, o tiro tem que cair, tem que desprender-se do arqueiro como a neve da folha, antes mesmo que ele tenha pensado nisso." Apesar de todos os meus esforços de abstenção e de não intervenção, eu continuava a provocar o tiro deliberadamente, sem esperar que ele caísse. [...] "Como o disparo pode ocorrer, se não for eu que o fizer acontecer?" "Algo dispara", respondeu-me. "Já ouvi essa resposta outras vezes. Modifico, pois, a pergunta: como posso esperar pelo disparo, esquecido de mim mesmo, se eu não posso estar presente? "Algo permanece na tensão máxima". "E o que é esse algo?" "Quando o senhor souber a resposta, não precisará mais de mim. E se eu lhe der alguma pista, poupando-o da experiência pessoal, serei o pior dos mestres, merecendo ser dispensado. Por isso, não falemos mais! Pratiquemos!" [...] quando o tiro é feito com êxito, a respiração, que estava presa, sai com suavidade, voltando-se a inspirar pausadamente. O coração continua a bater num ritmo uniforme e tranquilo e a concentração, por não ter sido perturbada, permite iniciar de imediato o segundo disparo. O resultado interior dos tiros executados com perfeição causam a sensação de que o dia acaba de nascer. Depois deles, o arqueiro se sente apto a praticar toda espécie de ação perfeita ou a mergulhar no mais puro ócio. É um estado extraordinariamente delicioso. "Mas", adverte o mestre, "quem o experimenta, melhor fará se ignorá-lo. Somente uma firme serenidade é capaz de fazer com que ele volte sempre." (HERRIGEL, 1975, p. 38; 58; 63; 65).

Na natureza, vivemos no interior de processos de sínteses que ocorrem continuamente e são decorrentes da fluência universal, ela própria uma síntese total que instantaneamente se refaz a cada momento. As sínteses que provocamos com o nosso trabalho são disparos que realizamos no interior dessa totalidade. Controlamos apenas o dedo que toca o gatilho. Não dominamos nem o antes nem o depois do disparo. O único poder que temos no universo é a escolha do momento adequado do disparo, a hora do já. Este deve ser identificado na melhor conexão que desencadeará entre o antes e o depois. E esta melhor conexão é, necessariamente, aquela que vem do pensamento e da consciência da vida, e não a que vem do desejo individual. A síntese que nos interessa deve ser inevitavelmente do interesse da comunidade. Somente o homem em comunidade sabe o que é melhor para a vida, pois está muito mais próximo da totalidade do que o homem-mônada.

Quando vamos desencadear, individualmente, uma síntese que nos interessa, o disparo será cada vez mais próximo do alvo se levar em conta os disparos das três naturezas: a inorgânica, a orgânica e a humana. Sempre partimos dos disparos naturais, já em curso independentemente da nossa vontade, para ajustarmos a nossa mira e fazermos o nosso disparo.

Atividade de debate (II)

1) Utilizando a concepção de disparo da "arte cavalheiresca":
a) estabeleça a diferença entre entrar no real (penetração) e cair "na real" (tombo).
b) descreva como se produz o saber pensar.
c) escreva o que significa "disparar" na aprendizagem de matemática.

2) Acompanhamos neste livro o aprendizado do arco e flecha segundo a concepção zen. O texto que segue relata o processo de criação do conceito de densidade que Arquimedes vivenciou.

Heureca!

Arquimedes formulou uma lei que recebeu o nome de princípio de Arquimedes. Quando se mergulha um objeto na água, o volume deslocado equivale ao volume do sólido submerso. Dessa lei nasce a ideia de densidade:

• p é o peso de um corpo qualquer;
• a é o peso do volume de água com volume igual a p;
• d é a densidade de um corpo qualquer: d = p : a.

A densidade da água destilada é definida como padrão de comparação ($dH_2O = 1$). Assim, para conhecer a densidade de um corpo, basta saber o peso do objeto e o peso de igual volume de água e estabelecer a relação entre eles. O volume de uma pedra e o de uma quantidade de água podem ser os mesmos. Na medição do volume, a natureza do material é abstraída. Já a densidade é um fenômeno físico; depende da qualidade da matéria.

Paul Karlson, no seu livro *A magia dos números* (Globo, 1961), relata-nos como o problema da coroa foi resolvido pelo filósofo grego, que viveu no século III a.C.:

Arquimedes (Siracusa, Sicília, que então fazia parte da Grécia ocidental ou Magna Grécia, 287 a.C.-212 a.C.). Filho do astrônomo Fídias, tornou-se matemático. Estudou em Alexandria (Egito), onde conheceu Euclides, os seus discípulos imediatos e o matemático Conon de Samos, de quem se tornou amigo. Entre as suas contribuições para a matemática, destaca-se a criação do método de cálculo do número π. Em física produziu o princípio da densidade, considerado o conceito fundante da hidrostática, e o princípio da alavanca.

A morte de Arquimedes, mosaico romano policrômico (falsificação do século XVI, produzida por um dos membros da "escola de Rafael") que representa Arquimedes sendo morto por um soldado romano na invasão de Siracusa pelo império romano

374

O rei Hiero entregara a um ourives a encomenda de uma nova coroa. Quando o artista a entregou, nada faltava no peso estabelecido, é certo, mas nutriam-se fundadas dúvidas quanto à honestidade do ourives, suspeitando-se de que ele houvesse dado um pequeno ajutório ao fundo de ouro de seu ofício. Teria ele desviado parte do ouro, substituindo-o por prata; em outras palavras, teria misturado prata a ouro? Hiero recorreu ao homem que tudo sabia, Arquimedes; este, porém, também se viu em dificuldades para responder. Como seria possível verificar se a coroa continha ouro puro ou prata a ele misturada, sem cortá-la ou danificá-la?

Sabe-se que Arquimedes resolveu esse problema de forma bastante engenhosa. Primeiro teceu algumas considerações:

- Todo corpo submerso em água desloca uma quantidade de água igual a seu volume.
- O peso do corpo depende de seu volume e de sua natureza física (a densidade).
- Uma coroa de prata há de ser mais leve que uma de ouro puro, pelo fato de a densidade da prata ser menor que a do ouro.

Uma coroa de prata pode ter o mesmo peso de uma coroa de ouro. A natureza do material será determinada não pelo seu peso, mas pela sua densidade, isto é, pelo volume de água deslocado por ela quando submersa em um tanque. Os volumes de água deslocada por quantidades iguais de ouro e de prata puros são diferentes. Por essa diferença é possível identificar qual das ligas foi usada pelo ourives na confecção da coroa: se foi de ouro puro ou se teve adição de prata. Diz a lenda que Arquimedes estava num banho de imersão quando intuiu esta solução. Alegre, saiu correndo para escrevê-la, gritando: "Heureca!" ("Achei!").

3) Qual a diferença entre a síntese realizada por Eugen Herrigel em seu longo aprendizado com o mestre Awa Kenzo (síntese em ambiente de aprendizagem) e a síntese realizada por Arquimedes (síntese de criação conceitual em ambiente de pesquisa)?[NR1]

4) Relacione as frases seguintes do psicanalista britânico Wilfred Bion, extraídas do livro de

Para maior conhecimento sobre a biografia de Wilfred Bion, consulte o *link*: <http://pt.wikipedia.org/wiki/Wilfred_Bion>. Acesso em: 30 abr. 2013.

Gérard Bléandonu *Wilfred R. Bion: a vida e a obra 1897-1979* (Imago, 1993), com o princípio do *disparo no momento certo* da arte cavalheiresca:

a) "A resposta é a desgraça da pergunta."
b) "Estou curioso para saber o que vou dizer esta noite" (ao iniciar uma palestra sobre psicanálise).

5) Leia os versos seguintes de Apparício Silva Rillo e os relacione com a ideia de disparo da "arte cavalheiresca".

Para conhecer mais a obra do poeta gaúcho Apparício Silva Rillo, consulte o *link*: <http://www.letras.com.br/#!biografia/apparicio-silva-rillo>. Acesso em: 30 abr. 2013.

A hora do já

Amanhã ou depois, ou depois de amanhã
Nem antes da hora, nem antes do já
Nas vozes caladas, um rubro de auroras
Com notas sonoras se levantará

Não sei nem prometo, quando é que será
Se amanhã ou depois, quem viver saberá
Só sei que há de ser, a um grito de agora
Nem antes da hora, nem antes do já.

6) Ao contrário do europeísmo, o asiatismo incorpora a matemática na cultura cotidiana da comunidade. No caso da Europa, o pensamento numérico chegou importado da Ásia; nesta, a matemática fez-se como cultura, como produção da própria civilização. Na cultura hindu, a característica central do pensamento matemático fez-se como sínteses abrangentes e simplificadoras. Na cultura chinesa, predominou a concepção de jogos em geral e de mesa em particular, bem como a prática da contradição (taoismo). Já os japoneses se concentraram na arte cavalheiresca da repetição aperfeiçoadora e do aperfeiçoamento "sem resultado" (desprendido da ansiedade de acertar). É comum vermos discursos de alguns professores, também de matemática, apontando os exemplos do ensino de matemática na Coreia do Sul e no Japão como modelos que deveriam ser adotados no Brasil.

a) Nos países asiáticos, a matemática é "aprendida apenas na escola"?
b) No Brasil, a matemática é "aprendida fora da escola"?

c) Qual é a diferença fundamental entre as culturas brasileira e oriental em relação à linguagem matemática?

d) A importação do modelo sul-coreano ou japonês (ou de qualquer modelo estrangeiro) é suficiente para resolver a crise do ensino de matemática em nossa terra?

e) Quais são as causas fundamentais dessa crise? Como resolvê-la?

7) Como o processo de aprendizagem se relaciona com o par (ingenuidade, malícia)?

5. Enfim, um fim sem final

A síntese humana e a produção e reprodução do humano não são processos abstratos na origem, e sim no fim, que, não obstante, nunca é um final. O trabalho humano abstrai a fim de produzir o *tempo→espaço* necessário para fazer suas experimentações e seus faz de conta, isto é, um conjunto de atividades e procedimentos que constitui uma totalidade chamada *conversa*. E esta não é um fim em si mesma; é um preâmbulo necessário para a intervenção pensada no universo, para a *prática consciente*. A abstração é a principal matéria-prima da produção do humano. Mas isso não faz dela um ato de criação do nada. A criação do humano, ponto de partida para a sua produção e reprodução, não é descomprometida com a vida e a matéria. Ao contrário, vida e matéria humanas fazem-se, num primeiro momento, como negação da natureza inorgânica→orgânica para, no momento seguinte, negar esta negação como modo de prática no real. Só na aparência o humano é contrário ao real inorgânico→orgânico. Em sua essência, é este real elevado e praticado numa qualidade superior, a qualidade humana, que constitui nova natureza no interior daquelas duas: a natureza humana.

Tudo que é humano não é estranho; é o que tem existência inorgânica→orgânica e é praticado pelo pensamento, pela consciência. A infância, por exemplo, não é invenção abstrata absoluta; é, sim, invenção abstrata *relativa*. Relativa a quê? Ao período *orgânico* em que os filhotes têm total dependência

Frase de Lúcio Aneu Sêneca (Roma, 4 a.C. – 65 d.C.).

dos pais e da comunidade. Na natureza orgânica, esta dependência configura-se na capacidade corpórea de automovimento: assim que o filhote cresce o suficiente para movimentar-se por si só no universo, é abandonado à seleção natural. Na natureza humana, a dependência orgânica não é suficiente para gerar a autonomia do ser. Além de desenvolver a sua autonomia em relação à natureza orgânica, o filho do homem precisa aprender a ser autônomo na natureza humana; isto é, só pode ser "abandonado à própria sorte", às suas opções e escolhas individuais, quando souber movimentar-se na comunidade, no trabalho, na conversa, na cultura e na civilização. Quando realizar essa aprendizagem, adquirirá a certeza de que nunca estará abandonado à própria sorte, mas sempre acompanhado pela comunidade, e compreenderá que esta não é uma abstração absoluta e sim relativa, que permanecerá existindo enquanto for produzida por ele em comunhão com todos os seres humanos. A infância é, portanto, um fundamento humano que amplia a dependência orgânica – curta e biologicamente programada – para um período relativo cujo sucesso é a integração ativa e produtiva do indivíduo na comunidade, integração que, quando acontece, eleva o ser da condição apenas animal para a condição *animal→humana*.

Encerramos, aqui, a nossa exposição do método do mesmo modo que o arqueiro zen dispara a sua flecha. O tema é inesgotável, mas chega-nos a sensação de que é agora que a nossa seta deve ser disparada. Como insiste Awa Kenzo, o último disparo feito não é o fim. É só o último até que o próximo seja feito. Colocamos aqui o nosso ponto-final, último até o próximo: enfim, um final sem fim!

Nossa Resposta (NR)

(NR1)
Nenhuma; ambas são sínteses do tipo "heureca", pois toda aprendizagem se dá, necessariamente, num ambiente de pesquisa e vice-versa. Aprender e criar conceitos são processos idênticos: o aluno aprende quando cria o conceito para si; o pesquisador cria um conceito quando aprende ao longo do trabalho de pesquisa.

Referências

BRASIL. Ministério da Educação. Lei de Diretrizes e Bases – LDB n. 9.394/1996. Brasília, DF,1996.

CAPRA, F. *O ponto de mutação*: a ciência, a sociedade e a cultura emergente. 25. ed. São Paulo: Cultrix, 1982.

CARAÇA, B. de J. *Conceitos fundamentais da matemática*. Lisboa: Bertrand (Irmãos), 1963.

CHILDE, G. *A evolução cultural do homem*. Trad. de Waltensir Dutra. Rio de Janeiro: Guanabara Koogan, 1978.

_____. *O que aconteceu na história*. São Paulo: Círculo do Livro, 1942.

CUNHA, Euclides da. *Os sertões*. São Paulo: Três, 1984. (Biblioteca do Estudante.)

DAMÁSIO, António R. *E o cérebro criou o homem*. Trad. de Laura Teixeira Motta. São Paulo: Companhia das Letras, 2011.

DANTZIG, Tobias. *Número, a linguagem da ciência*. 4. ed. Trad. de Sérgio Góes de Paula. Rio de Janeiro: Zahar, 1970.

DARWIN, Charles. *A origem das espécies*. Trad. de Mesquita Paul. Porto: Lello & Irmão, 2003.

DAVIDOV, V. V. *Tipos de generalización en la enseñanza*. Havana: Pueblo y Educación, 1982.

DENG XIAOPING. *Textos escogidos de Deng Xiaoping (1975-1982)*. Beijing: Ediciones em Lenguas Extranjeras, 1984.

ENGELS, F. *Dialética na natureza*. Lisboa: Avante!; Moscovo: Progresso, 1982.

_____. *Do socialismo utópico ao científico*. Rio de Janeiro: Vitória, 1958.

ESOPO. *Fábulas de Esopo*. 2. ed. Trad. de Adail U. Sobral e Maria Stela Gonçalves. São Paulo: Loyola, 2002.

EUCLIDES. *Os elementos*. Trad. de Ireneu Bicudo. São Paulo: Unesp, 2009.

REFERÊNCIAS

EWEN, F. *Bertolt Brecht, sua vida, sua arte, seu tempo.* Trad. de Lya Luft. São Paulo: Globo, 1991.

FREINET. C. *Pedagogia do bom senso.* Trad. de J. Baptista. São Paulo: Martins Fontes, 1985.

FREIRE, P. *Pedagogia do oprimido.* 29 ed. São Paulo: Paz e Terra, 1987.

FREUD, S. *O mal-estar na civilização.* Trad. de Renato Zwick. Porto Alegre: L&PM, 2010.

_____. *O mal-estar na cultura.* Trad. de Renato Zwick. Porto Alegre: L&PM, 2010.

_____. *Totem e tabu.* Rio de Janeiro: Imago, 1996. (Obras Psicológicas Completas.)

HAMBURGER, Amélia Império (Coord.). *Obra científica de Mário Schenberg.* São Paulo: Edusp, 2009. v. 1.

HERRIGEL, E. *A arte cavalheiresca do arqueiro zen.* São Paulo: Pensamento, 1975.

HOLLANDA, Sérgio Buarque de. *Raízes do Brasil.* São Paulo: Cia. das Letras, 2008.

HOUAISS, Antônio. *Dicionário da Língua Portuguesa.* Rio de Janeiro: Instituto Antônio Houaiss de Lexicografia: Objetiva, 2001.

IFRAH, G. *Os números, a história de uma grande invenção.* 9. ed. Trad. de Stella M. de Freitas Senra. São Paulo: Globo, 1998.

LENIN, V. I. *Materialismo e empiriocriticismo.* Lisboa: Progresso, 1982.

LEON, Abraham. *Concepção materialista da questão judaica.* Porto Alegre: Globo, 1981.

LEONTIEV, A. *O desenvolvimento do psiquismo.* São Paulo, Moraes, [1970?].

_____. Uma contribuição à teoria do desenvolvimento da psique infantil. In: VIGOTSKI. L. S.; LURIA, A. R.; LEONTIEV, A. N. *Linguagem, desenvolvimento e aprendizagem.* 5. ed. São Paulo: Ícone, 2001.

LIMA, H. *Anísio Teixeira, o estadista da educação.* Rio de Janeiro: Civilização Brasileira, 1978.

LUKÁCS, G. *Conversando com Lukács.* Rio de Janeiro: Paz e Terra, 1969.

LUSOGRAFIAS. *Bento de Jesus Caraça:* o erro. Disponível em: <http://lusografias. wordpress.com/2010/07/30/bento-de-jesus-caraca-o-erro/>. Acesso em: 21 jun. 2013.

MAKARENKO, A. *Poema pedagógico.* São Paulo: Brasiliense, 1983.

MALINOWSKI, B. *Uma teoria científica da cultura.* 3. ed. Trad. de José Auto. Rio de Janeiro: Zahar, 1975.

MAQUIAVEL, N. *O príncipe.* Trad. de Maria Júlia Goldwasser. 2. ed. São Paulo: Martins Fontes, 1996. cap. XVIII.

MARX, Karl. *Grundrisse.* São Paulo: Boitempo, 2011.

_____. Introdução à crítica da economia política. In: _____. *Marx.* São Paulo: Nova Cultural, 1996. (Os Pensadores.)

REFERÊNCIAS

MARX, Karl. *O capital.* Rio de Janeiro: Civilização Brasileira, 1968.

_____; _____. *Sobre el sistema colonial del capitalismo.* Buenos Aires: Estudio, 1964.

_____; ENGELS, F. *Textos.* São Paulo: Edições Sociais, 1977.

MODENESI-GAUTIERI, May C. *et al.* (Org.). *A obra de Aziz Nacib Ab'Sáber.* São Paulo: Beca, 2010.

MONTESSORI, M. *Para educar o potencial humano.* Trad. de Miriam Santini. Campinas: Papirus, 2003.

NEUMAN, W. Russell; MCKNIGHT, Lee; SOLOMON, Richard. *The gordian knot*: political gridlock on the information highway. Cambridge, MA: MIT, 1999.

O'NEIL, A. S. *Liberdade sem medo.* São Paulo: Ibrasa, 1968.

POINCARÉ. H. *Cartas.* Disponível em: <http://www.univ-nancy2.fr/poincare/chp/faqen.htm>. Acesso em: 30 abr. 2013.

RIBEIRO, Darcy. *O processo civilizatório*: etapas da evolução sociocultural. São Paulo: Companhia das Letras, 1998.

ROCHA BARROS, A. L. Dialética e teoria da ciência. In: _____. *Um olhar que persiste.* São Paulo: Anita Garibaldi, 1997.

SNYDERS, G. *Para onde vão as pedagogias não diretivas?* Lisboa: Moraes, 1974.

STRATHERN, P. *Einstein e a relatividade.* Trad. de Maria Helena Geordane. Rio de Janeiro: Jorge Zahar, 1998.

TAHAN, M. *Maravilhas da matemática.* São Paulo: Saraiva, 1965.

TROTSKY, L. *Moral e revolução.* Rio de Janeiro: Paz e Terra, 1969.

VYGOTSKY, L. S. *Pensamento e linguagem.* São Paulo: Martins Fontes, 1987.

Manoel Oriosvaldo de Moura

Professor titular da Faculdade de Educação da Universidade de São Paulo (2005). Possui graduação e licenciatura em Matemática pela Universidade de São Paulo (1976), mestrado em Ensino de Ciências e Matemática pela Universidade Estadual de Campinas (1983), doutorado em Educação pela Universidade de São Paulo (1992). É Professor associado da Universidade de São Paulo (2000). Área de atuação: Educação Matemática com foco em metodologia do ensino da Matemática, formação de professores e Teoria da Atividade. Líder do Grupo de Estudos e Pesquisas sobre a Atividade Pedagógica – GEPAPe.

Anna Regina Lanner de Moura

Professora livre docente da Universidade Estadual de Campinas-Unicamp (2015).

Mestrado (1983) em Ensino de Matemática e doutorado (1995) em Educação pela Universidade Estadual de Campinas-Unicamp. Professora do Programa de Pós-Graduação da Universidade Estadual de Campinas-Unicamp, membro do grupo Interinstitucional de pesquisa Phala, vinculado a esse programa, atuando na linha de pesquisa do grupo Educação, Linguagem e Práticas Culturais.

Da esquerda para direita, Manoel Oriosvaldo de Moura, Anna Regina Lanner de Moura, Roberto Perides Moisés, Luciano Castro Lima

Roberto Perides Moisés

Bacharel e licenciado em Matemática pela PUC-SP. Mestre pela Feusp na área de Metodologia de Ciências e Matemática. Professor de Matemática do Ensino Médio e da EJA do colégio Santa Cruz.

Participou como professor das escolas operárias de 1985 até 2001.

Luciano Castro Lima

Estudou no Instituto de Física da USP no período de 1968 a 1973 e no Departamento de Ciências Sociais da USP de 1971 a 1974. Lecionou em escolas públicas paulistas de 1969 a 1973. Lecionou em escolas particulares paulistas de 1973 a 1981. Participou da fundação e da coordenação de escolas populares e operárias de educação de adultos de 1970 até 2001. Participou da formação de professores em várias prefeituras e escolas do Brasil de 1982 até 2005. Autor de livros didáticos e de Ensino de Matemática.